# Amitié amour

Hermine Oudinot Lecomte du Noüy

**Alpha Editions**

This edition published in 2024

ISBN : 9789357960809

Design and Setting By
**Alpha Editions**
www.alphaedis.com
Email - info@alphaedis.com

# PRÉFACE FRAGMENTÉE
# DE
# STENDHAL

. . . . . . . . . . . . . . . . . . . . .

Quoiqu'il traite de l'amour, ce petit volume n'est point un roman, et surtout n'est pas amusant comme un roman. C'est tout uniment une description exacte et scientifique d'une sorte de folie très rare en France. L'empire des convenances, qui s'accroît tous les jours, plus encore par l'effet de la crainte du ridicule qu'à cause de la pureté de nos mœurs, a fait du mot qui sert de titre à cet ouvrage une parole qu'on évite de prononcer toute seule, et qui peut même sembler choquante.

. . . . . . . . . . . . . . . . . . . . .

Le livre qui suit explique simplement, raisonnablement, mathématiquement, pour ainsi dire, les divers sentiments qui se succèdent les uns aux autres, et dont l'ensemble s'appelle la passion de l'amour...

. . . . . . . . . . . . . . . . . . . . .

Que pourrai-je dire aux gens qui nient les faits que je raconte? Les prier de ne pas m'écouter..................

Malgré beaucoup de soins pour être clair et lucide, je ne puis faire des miracles; je ne puis pas donner des oreilles aux sourds ni des yeux aux aveugles. Ainsi les gens d'argent et à grosse joie, qui ont gagné cent mille francs dans l'année qui a précédé le moment où ils ouvrent ce livre, doivent bien vite le fermer...

. . . . . . . . . . . . . . . . . . . . .

Je récuse ce jeune homme studieux qui, dans la même année où l'industriel gagnait cent mille francs, s'est donné la connaissance du grec moderne, ce dont il est si fier, que déjà il aspire à l'arabe. Je prie de ne pas ouvrir ce livre tout homme qui n'a pas été malheureux pour des causes imaginaires *étrangères à la vanité*, et qu'il aurait grande honte de voir divulguer dans les salons.........

Qu'est-ce donc que connaître l'amour par les romans? Que serait-ce après l'avoir vu décrit dans des centaines de volumes à réputation, mais ne l'avoir jamais senti, que chercher dans celui-ci l'explication de cette folie? Je répondrai comme un écho: «C'est folie.»

Pauvre jeune femme désabusée, voulez-vous jouir encore de ce qui vous occupa tant il y a quelques années, dont vous n'osâtes parler à personne, et qui faillit vous perdre d'honneur? C'est pour vous que j'ai refait ce livre et cherché à le rendre clair. Après l'avoir lu, n'en parlez jamais qu'avec une petite phrase de mépris, et jetez-le dans votre bibliothèque de citronnier, derrière les autres livres; j'y laisserais même quelques pages non coupées....

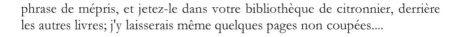

Ce qu'on appelle un succès étant hors de la question, l'auteur s'amuse à publier ses pensées exactement telles qu'elles lui étaient venues. C'est ainsi qu'en agissaient jadis ces philosophes de la Grèce, dont la sagesse pratique le ravit en admiration...

. . . . . . . . . . . . . . . . . . . . . .

Toute cette préface n'est faite que pour crier que ce livre-ci a le malheur de ne pouvoir être compris que par des gens qui se sont trouvé le loisir de faire des folies. Beaucoup de personnes se tiendront pour offensées, et j'espère qu'elles n'iront pas plus loin.

(Extrait de: *De l'amour.*)

# LIVRE PREMIER

*Les femmes préfèrent les émotions à la raison... elles sont toujours et partout avides d'émotions...*

. . . . . . . . . . . . . . . . . . . . . . .

*La dissemblance entre la naissance de l'amour chez les deux sexes doit provenir de la nature de l'espérance, qui n'est pas la même. L'un attaque et l'autre défend...*

. . . . . . . . . . . . . . . . . . . . . . .

*L'amour tel qu'il est dans la haute société, c'est l'amour des combats, c'est l'amour du jeu.*

STENDHAL.

# I

## Philippe de Luzy à Denise Trémors.

12 novembre 18...

Madame,

Voulez-vous me permettre de me présenter chez vous demain vers cinq heures, et de vous apporter moi-même le petit volume de vers que vous désirez? Le souvenir très agréable de la conversation que nous avons eue à cette soirée où je m'ennuyais—où nous nous ennuyions tant—me pousse à vous faire cette demande; j'ose espérer que vous ne la trouverez pas importune. J'obéis, en vous écrivant, à une impression d'affinité qui m'a donné, l'autre soir, tandis que je vous parlais, le sentiment que nous étions depuis longtemps amis. Je sais qu'il faut se défier des indications de l'instinct, qui sont en général obscures et incertaines; peut-être mon imagination fait-elle seule les frais de tout ceci et avez-vous complètement oublié et la soirée, et le livre, et son propriétaire. Dans ce cas, madame, soyez assez bonne pour ne pas me le faire trop vivement sentir, car j'en souffrirais déjà.

Je vous prie d'agréer mes respectueux hommages.

# II

## Denise Trémors à Philippe de Luzy.

12 novembre, cinq heures.

Je serai heureuse, monsieur, de vous recevoir demain. J'ai encore trop vivace dans l'esprit le souvenir de cette soirée ennuyeuse où, grâce à vous, je me suis si peu ennuyée, pour chercher s'il y a correction ou incorrection à le faire.

Et puis, c'est si charmant de se laisser de temps en temps gouverner par son bon plaisir... et j'en aurai un extrême à renouveler, au coin de mon feu, la causerie si attrayante de l'autre soir.

# III

## Philippe à Denise.

14 novembre.

Eh bien, madame, je ne m'étais pas trompé; la sympathie me guidait mystérieusement, mais sûrement, vers vous. J'étais hier, je vous l'avoue, un peu troublé en entrant dans votre salon. Je me demandais—ces sortes d'expériences sont si dangereuses—si je n'allais pas voir s'évanouir tout à coup le rêve gracieux qui m'y avait amené. Quelle peine pour moi si la petite fleur née dans mon imagination était morte, subitement transplantée dans la réalité. J'en aurais beaucoup souffert; mais j'ai été vite rassuré, et j'en suis si heureux que je ne puis résister au plaisir de vous le dire.

Comme vous avez été bonne et jolie, et confiante et spirituelle; comme je vous sais gré de consentir à être très simplement une femme, au lieu de chercher à être, suivant la mode, un ennuyeux mannequin occupé à disserter psychologiquement sur l'amour. Je vous remercie d'être gaie, et je suis amoureux de l'air très grave que vous aviez en versant l'eau bouillante sur le thé.

J'ai passé, grâce à vous, madame, deux heures exquises. Je vous en devais des remerciements, et si je vous les fais d'une manière un peu légère ce n'est pas, croyez-le bien, que je n'aie été touché des marques plus sérieuses d'estime et de confiance que vous m'avez données. Mais c'est là un terrain en quelque sorte sacré, où ma jeune amitié n'ose encore s'aventurer. Je m'arrête respectueusement et vous prie de me croire, madame, très à vous.

PHILIPPE DE LUZY.

*P.-S.*—Savez-vous que madame Ravelles est presque jolie, presque intelligente, et qu'au risque d'étonner tout le monde j'ai presque envie de l'embrasser? Elle vient de me dire qu'elle a l'intention, à partir de samedi prochain, de réunir ses amis toutes les semaines. En sorte que, vous voyant le mardi chez votre belle-sœur, madame d'Aulnet, et le samedi chez madame Ravelles, si vous me permettez de vous faire une petite visite dans l'intervalle, je me ferai une existence à peu près supportable. Puis, elle a ajouté en me regardant: «Surtout ne manquez pas samedi prochain; madame Trémors viendra et elle chantera.» Pourquoi a-t-elle insisté? Aurait-elle déjà deviné, avec ce curieux instinct des êtres primitifs, que je vous aime? Cependant je ne l'ai dit à personne, pas même à vous.

# IV

## Denise à Philippe.

15 novembre.

Monsieur, monsieur, j'ai grand'peur que vous ne vous égariez... et je me hâte de vous crier, en joueuse bien honnête: Casse-cou!

Je suis très heureuse de l'amicale inclination que nous nous sommes mutuellement découverte; nos esprits se sont touchés et il y a entre eux adhérence. Mais peut-être vais-je vous paraître bien bourgeoise: trois mots m'effraient dans votre lettre; vous savez quels, n'est-ce pas?

Il ne faut pas que certaines de mes franchises vous semblent liberté d'allure; l'amitié entre un homme et une femme me paraissant la chose la plus charmante à cultiver, peut-être, à mon insu, ai-je pris trop de soins de la fleur naissante. Laissons-la se mourir un peu, voulez-vous?

Je n'irai pas samedi chez madame Ravelles; ce n'est pas la ruse coquette, si coutumière aux mondaines, qui me fait prendre cette résolution, car alors je me serais abstenue d'y ailler sans vous en prévenir. C'est—comment dire, pour ne dire ni trop, ni trop peu?—C'est par prudence, peut-être aussi par pudeur: vous m'avez effarouchée avec votre *«curieux instinct des êtres primitifs»*.

Je vous accepte volontiers comme le chiffonnier galant de mon esprit, puisque vous semblez prendre intérêt à ce que votre baguette ne revienne jamais à vide des lambeaux qu'il vous plaît de crocheter en mon cerveau de Parisienne; mais considérez que ceci est la seule joie qu'il me soit permis de vous donner.

# V

## Philippe à Denise.

5 décembre.

«*Vous êtes si paresseux et si nonchalant!*» M'avez-vous, sans reproche, madame, assez souvent répété cette phrase! Hier encore, un peu traîtreusement, au moment où je ne pouvais me défendre. J'ai cependant de quoi répondre et vous n'échapperez pas à mes raisons. Comment, vous, mon sage et cher philosophe, pouvez-vous attacher tant d'importance à ce que nous jetions constamment notre activité brouillonne et inquiète au travers des événements? N'avez-vous pas remarqué déjà comme les choses s'arrangeaient merveilleusement d'elles-mêmes, comme les plus embrouillées se dénouaient facilement, pourvu que personne n'y mît la main, et avec quelle fatalité tranquille arrivaient celles qui paraissaient les plus impossibles? Voyez-vous:

> ... les paresseux
> Ont été, de tout temps, des gens aimés
> des dieux.

Ce sont des sages. Nous pouvons si peu que ce que nous avons de mieux à faire est de rester tranquilles. A quoi bon vouloir prendre toujours une attitude de marionnette en révolte! Vous représentez-vous, à Guignol, le gendarme ne voulant pas se laisser rosser par le compère, sous prétexte que le contraire serait plus conforme à la morale publique, aux lois, et aussi à la réalité? Ce serait insensé. Le tout est de ne pas avoir le rôle du gendarme.

En vérité, j'ai toujours trouvé ridicule et maladroit de vouloir intervenir dans la curieuse pièce dont l'auteur est là-haut. J'en ai toujours honnêtement répété le texte sans chercher même, comme les acteurs de revue, à y introduire un calembour de ma façon, et je m'en suis bien trouvé. En voulez-vous un exemple? Vous rappelez-vous certaine lettre que vous m'avez écrite en réponse à la demande—combinaison de marionnette—que je vous avais faite de venir à une réception chez madame Ravelles? Qu'ai-je fait ce soir-là? Je me souviens: j'étais très déconfit; me suis-je révolté? ai-je imaginé des plans? Je suis sorti simplement et j'ai marché au hasard, enveloppé de mes sombres réflexions.

Ces sombres réflexions, dont vous étiez la cause, m'ont amené jusque chez vous. J'ai sonné, on m'a ouvert, et quelques instants après je me suis trouvé dans votre salon, aussi surpris d'y être que vous surprise de m'y voir. Notre étonnement à tous deux était si comique et si complet que nous n'avons pu nous empêcher de rire. Vous m'avez pardonné et il en est résulté qu'au lieu de vous apercevoir dans une soirée ennuyeuse, comme j'en avais eu sottement le projet, je vous ai eue à moi tout seul dans un tête-à-tête délicieux; que nous avons tant et tant causé et si intimement que, bon gré mal gré, contre les convenances, contre vos scrupules, notre amitié a été définitivement fondée.

Je pense que cet exemple vous donnera à réfléchir. Maintenant, madame mon amie, si vous en savez davantage, dites-le-moi. Je ne demande pas mieux, selon l'expression du favori de vos poètes, que de me laisser conduire «par un ange aux yeux bleus».

En attendant, je baise respectueusement le bout de ses ailes.

# VI

## Denise à Philippe.

6 décembre.

Voyez-vous cela? monsieur mon ami qui se félicite bel et bien de la chose la plus incorrecte que nous ayons faite! Mais, cher Marionnet, si j'avais été la femme sage par excellence, j'aurais dû ne pas vous recevoir ce soir néfaste dont vous parlez. Seulement, voilà! Je m'attendais si peu à votre visite... Je n'avais rien prévu... Encore tout cela n'est-il pas bien raisonnable, et certaines finales de vos lettres et certains de vos regards m'inquiètent-ils toujours un peu.

Par devoir, par sagesse, il m'eût fallu garer mon esprit de la séduction du vôtre. Que sert de multiplier ses affections, n'est-ce pas se préparer des deuils? Votre dernière lettre me rassure pourtant, cher ami paresseux. A voir l'homme que vous êtes, attendant si patiemment la conclusion des événements et croyant que les petites alouettes vont vous tomber toutes rôties dans le bec, je ne vous crains presque plus. Alouette je suis, mais pas encore rôtie à la belle flambée que votre nonchalance, en se secouant—par quel imprévu et merveilleux effort?—s'est crue forcée d'allumer en mon honneur.

Ah! ah! monsieur, vous niez le pouvoir de la volonté? j'en suis fort aise. Que serais-je devenue devant l'effort continu d'une volonté?

Pourtant à y bien réfléchir, l'âme blanche de monsieur mon ami est-elle aussi blanche qu'il veut bien le dire? J'ai vaguement peur de surprises surgissant d'une trop nouvelle amitié... et puis, avec tout cela et sans tout cela, j'ai une malheureuse nature très franche et très loyale qui ne sait pas s'accoutumer à souffrir d'être mal dans une âme. A force de tâcher d'y être bien, n'arriverai-je pas à y être trop?

Voyez, je vous révèle le point faible, n'en abusez pas! Sérieusement, je vous ai trop vu tous ces temps-ci partout où j'allais et surtout chez moi. Vous avez des manières de vous taire qui me troublent. Cette amitié si vivace, si ardente m'effraie. Il faut l'assagir... je vous en prie, mon ami? Vous l'avez promis. Peut-être allez-vous conclure de cela que je n'ai pas l'âme enthousiaste; j'ai du moins l'âme prudente.

Adieu.

# VII

## Philippe à Denise.

18 décembre.

L'amusante mine troublée—un peu—que vous aviez en me découvrant à cette fête d'enfants! Je vous ai obéi, madame, j'ai espacé mes visites; mais vous n'exigez pas que je renonce à vous voir dans le monde aussi souvent qu'il me sera possible?

D'ailleurs, hier, je n'étais pas pour vous chez madame Dalvillers, mais pour votre délicieuse Hélène. Quand on a une fille de six ans aussi exquise, il faut s'attendre à la voir recherchée, admirée, fût-ce des grands garçons. Et puis j'étais là aussi pour votre nièce Suzanne d'Aulnet—ne l'ai-je pas bien prouvé en m'occupant presque exclusivement d'elle?—Elle est jolie, certes; elle a précisément tous les signes de beauté qu'Alexandre Dumas recommande à l'attention des hommes—afin qu'ils n'épousent pas.—Je lui ai fait une cour discrète, elle ne l'a point dédaignée et madame votre belle-sœur en a semblé elle-même touchée. Jusqu'à votre belle-mère qui me faisait les doux yeux... Vous voyez bien, madame, je ne suis pas à craindre. De quoi me punissez-vous? qu'ai-je fait? Soyez clémente, levez, d'un mot, l'interdit, ou je vais commencer à me croire dangereux. Épargnez-moi cette fatuité imbécile.

# VIII

## Denise à Philippe.

Les hommes sont de grands enfants.... Venez donc, puisque aussi bien je ne puis faire un pas sans vous voir surgir sur ma route.

J'ai, demain, une réception intime: Sully-Prudhomme, Massenet, Paul Hervieu, Marcel Prévost, Abel Hermant et vous. Le dîner est pour huit heures; mais vous avez le droit de venir un peu plus tôt et d'assister au repas de tite-Lène, que vous avez conquise.

# IX

## Denise à Philippe.

21 décembre.

Hier vous avez dit: «Je vous connais parfaitement, absolument.» C'est un peu présomptueux de votre part, cette affirmation. Eh bien, moi aussi je vous connais: vous êtes remarquablement intelligent, mais vous n'êtes pas simple. Vous vous analysez, vous vivez en contemplation devant les mouvements de votre esprit, de votre âme; vos plus menues sensations vous sont chères; elles se décuplent en vous, vous maintiennent dans une perpétuelle recherche de choses délectables, sur vous d'abord et sur quelques autres ensuite; c'est une ivresse d'une qualité très supérieure; vous l'ingurgitez fort goulûment. Elle vous donne une prédominance indéniable sur la foule des jeunes hommes de notre monde.

Vous auriez fait—vous en conveniez vous-même hier—un littérateur d'une qualité rare, possédant les «certains dons d'enthousiasme et d'amertume» dont parle Maurice Barrès.

Vous ressemblez à celui-là par tant de points!

Vous les possédez ces dons, et savez en jouir avec une acuité merveilleuse. Je soupçonne fort que, comme *l'homme libre*, de prendre une résolution, vous fûtes «*détourné de ce cher projet par la nécessité d'être extrêmement énergique pour l'exécuter*».

Vous comprends-je pas bien à demi-mot, dites? Pour votre malheur, vous vivez dans un milieu d'inutiles, de gens à l'existence vide, remueurs d'argent plus que d'idées. Ils vous plaisent pourtant; vous sentez tellement, en leur lourde compagnie, votre précieuse individualité! et puis le luxe de leur vie vous charme, étant donné votre nonchalance, peut-être même votre paresse. Il est plus difficile de produire quoi que ce soit que de se jeter dans une voiture de cercle en disant au cocher: Aux courses! Il est plus difficile de gagner l'argent que de le perdre, non pas même en s'amusant, mais en ayant l'air de s'amuser. Ce *farniente* élégant répond trop bien à certaines de vos aspirations pour que je le trouble autrement que par ma bonne grosse morale. Mais, mais, ne nous les jetez pas si souvent à la tête, ces vers:

> Tu n'as jamais été, dans tes jours les plus rares,
> Qu'un banal instrument sous mon archer vainqueur[1].

Ne dites pas de nous: *Elle n'est qu'un instinct dansant que je voulus adorer pour le plaisir d'humilier mes pensées.*

C'est un trop grand mépris, m'sieur Barrès, m'sieur Philippe... pouvez-vous savoir combien nos cœurs, notre sensibilité, nos tendresses pensées, sont loin de la banalité un peu lourde que nous offrent parfois les vôtres, mes beaux messieurs qui vous piquez d'intellectualité, d'art et d'idéalisme?

J'en arrive à croire que l'homme qui a tout simplement bon cœur *sublimise* l'amour en notre honneur, tandis que l'artiste et le dilettante n'y cherchent qu'une satisfaction toute personnelle. Ah! vous étiez fameux tous, hier, fats et naïfs, mes chers, de croire que nous ne vous étudions pas aussi bien que vous nous étudiez.

Si vous saviez quels dons de froide analyse se cachent souvent derrière nos pires enthousiasmes...

Ce que nous cherchons, c'est un peu d'illusion et de rêve; nous arrivons parfois à les trouver, mais soyez bien sûrs que nous vous comptons pour ce que vous valez dans ces joies jolies que, ne pouvant avoir seules, nous sommes obligées de vous faire partager.

Allez, allez, nous avons aussi un petit archet vainqueur, et il se peut bien faire que nous sachions tout comme vous, nos maîtres, tirer du banal instrument que vous êtes des sons merveilleux, parce qu'ils procèdent de nos rêves plus encore que de vous.

Bonsoir et bonjour, monsieur, car une heure du matin sonne.

# X

## Philippe à Denise.

23 décembre.

Madame, je suis confus; je ne pensais pas vous blesser en croyant vous connaître et en vous l'avouant avec naïveté. J'ai un vrai chagrin de vous l'avoir dit, non comme vous le pensez, mais d'une manière mauvaise en somme, puisqu'elle vous a déplu.

Si vous saviez le regret que j'en ai, vous me pardonneriez.

Votre bonsoir et bonjour m'a ravi. Je pensais justement à vous vers cette heure-là, en rentrant de l'Opéra, et je regrettais de ne vous avoir pas eue près de moi pour goûter ensemble le charme de la musique de Reyer que je venais d'entendre.

Je me réjouis de réveillonner demain chez madame de Nimerck. Votre mère m'a convié à cette fête par un mot charmant. Je me réjouis aussi de faire la connaissance de ce frère Gérald dont tite-Lène me rend jaloux dans l'enthousiasme enfantin qu'elle a de son oncle le marin.

Je suis à vos pieds.

Yours very sincerely.

# XI

## Denise à Philippe.

28 décembre.

Vous allez être encore grondé... Hélène a reçu une poupée grande comme elle et qui l'a fait bondir de joie. Elle l'aimait déjà avant d'avoir trouvé la carte du donateur; quand elle a su que c'était vous, sa joie est devenue du délire. Que n'étiez-vous là! c'est si bon à voir, le bonheur des enfants!

Mais ce délire de ma fillette a un peu détruit les convictions que je vous ai exposées dans ma dernière lettre; il y aurait donc des êtres que plus particulièrement choisit l'archet vainqueur? Pourquoi la joie de tite-Lène s'est-elle augmentée à la pensée que la poupée venait de vous? Cette sélection m'apparaît comme une faiblesse. Il faudrait dresser son cœur à ne ressentir que des joies impersonnelles et c'est alors seulement que l'archet serait vraiment vainqueur.

La poupée s'appellera Philippine; j'ai promis un splendide baptême, Suzanne a réclamé d'être la marraine. Les radieux vingt ans de ma nièce ne s'effraient pas de faire ainsi de temps en temps joujou. Je crois bien que l'idée du compère qu'on lui destine est pour quelque chose dans ce consentement. N'allez pas surtout refuser de faire dînette de dragées avec nous. Ce n'est pas charger votre avenir de responsabilités graves que de promettre de veiller sur l'âme en son d'une poupée.

Mais pourquoi m'avoir donné un soufflet? Certes, si je m'attendais à recevoir un soufflet de quelqu'un ce n'était pas de vous. Voilà une liberté grande! le comble, c'est que ce soufflet me ravit; je le trouve charmant, exquis, le plus adorable, le plus séduisant des soufflets—«ce qui vous range, madame, au nombre des femmes qui aiment à être battues»,—dirait un non initié.

—Parfaitement, monsieur, encore que je choisisse la main qui me frappe.

Et voilà, mon ami, comme un scandale peut naître d'un quiproquo, car il y a soufflet et soufflet, pas vrai?

Ce vase précieux, amusant dans sa forme, ce saxe aux fleurs peintes, aux tulipes harmonieuses et brillantes, débordant de fleurs vraies embaumées et flexibles, est tout à fait élégant et joli; je l'aime et vous remercie de me l'avoir donné.

Quel dommage que votre carte m'ait appris en même temps que vous partez pour Luzy; vous ne verrez pas nos joies toutes chaudes; elles sont meilleures ainsi pourtant, à la façon des petits pâtés.

# XII

## Philippe à Denise.

29 décembre.

La nouvelle nouvelle, ma chère amie, est que je ne vais pas à la campagne. Je suis forcé de rester à Paris; j'ai eu avec mon frère une explication assez sèche; nous nous sommes quittés sur des mots aigre-doux. Dans ces conditions je le laisse partir seul. Passer huit jours en tête à tête avec quelqu'un qui boude me rendrait fou. Donc, je suis tout prêt à venir voir votre joie, bien heureux que ce soufflet, banal témoignage de ma grande affection, vous en ait donné.

# XIII

## Denise à Philippe.

29 décembre, cinq heures.

Qu'est-il donc arrivé? je comptais sur ce repos physique pour réconforter certains coins douloureux de votre pensée. Cela me cause un vrai chagrin de vous savoir triste et malheureux.

Vous êtes, à tout prendre, une pauvre âme en peine qui m'intéressez. Pouvez-vous me confier ce nouveau souci? Alors, venez ce soir passer une heure avec moi. Je tâcherai de vous remonter un peu; vous savez, j'y réussis parfois.

Je vous sens tellement las, las de tout, que je voudrais trouver des mots forts, quelque chose de sain qui vous fasse vraiment du bien.

Et puis je compte sur vous pour déjeuner le premier janvier. Ce jour-là, la table est mise ici pour tous les sans-famille, les isolés, les abandonnés. C'est de fondation. Il y a des années où nous sommes quatre; d'autres, quinze. On échoue chez moi, on toaste ensemble et cela resserre les liens affectueux et donne à tous l'illusion de la famille.

Le matin, vous faites vos visites officielles, vous cornez vos cartes; à midi et demi, vous arrivez et nous nous mettons à table. Mère préside avec moi; on passe ensemble le reste de la journée; on reçoit *mes* visites et le soir maman nous emmène tous dîner chez elle.

Ma vie n'est pas encore bien longue et elle compte déjà, hélas! des disparus parmi ces convives du jour de l'an. Je me souviens d'un de ces déjeuners où étaient présents entre autres, Jean Baudry, Guy de Maupassant, Renan.— Maupassant avait fait apporter pour Hélène, par son fidèle François, toute une valise, une grande valise pleine de jouets, de ces joujoux de treize à quarante-cinq sous des petites boutiques ambulantes des boulevards.

Après le déjeuner on vida la valise sur le tapis où, jolie dans sa robe décolletée qui laissait voir sa peau rosée encore pleine de lait, sa chair fraîche et ronde de baby de deux ans, tite-Lène, assise par terre, trônait. Et c'étaient des étonnements, des cris de joie, aussi bien des grands que de la petite, sur les mille combinaisons de mouvements de tous ces jouets; ils roulaient, marchaient, sifflaient, couraient. Une vie lilliputienne grouillait autour de ma fille qui, géante, se donnait de temps en temps le plaisir d'écraser un objet de ce petit monde mis en mouvement par des ficelles.

Que croyez-vous que faisaient devant ce spectacle mes hommes illustres? qu'ils philosophaient? point: tous vautrés sur le tapis, ils attrapaient au passage et se renvoyaient l'un à l'autre petits bonhommes, toupies, porteuses de pain, moulins à vent, vélocipèdes, tournant, courant, voletant, tourbillonnant. Et c'étaient des cris: «La ficelle? où est *ma* ficelle? Bon! Baudry me l'a chipée et l'accapare!—Mais non, c'est Maupassant qui la mange!—Oh! Regardez ça, mes enfants, c'est trouvé!» Et des enthousiasmes, et des joies, et des baisers à Hélène qui, s'avisant dans cette foule de jouets d'en détester un, un moulin qui marchait en même temps qu'il tournait les ailes—pourquoi? Quel mystère que les cerveaux des petits!—crachait vaillamment dessus toutes les fois qu'il passait à portée de sa bouche.

Et pendant ce temps-là des gens venaient, très graves, me faire des visites. A chaque coup de timbre on fermait précipitamment la porte qui sépare le grand salon du petit; je recommandais à tous d'être sages, de ne pas faire de bruit, et, bien sérieuse, j'allais recevoir le visiteur dans le petit salon. Quand mes joueurs ne se mettaient pas tout à coup à hurler de joie, ça allait bien. Autrement, j'expliquais... vaguement. Mais, si le nouveau venu était un ami des grands hommes, on l'introduisait et peu après c'était un ventre de plus par terre. Et tite-Lène, autant amusée des gambades de ses grands amis que des courses de ses pantins, montrait ses quenottes, se laissait bécoter, enlever triomphalement dans les airs.

Les sacs de bonbons étaient mis au pillage; une fois goûtés, ceux que les grands n'aimaient pas s'empilaient dans une coupe où déjà les morceaux gisaient en attendant d'être jetés. «La coupe amère des Refusés», disait gaiement Baudry. Voilà, mon ami, des joies simples comme il vous en faut. Je puis compter sur vous, pas vrai?

Une idée: voudrez-vous partir le lendemain pour Nimerck avec mon frère Gérald? Il va y rester huit jours pour faire commencer les travaux de restauration d'une aile du vieux château. Ce déplacement vous changerait d'air et vous ferait du bien.

# XIV

## Philippe à Denise.

30 décembre.

Vous êtes bonne, madame, grande et bonne et je vous aime. J'accepte de faire partie du déjeuner des Abandonnés. Je n'en serai pas un illustre, mais un profondément reconnaissant et dévotement admirateur de la fée indulgente et douce que vous êtes aux pauvres humains.

# XV

## Denise à Philippe.

16 janvier.

Vous m'intéressez infiniment, j'aime mieux vous le dire tout de suite afin que mes actes se classent vis-à-vis de vous pour ce qu'ils sont: une recherche toute spirituelle. Je viens d'aller révérender ma belle-mère. Ma nièce y faisait les honneurs du thé; il y avait là quelques jeunes femmes, entre autres Germaine Dalvillers. Vous ne m'aviez pas dit que sa mère vous avait connu enfant? On a parlé de vous. Ah! ah! vous voudriez savoir, curieux? Germaine racontait que vous étiez un petit mélancolique et caressant; la grâce, le charme presque féminin du baby gagnait le cœur des mères.

Tandis que la conversation sautait de vous aux deux teams en présence au dernier bye du Polo, je songeais: toute cette grâce, cette mélancolie, ont tourné en séduction. Mais n'y a-t-il pas perdu ses énergies? Vous étiez l'enfant ami du plaisir, des gâteaux, des élégances, des nonchalances, de la caresse qui effleure. N'êtes-vous pas demeuré trop cet enfant-là?

Je suis tout étonnée de vous découvrir ce que vous êtes. La force de votre esprit m'avait fait supposer en vous un autre homme. Votre intelligence subtile, profonde, mâle et froide, un peu dédaigneuse aussi, donne le change sur votre cœur hésitant et votre volonté faible. Quand vous êtes auprès de moi, je reste sous l'enchantement de votre parole tout imprégnée de philosophie caressante; vos paradoxes les plus décevants me semblent choses naturelles; je me découvre étonnée de n'y avoir pas plus tôt songé. Vous parti, la fantasmagorie de votre éloquence tombe. Je retrouve mon jugement sain, ma *raisonnabilité*, comme vous dites plaisamment. Peut-être exagérez-vous l'importance de nos gestes moraux? A force de s'analyser ainsi, toute verve, tout élan, ne quittent-ils pas nos âmes? elles n'ont plus de sensations imprévues, les seules vibrantes, elles finissent par poser devant nous-mêmes; n'est-ce pas alors que l'esprit s'égare?

«Quittez-vous, renoncez à vous et vous jouirez d'une grande paix intérieure—est-il dit dans l'*Imitation*,—alors s'évanouiront toutes les pensées vaines, les pénibles inquiétudes, les soins superflus.»

Ne voilà-t-il pas un beau texte pour vous distraire? Vous devriez m'aimer à la folie, de vous envoyer des points d'interrogation sur de tels aperçus philosophiques!

# XVI

## Philippe à Denise.

17 janvier.

Vous semez nos rapports d'exquisité, madame; j'ai posé mes lèvres avides d'un peu de vous, n'en fût-ce que l'apparence, sur chacun de vos points d'interrogation. Mais comme vous devenez sévère! pourquoi me demander le pourquoi d'un éternel malaise de mon cerveau? Puis-je dire à ma sensibilité: cesse de demeurer en moi; à mon imagination: cesse de vivre. Et puis quelle ressource voulez-vous que je tire de mon corps misérable? Arrivé au détachement du seul moi qui m'intéresse, faudra-t-il donc me livrer à un labeur constant, matériel, qui me transformera, à votre idée, en bon lutteur contre la vie? Dites, quel sera le beau résultat? Ma manière de vivre c'est d'être sans volonté, hors pour cette recherche de cueillir de ci, de là, quelques impressions rares; c'est le seul accent demandé par moi à la vie monotone et lourde; ma nonchalance, c'est le talisman qui me fait pénétrer plus avant dans la joie, la douleur: je change en œuvres vives les recherches, les découvertes faites sur l'âme des autres, surtout sur la mienne. N'est-ce pas une belle puissance? Allez, bien que courtes, mes joies sont supérieures. Je délaisse le fruit pour me nourrir de la sève, vraie puissance créatrice.

Pourquoi cet éternel reproche de n'être pas occupé comme tous de ma place à conquérir dans le monde? Me voyez-vous avocat, magistrat, médecin? J'aurais daigné avoir une seule chose: du génie. Puisque je n'en ai pas, il faut bien me consoler avec mes rêves. Je suis «léger, sceptique, entraînable, irrésolu, capable de tout et de rien, égoïste et généreux, me donnant et me reprenant sans cesse, combattu par des instincts contraires,»—comme dit l'autre,—«tirant profit des circonstances sans prendre la peine de les faire naître». Soit. Encore un coup qu'y puis-je faire? Les éléments que s'assimile le cerveau humain ont cela de merveilleux qu'ils produisent des résultats très différents en changeant d'individus. Les uns sont spéculatifs, les autres, rêveurs; les calmes ont la richesse du sang, les nerveux, la puissance des sensations. D'un même principe éclate la prodigieuse variété des êtres. La même éducation a fait de mon frère un soldat, de moi, un rêveur. Il est tout action, je suis tout pensée. Notre cerveau élaborant la même substance en a fait une nutrition différente. Qu'y puis-je? Je ne me vante pas plus d'avoir quelques dispositions à rechercher le secret des causes finales, que lui ne doit se réjouir d'être un gaillard à l'organisme parfait, très et uniquement préoccupé de gagner promptement ses galons à sa sortie de Saint-Cyr.

Nous touchons là, madame, l'obscure mystère de l'atome de valeur différente que, chacun, nous sommes.

Est-ce que je vous demande pourquoi vous êtes si brune, si svelte, si pâle? Savez-vous le pourquoi de vos énergies? Celui de votre beauté physique? Celui mille fois rare et précieux de votre beauté morale? Ah! madame Tanagrette, vous êtes vous, et c'est assez pour moi.

Vous m'avez dit l'autre soir: «Je voudrais vous trouver une carrière pouvant fournir quelque distraction à votre esprit, une pâture réconfortante à votre âme souffrante.» Folie! ma carrière c'est de n'en pas avoir. Je ne vous demande qu'une chose: ne vous désintéressez pas de moi. Ne vous effarouchez pas de cette grande ambition, ne prenez pas cet air hautain que j'adore, écoutez-moi: Connaissez-vous rien de plus puissant, pour exprimer l'union infinie, que la parole du Dante: *ces deux qui vont ensemble.*—Quelle dépendance noble on prévoit de l'un et de l'autre. Cette courte phrase éveille à la pensée les affinités mystérieuses unissant étroitement les âmes sans les confondre jamais: «Ces deux qui vont ensemble...» Voulez-vous que nous soyons ceux-là?

Et puis, madame, n'allez-pas là-dessus faire l'effarouchée et me gronder; tout cela est de votre faute... Pourquoi votre amitié m'est-elle devenue si douce? Les heures passées auprès de vous, si courtes? Le souvenir de tout ce qui est vous, si cher? A force de chercher, je l'ai découvert: votre cœur dirige vos actes, guide vos pensées; il féconde votre esprit, il attire, il enveloppe, il garde à jamais. Toutes vos actions s'échappent de ce cœur, s'imprègnent de lui. Voilà. Mes aperçus philosophiques ne valent-ils pas les vôtres?

# XVII

## Denise à Philippe.

*Voilà!...* C'est bientôt dit, monsieur; après tous ces beaux discours, croyez-vous qu'il va m'être facile de rester modeste? Prenez garde, vous m'admirez trop; votre amitié me semble fondée sur l'illusion, c'est une fragile assise. Quels mécomptes vous vous préparez! Vous m'allez découvrir un beau jour... quelle chute! j'en ai la chair de poule, monsieur mon ami.

Ma nourrice, restée servante auprès de moi devenue grande, me disait, lorsque je me jetais à son cou trop ardemment: «Aimez-moi moins à la fois, Nisette, vous m'aimerez plus longtemps.»

Les amitiés durables ne naissent pas d'un caprice, songez à cela; voilà seulement quatre mois que vous m'avez découverte; pourtant, il y a deux ou trois ans que nous nous rencontrons dans le monde. Quel engouement subit vous a poussé vers moi? Vous me saluiez indifférent. Il a fallu un soir de morne ennui pour que vous daigniez venir vous asseoir auprès de moi. Notre rencontre a été une chose charmante, mais n'exagérons rien, cher nouvel ami, et mettons, je vous prie, les choses au point.

Je veux bien être «ces deux qui vont ensemble» s'ils ne vont pas trop loin.

Voulez-vous que je vous dise? la variété dans l'équilibre, voilà peut-être ce qui vous attire vers moi; mais j'ai un peu peur que ces vitalités, ces langueurs, ces puissances de réplique qui vous charment, ne me viennent de vous, suscitées en moi par le souffle créateur, intellectuel et fort, qui demeure en tout homme même insciemment.

Si je raisonne juste, quel petit néant je serais!

# XVIII

## Philippe à Denise.

19 janvier.

Vous vous trompez, madame mon amie, c'est vous qui possédez le *souffle créateur*; vous êtes, de plus, la séduction faite femme.

J'ai mis un long temps à vous découvrir? C'est mal à vous de me le reprocher. Vous portiez par le monde une certaine hauteur un peu arrogante bien faite pour éloigner un sensitif de mon espèce. Je vous admirais sans oser approcher. Lorsque de temps en temps je m'oublie à savourer mes souvenirs, si loin que je les remonte, je vous retrouve en ma pensée: fine, jolie, flexible, délicate et si pâle... Je vous saluais et je passais, n'ayant pas l'orgueil de croire possible un intérêt de vous venant jusqu'à moi.

Cette soirée ennuyeuse, je la bénis. Voilà, madame, comme les épreuves communes créent inopinément, entre les âmes, les plus forts liens!

# XIX

## Denise à Philippe.

20 janvier.

Moquez-vous, ironique! Ma nièce a bien raison de vous étiqueter le plus décevant d'entre tous ses flirts. Savez-vous qu'elle est un peu jalouse de vos fréquentes visites avenue Montaigne? Elle est venue me voir tout à l'heure «espérant vous rencontrer»; j'ai souri; la chatte aiguise, sans trop oser pourtant, sur la petite tante, ses fines griffes roses. Elle allait au cercle, patiner avec son père; elle aurait voulu vous trouver là et vous emmener.

Quel cocasse amalgame elle faisait de son inquisition sur vous, d'une rage contre un pli malencontreux de sa jupe, d'un triomphe de son chapeau, tout cela mêlé de termes techniques empruntés à la solennité de ses débuts sur la glace, *au cercle*; ce mot prend, dans sa bouche, toute l'importance la plus select!

D'ailleurs, cette lettre n'est pas pour vous dire cela, mais ceci: Mère me charge de vous inviter à dîner chez elle samedi. Viendrez-vous? Et serez-vous ce soir chez ma belle-sœur? Madame d'Aulnet et Suzon comptent sur vous... moi aussi.

# XX

## Philippe à Denise.

J'ai eu beau vous dire, hier, que j'acceptais avec enthousiasme l'invitation de votre chère mère, il me faut encore vous l'écrire pour avoir le prétexte de vous conter la joie ressentie de cette rencontre imprévue, au Bois, aujourd'hui.

Vous veniez vers moi, légère, marchant vite, de ce pas rythmé que j'adore, blottie dans vos fourrures; vous ne me voyiez pas. Votre robe flottante s'est tout à coup collée sur votre corps gracile, par un caprice du vent. J'en ai été ému artistement, ma chère statuette, et plus troublé que par la nudité absolue.

Voilà l'homme fort que je suis: quelques courbes ont sur mon imagination bien de la puissance et y sèment bien du désarroi. Rien n'est vulgaire qui me vient de vous. Vous êtes le réveil de mes énergies; vous peuplez ma vie de sensations. Et quelle jolie mine éveillée vous avez eue en me reconnaissant! Votre manière d'être timide et résolue m'enchante.

Non, non, tous les plaisirs ne sont pas au-dessous de ce que l'imagination nous les fait; les miens sont vifs et pénétrants quand, de temps en temps, je m'oublie à savourer mes souvenirs. Et il ne faut ni me gronder, ni m'en vouloir quand, de loin en loin, je m'enhardis à vous envoyer ainsi la «joyeuse envolée des pensées...»

# XXI

## Denise à Philippe.

22 janvier.

«D'amour»... c'est bien ça, pas vrai? Oh! le poltron qui n'ose finir sa citation! Oh! le laid monsieur mon ami, que je surprends en flagrant délit de marivaudage! car vous marivaudez. Marivaux marivaudant sans le savoir, a là son excuse; mais vous, le sachant, n'en avez aucune; c'est une infériorité notoire. Ramagez d'autre sorte si vous voulez continuer de plaire à votre amie.

Ma belle-mère m'offre sa loge à l'Opéra pour vendredi. Voulez-vous y venir? On y joue *Sigurd*. Germaine Dalvillers entre; elle accepte deux places pour elle et son mari. Serez-vous mon Mentor? Je vous quitte, elle bavarde, lit par-dessus mon épaule, je ne sais plus ce que je vous dis!

# XXII

## Philippe à Denise.

23 janvier.

Impossible, à mon très grand regret, madame mon amie. Une mission tombe sur ma nonchalance; plaignez-moi. Je dois aller à Bruxelles pour une conférence sur des choses fort techniques. Je vous prie en grâce de ne pas me faire vous les expliquer.

Soyez bonne, écrivez-moi. Je m'engage à commencer.

# XXIII

## Philippe à Denise.

25 janvier.

Déplorable, madame, ma première impression de voyage! Je n'avais pas eu le temps de dîner, en vous quittant, avant de prendre le train. A Compiègne, première station, je veux voir si je trouve au moins des cigares. Je commence par lutter un bout de temps contre la portière du wagon qui ne veut pas s'ouvrir. Enfin je saute sur le quai; mais à peine avais-je fait dix pas, voilà mon train qui se remet en marche. Je me précipite; une casquette galonnée me saisit par le bras—poliment, je dois le reconnaître—et me dit: «Monsieur, vous allez vous faire casser une jambe.» Je lui réponds: «Mon bon monsieur, laissez-moi remonter, je vous en supplie...» La casquette resserre son étreinte et le train fiche le camp de plus en plus, si j'ose m'exprimer ainsi.—«Mais, monsieur, c'est épouvantable ce qui m'arrive... Ma valise! Ma canne! mon sac de voyage! Ma couverture!»—La casquette, bienveillante, me conduit au bureau du télégraphe, et j'envoie une dépêche au chef de gare de Tergnier, (Tergnier est, paraît-il, la prochaine station), pour qu'il repince mes accessoires; je les reprendrai en passant.

Conclusion: j'ai deux heures à tuer à Compiègne; je repartirai par le train de neuf heures quarante-sept et j'arriverai tranquillement à Bruxelles vers quatre heures du matin.

J'ai commencé par dîner plutôt mal que bien à l'hôtel de Flandres. Puis, j'ai passé une demi-heure dans un café-concert à soldats, bondé d'artilleurs, où il y a des chanteurs extraordinaires, et qui s'appelle le café *Jeanne d'Arc*. Enfin j'ai pénétré dans l'intérieur de la ville et c'est du café de la Cloche, le plus chic de Compiègne, que je vous écris ce billet résigné. La remarque la plus profonde que j'aie faite jusqu'ici, c'est que cette ville est fertile en artilleurs. J'éprouve le besoin de me rendre cette justice que j'ai pris mon aventure avec une sérénité, un détachement, une patience, une douceur, éminemment philosophiques. Si je ne retrouve pas ma valise (tout arrive), je raconterai mon malheur aux bons Belges, et je ferai une conférence en veston, voilà tout. Mon voyage s'annonce bien, comme vous voyez. Mais ce début me donne droit à des compensations, et je les attends avec confiance.

Adieu, chère madame mon amie. Je ne veux pas, cette fois, manquer mon train, et je n'ai que le temps de vous baiser les mains.

PHILIPPE.

Observations: Compiègne est traversé par un cours d'eau. Il y a un pont. Il y a aussi quelques becs de gaz dans les rues. La grande majorité des habitants est dans l'artillerie. La bière y est médiocre. J'ai entendu dire qu'il y avait un château. Il n'y a ni buffet ni cigares à la gare. On s'instruit en voyageant.

# XXIV

## Philippe à Denise.

26 janvier.

*Grand-Hôtel, boulevard Anspach.*

Suite de mes «impressions de voyage». Donc, j'ai repris, madame Nisette, le train de neuf heures quarante-sept à Compiègne. Mais on m'avait trompé en me disant que j'arriverais à Bruxelles à quatre heures du matin. J'ai dû attendre encore deux heures à Tergnier, *port de mer* de quatre mille âmes.

Buffet modeste, où j'ai jeté les bases d'une amitié solide avec un employé galonné du chemin de fer, en lui offrant un punch. Je suis allé passer une heure à un bal populaire proche de la gare. Entrée: vingt centimes. Le spectacle de la joie des simples m'a pour un instant consolé de la vie. Vu une belle fille au bras d'un artilleur.

Arrivé enfin à Bruxelles à cinq heures et demie. Descendu au Grand-Hôtel. Levé à midi; déjeuné, erré dans les rues. Je craignais d'être trop piloté et un peu envahi; mais pas du tout: je n'ai vu, au cercle où je dois faire une conférence, que le gérant. Je suis donc libre jusqu'à ce soir.

Parcouru la rue de la Loi et la rue Royale. «Le silence infini de ces rues rectilignes m'effraie», comme dit Pascal. Pas un café, pas une brasserie dans la ville haute qui est noble, propre, blanche, élégante et un peu froide. En bas, le boulevard Anspach qui ressemble aux boulevards de Lyon. Le gérant du cercle m'a recommandé le palais de justice; mais c'est trop loin, je le verrai une autre fois. Cueilli ces fragments de romances à l'étalage d'un marchand de journaux.

*La Nacelle* (air de Béranger à l'Académie).

> Ne pleure plus, ma Marie, et remarque
> Le bleu du ciel et le vent indulgent...

*La Misère des Flandres* (air de Béranger à l'Académie).

> J'ai vu là-bas, près d'une croix de pierre
> Un pauvre veuf implorer l'Éternel...

Je voudrais bien être avenue Montaigne... Je vous baise les mains, amie incomparable.

# XXV

## Philippe à Denise.

Marchienne, 30 janvier.

Je trouve, madame mon amie, vos deux billets exquis en arrivant chez madame de X..., grand réconfort et attendrissement. C'est le premier moment agréable de mon voyage. J'ai fait hier soir ma conférence devant un public quelque peu empaillé. Pourtant, tout a plutôt bien marché, sauf un peu de bafouillage çà et là, et je les ai déridés par instants. En somme, quelque chose d'intermédiaire entre le succès d'estime et le succès proprement dit. Et puis, comme vous le dites avec éloquence, *omnia nihil*.

Couché à dix heures. Nuit réparatrice. Pris train à une heure. Traversé pays tout noir de charbon. Lugubre. Arrivé à trois heures chez madame de X..., charmante. Causé de Paris pendant une heure. Monté dans une chambre où je n'ai juste que le temps de vous rappeler que je suis toujours à vos pieds. Sais-tu, madame, savez-vous?

# XXVI

## Philippe à Denise.

Anvers, 3 février.

Madame,

Je n'ai pas eu le temps de vous écrire hier, et aujourd'hui je n'ai qu'un moment. Mardi, à Marchienne, grand succès. Hier, déjeuné à Bruxelles avec les de X... Mangé huîtres exquises et choses bizarres excellentes. Puis, parti pour Anvers. Là, très grand succès. Braves gens. Promenade nocturne fantastique à travers les rues jusqu'à deux heures du matin.

Des cafés-concerts d'une décoration folle: style indien, babylonien, assyrien, byzantin, extra-oriental, quelque chose d'éclatant et de barbare, fait pour donner une vision d'Eldorado et d'Alhambra aux matelots qui débarquent après six mois de mer, et des chanteurs de tous les pays et de toutes les langues. C'est d'un cosmopolisme bien amusant.

Adieu, madame mon amie, je serai demain à Paris.

# XXVII

## Denise à Philippe.

10 avril.

J'ai pensé à vous, hier, et vous ai regretté; c'était mon dernier five o'clock. Dans le salon, par hasard, quatre littérateurs de la jeune génération, dont deux géniaux déjà. Ils se connaissent, un dîner s'improvise, ce qui est toujours une manière favorable de réunir les gens. On a causé, causé, causé; discuté, discuté, discuté; philosophé, blagué, psychologué. Puis ça a fini par une lutte à mains plates, entre l'un d'eux et la jeune femme d'un autre, suprêmement intelligente, fine, distinguée. Au fort du combat, comme elle perdait ses forces, son mari s'écrie: «Mais ruse donc, salaude!» Nous en avons ri pendant vingt minutes, tous, et si follement, de ce vieux gros mot dans cette bouche de raffiné éloquent, que nous ne nous sommes arrêtés de rire que pour reprendre des forces et repartir plus fort.

Nous avions dîné dans la serre, parmi les fleurs, un désir réalisé pour satisfaire le caprice de l'un des convives. La pluie tombait dru sur le plafond de verre. C'était un joli bruit grésillant.

Et ce service au milieu de tout cela... mon vieux domestique ahuri (il a été dressé par ma tante, l'habitude des cours). L'un accaparant les huîtres, l'autre le poulet en gelée, un troisième le rôti, un autre les écrevisses. Le dessert sur la table, pas plus respecté: raisins, amandes, sucreries, en branle dès après le potage. Non, non, il fallait nous voir! Le café pris, au salon, les plus hautes pensées tripotaillées par tous, pafs de joie, ivres d'éloquence et d'idées remuées; puis de la savante musique qui calme; puis je chante avec toute mon âme—vous n'avez pas encore entendu cette voix-là—et toute mon émotion artistique surexcitée, en communion avec la leur. Et après tout cela, je ne sais quoi d'alangui, de très suave, de recueilli qui faisait qu'on ne pouvait plus se quitter; enfin, exquis!

Je vous aurais voulu là, correct. Mais c'est égal si—vous—là—auriez—pas—donné—dîner—pour—des prunes—je crois!

Adieu, moqueur par excellence. Un bon shake hands très friendly, et surtout tâchez d'avoir en me lisant, à défaut d'indulgence, *the most understanding soul...*

# XXVIII

## Philippe à Denise.

C'est ma chance, cela! et si vous croyez que ça me console de penser que j'aurais pu être là... Je n'ai même pas la ressource de vous dire: Ne pouviez-vous m'appeler par téléphone? Vous l'auriez fait, je n'étais pas chez moi; j'ai dîné au Cercle, puis, été à une réception chez le prince X... Rien que des Altesses—sauf moi—régnant dans les salons de leurs nobles sujets.

Ma chère amie, je ne veux plus rencontrer un prince, plus un seul, parce que je n'aime pas rester debout des soirées entières, et ces rustres-là ne s'asseyant jamais, laissent non seulement les hommes mais toutes les femmes perchées sur leurs pattes de dinde, de neuf heures à minuit, par respect de l'Altesse royale.

Et quelles comédies admirables se jouent là! J'aurais un plaisir infini—vous entendez, infini—à les raconter si je n'avais des amis, de charmants amis, parmi les fidèles de ces grotesques. Mais le prince de X..., la princesse de N..., la duchesse M..., le duc de B... lui-même, sont si gentils à mon égard, que vraiment ce serait mal: je ne peux pas; mais ça me tente, ça me démange, ça me ronge...

En tout cas, cela m'a servi à formuler ce principe qui est plus vrai, soyez-en convaincue, que l'existence de Dieu:

—Tout homme qui veut garder l'intégrité de sa pensée, l'indépendance de son jugement, voir la vie, l'humanité et le monde en observateur libre, au-dessus de tout préjugé, de toute croyance préconçue et de toute religion, doit s'écarter absolument de ce qu'on appelle les relations mondaines, car la bêtise universelle est si contagieuse qu'il ne pourra fréquenter ses semblables, les voir, les écouter, sans être malgré lui entamé par leurs convictions, leurs idées et leur morale d'imbéciles.

Enseignez cela à Hélène si vous voulez en faire une vraie femme, et laissez-moi vous baiser les mains.

# XXIX

## Denise à Philippe.

13 avril.

Saperlipopette, quelle boutade, quelle énergie, quelle verve! Faut-il que vous vous soyez assez ennuyé devant vos Altesses sérénissimes! Je crois aisément qu'il s'est remué moins d'idées chez le prince X... hier soir, qu'en mon humble *home*. Mais soyez sûr, ami, que vos grands seigneurs ne détiennent pas à eux seuls le record de l'ennui. Ah! qu'ils vous paraîtraient sublimes si vous les fréquentiez en sortant de chez des bourgeois... J'en possède de stupéfiants dans la famille de mon mari. Pour ceux qui ont un cœur et qui pensent, le bourgeoisisme, voilà le seul, le véritable ennemi.

Les grands seigneurs, s'ils n'ont pas le fond, ont au moins la forme; c'est déjà cela, et qui manque totalement aux autres. Le bourgeoisisme? C'est les petits sentiments doublés d'idées étroites. Vivre avec de hautes pensées, de nobles préoccupations d'étude, d'art; avoir de grands sentiments, de grandes générosités, cela arrive de temps en temps aux nobles, aux princes, aux rois; mais les bourgeois, rien, rien, rien, vous dis-je. Ils sont creux, ils sont bêtes, ils sont rusés, ils sont lâches, ils sont égoïstes, ils sont voleurs. Ils savent entourer d'une telle hypocrisie leurs vilaines actions qu'ils deviennent impeccables devant la loi et restent pourtant, d'instinct, repoussants. Par bourgeois, j'entends ceux-là à qui peut s'appliquer cette définition: le bourgeoisisme n'est pas un état social, mais un état de l'âme; il est des bourgeois jusque parmi les artistes.

Ah! les classes dirigeantes! les gros exploiteurs de tous et de tout... du génie aussi bien que du travail... Rien que de penser à eux, je me sens devenir socialiste. Et leur délicatesse? leurs femmes jettent la pierre à la pauvre amoureuse qui succombe dans les bras de l'amant. Mais les perles qui tombent de leurs lèvres, qui les recueillera? J'ai connu une veuve remariée; un jour on parlait devant elle et son second mari des nuits plus ou moins douces au souvenir; elle s'écria: «Eh bien, moi, mes deux plus belles nuits sont mes deux nuits de noce!»

—Oh, Marie! répondit le second mari, tu m'avais pourtant dit...»

Et je vous passe l'explication avec Léon, successeur de Paul, et l'écœurement où nous étions, mère, moi et une autre jeune femme qui avait mis imprudemment ce sujet délicat entre ces bouches profanes.

Pour le coup j'ai formulé cet axiome: le remariage est un adultère posthume.

Quand j'ai passé une heure, par force, en compagnie de ces gens de la grosse espèce, je rentre chez moi en hâte, je prends un bain, et je voudrais arracher de mon cerveau toutes les pensées qui l'ont traversé; elles me semblent souillées. Comme Hamlet j'ai envie de m'écrier: «*to sleep... to dream!*»

# XXX

## Philippe à Denise.

14 avril.

Peut-être avez-vous raison; au moins mes princes sont princes. Que j'aime donc vos lettres! Je me réjouis de dîner ce soir avec vous. J'espère que l'instinctive madame Ravelles aura l'esprit de me mettre auprès de vous. Je vous préviens obligeamment que si elle ne le fait pas, je serai d'une humeur de dogue.

Et puis, n'allez pas prendre des airs effarouchés, n'est-ce pas, parce que j'aime votre âme qui est bien la plus jolie et la plus droite que je connaisse?

# XXXI

## Denise à Philippe.

14 avril.

Voyez-vous cela?... Comme je suis très bonne, voici ma réponse à votre petit bleu pour le cas où je serais séparée de vous à ce dîner; mot: fiche de consolation—et aussi pour que vous ne fassiez pas une mine si triste que, du coup, pour en combattre le déplorable effet, je doive devenir d'aspect très gai. O diplomatie!... Et tout ça pour rien: «Rodrigue, qui l'eût cru?»

Je crois simplement, monsieur mon ami, que mon âme est douce, clairvoyante et ferme, tendre un peu, surtout éprise d'un certain idéal de fierté et de respect de soi. Il ne faut pas m'en savoir trop de gré. Maupassant disait un peu paradoxalement: «Le génie, c'est un bon estomac.» Moi je dis: «L'organisation d'un être, c'est son caractère, et le caractère c'est la fatalité.» L'éducation nous donne un peu d'hypocrisie, c'est tout.

Et prouvez-moi le contraire? Notre organisme est un enchevêtrement inextricable de mélanges de races, et c'est l'hérédité cruelle qui nous fait ce que nous sommes. Voilà pourquoi la fille de mon papa, que je suis, n'est pas muette, au contraire de l'amoureuse de Molière. J'ai eu une arrière grand'mère très vive et très bavarde; il en résulte que de langue en langue, comme de fil en aiguille, j'aime non parler, mais écrire.

Monsieur, j'ai bien l'honneur de vous dire bonsoir par la présente. Ah! cher nonchalant, vous devez avoir eu une marmotte, vous, parmi vos aïeux.

# XXXII

## Philippe à Denise.

16 avril.

Hélène vous a-t-elle dit que je l'ai rencontrée aux Champs-Élysées et que, sous l'œil vigilant de miss May très correcte, nous avons entamé un petit flirt? Elle était divinement jolie, votre fille, dans sa toilette de velours bleu et cette fourrure pelucheuse gris-pâle de chinchilla. Elle m'a dit sur ses «petits amis les pauvres» et sur le froid, des choses divines.

Je vous préviens, madame, qu'elle m'a invité à dîner pour demain soir avec ses amies et sa chère grand'mère de Nimerck, et que je viendrai si vous ne me décommandez pas, car j'ai promis de faire une représentation avec le grand guignol.

Yours always.

# XXXIII

## Denise à Philippe.

17 avril.

Hélène? c'est une enfant soyeuse, douce et tendre, quiète et recueillie, pâle, estompée, une enfant de rêve, un coin du ciel dans ma vie.

Venez. Depuis ce matin on prépare à votre intention une partie du salon. *Votre* théâtre y est déjà et les marionnettes pendent languissamment sur un bras de fauteuil, attendant que vous leur donniez la vie. Que d'âmes de femmes sont ainsi qui s'éveillent entre les mains délicatement caressantes de l'homme qui les aime...

Hélène m'a conté votre promenade et je dois vous dire que vous avez aussi une petite place dans ce cœur-là. Oui, n'est-ce pas, elle est un peu divine, ma fille? J'aime la laisser vivre dans l'engourdissement de ses doux instincts; elle séduit, captive, parce que j'ai respecté cette fleur d'enfance qui la fait si naïve dans ses huit ans, si loin des choses pratiques de la vie. De là viennent ces finesses de pensées qui vous enchantent.

En dehors de cela, il y a en elle une source de poésie. Elle est vraiment belle, physiquement et moralement. Mon Dieu! quand je songe qu'il me faudra un jour donner ce cher trésor à un homme qui peut-être ne comprendra rien à toutes les exquises et fines choses qu'elle représente!... Le pire des maris n'est pas celui qui bat, trompe, boit; c'est celui qui ne croit pas en nous, qui nous dédaigne poliment, nous juge inférieure à lui et nous fait souffrir dans nos élans, dans toutes les choses bonnes, fines et tendres que nous croyons devoir lui offrir.

Oh! les morts vivants! ceux qui nous méprisent parce qu'avant nous la foule des vulgaires pensées, des vulgaires femmes, ont éteint pour jamais leur âme. Ceux que leurs souvenirs déçus hantent, les éteints de la vie que rien ne peut ni ranimer, ni faire croire à quelque chose de bon, de droit, de beau! Ceux-là qui ne nous demandent ou ne nous donnent rien, je les hais.

L'atrophie du corps n'est rien, l'atrophie de l'âme est tout; de même que la possession est peu de chose tandis que le désir est tout.

Tenez, Vandérem dans son roman: *la Cendre*, a fait une étude parfaite, juste et douloureuse, de cet état d'âme de l'homme qui entre dans le mariage en cendres.

Ne dites pas que cette chose-là n'arrive pas, puisqu'elle m'est arrivée. Je vous jure, c'est le moindre des maux, qu'on nous préfère une maritorne. Mais ce par quoi j'ai passé! Encore étais-je énergique; mais Hélène? tendre, mélancolique, perdue dans le rêve, elle mourrait s'il lui fallait souffrir ce que j'ai souffert. Rien que d'y penser, je déteste déjà mon gendre.

Il faudra qu'un de ces soirs je vous conte le douloureux drame—si calme, si correct—de ma vie, et que je vous présente un peu ce premier secrétaire d'ambassade qui est mon mari, et de qui me vinrent tous mes désenchantements, à l'éternelle et très grande stupéfaction de ma belle-mère, nature froide, orgueilleuse, assez vulgaire, qui n'y a rien compris. Pour elle, la politesse tient lieu de tout.

# XXXIV

## Philippe à Denise.

18 avril.

Encore profondément troublé de notre conversation d'hier au soir, je vous envoie, ma chère, chère amie, le témoignage de mon respect et de ma tendresse.

# XXXV

## Denise à Philippe.

18 avril.

Comme vous êtes bon, comme cette dépêche m'a fait du bien!

Après votre départ, je me suis demandé pourquoi je vous avais tout dit; j'ai été prise, malgré moi, d'une honte douloureuse. J'étais seule, brisée par mes souvenirs, pauvre marionnette plus vide et plus molle que celles d'Hélène, traînant éparses sur les meubles. Et voilà que votre mot tendre me montre que vous avez pressenti ce qui devait se passer en moi, l'anéantissement où m'avaient laissée ces confidences.

Oui, j'ai bien souffert; aussi vous serez toujours indulgent à l'amie blessée, n'est-ce pas?

J'ai parfois des énervements, des rages, à cette ressouvenance de ma vie manquée, perdue. Que de tendresse, pourtant, je me sens au cœur, et comme j'aurais su aimer, il me semble. Mais il y a des êtres qui vivent ainsi dans un perpétuel inachèvement; c'est fini, jamais rien ne me tirera des limbes où je demeure et dans lesquels mon cœur révolté ne peut pas s'éteindre.

J'avais vingt-deux ans quand j'ai désespéré de pouvoir continuer ma vie comme le hasard et la société me l'avaient créée; Hélène avait deux ans. J'ai pris ma fille et me suis sauvée. J'ai trente ans bientôt. Pendant ces six ans de séparation consentie de part et d'autre, me sont apparus de jolis commencements d'aventures, mais seulement cela. J'étais en plein arrêt d'enthousiasme au moment où eux s'emballaient; de là des ennuis. Le monde, pour cette raison, me donna quelques amants que je ne pris pas, et il ne sentit pas mon cœur vivre dans toute la pureté ardente et fougueuse d'une tendresse toujours à vide, sans but, un peu exaltée, justement à cause de ce *sans but*.

Mettez, avec cela, que j'ai l'esprit coquet; ce qui m'entraîne parfois à donner à des indifférents toutes sortes de petites choses intellectuelles pimpantes, que les fats prennent pour des avances, peut-être? J'ai donc une réputation un peu calomniée. Je ne m'en disculperai pas à vous. Vous savez mieux que tous autres ce qu'est ma vie.

Mais tout cela vous expliquera pourquoi je suis si heureuse de notre bizarre et fervente amitié, heureuse de passer ces soirées intimes avec vous, dans la joie douce et recueillie d'avoir trouvé un cœur un peu frère du mien.

# XXXVI

## Philippe à Denise.

Mon amie, les mots me manquent pour vous exprimer la tendresse respectueuse qui me lie chaque jour davantage à vous. Ce soir, vous me parliez, de votre voix douce et basse, contenue, presque sans parole, toute pleine d'émotion. Vous me parliez et j'étais bien ému. Vous m'apparaissiez une chose de résignation, de force, de paix, une chose qui m'est aussi précieuse, aussi rare, aussi chère que peut vous être votre Hélène. Tout, de vous, d'elle, me semble une harmonie. Ne dites pas que je suis fou, ne dites rien, afin que des mots irréparables ne soient pas entre nous, et laissez-moi garder dans mon cœur l'idée de vous ainsi que d'une chose sainte.

# XXXVII

## Denise à Philippe.

1er juillet.

Eh quoi, mon cher clair obscur, vous m'écrivez presque une lettre d'amour pour laquelle je m'apprête à vous bien gronder, puis vous disparaissez: ni lettre, ni visite pendant douze jours!

Durant ce siècle, vous comprenez bien, ma colère est tombée; ne parlons donc plus de la lettre, je l'ai oubliée. Seulement, comme je quitte Paris dans quelques jours, je viens obligeamment vous le dire, afin qu'un ami un peu bizarre que je possède dans les abords de l'avenue de Messine ne vienne pas frapper à mon huis pour apprendre que j'en suis bien loin... ce qui donnerait peut-être trop d'importance à un léger ressentiment...

Je devrais même être partie; mais comme j'avais eu l'intention louable de révérender ma vieille tante de Giraucourt avant mon départ pour Nimerck, elle m'a invitée à dîner. Je n'ai pu refuser: cela aurait fait de la peine à ma mère qui, étant donnée la grande différence de leur âge, considère un peu cette sœur aînée comme sa mère.

C'est cette tante-là que mon frère Gérald, mes cousins et moi, avons irrévérencieusement baptisée: *l'habitude des cours*. Et ce que ce nom lui sied bien! une merveille! Elle sait, je crois le Gotha par cœur, et c'est à peine si elle ne libelle pas ses invitations: d'ordre de la baronne de Giraucourt, etc., etc.

Elle a un tempérament de *ralliée*. Elle était royaliste—de par les sentiments paternels,—mais elle n'a pas su résister à l'entraînant second empire; elle deviendrait, je crois, républicaine, si les républicains s'avisaient d'avoir une cour et surtout beaucoup de décorum.

C'est un type, ma tante. Je vous la ferai connaître. Grande, encore belle sous ses cheveux blancs, généreuse, intelligente et fantasque, elle dépense tous ses revenus en bonnes œuvres. Elle déteste ma belle-mère et l'intimide; c'est curieux et amusant à voir. Quand ses réceptions de famille sont émaillées de quelques étrangers, le maître des cérémonies—lisez valet de chambre—passe discrètement entre les groupes, au salon, avant le dîner, pour remettre une carte sur laquelle est écrit: «Monsieur du Rand»—ma tante ne peut se résoudre à ne pas ennoblir tous les gens qu'elle fréquente—«est prié de se mettre à table à la droite de madame da Borde et d'offrir son bras à madame de Nières».

Et M. Durand, madame Deborde, madame Danières, l'espagnolisée pour un soir, se troublent, se perdent en lisant trop attentivement leurs petites pancartes; cela amène les confusions les plus drolatiques, tandis que ma tante, très digne, froissée de leurs maladresses, murmure: «Pas l'habitude des cours...» et que nous faisons des efforts surhumains, nous autres jeunes, pour ne pas mourir de fou rire.

Une idée? Si vous veniez à Nimerck avec nous? Gérald nous quittera là pour aller s'embarquer à Cherbourg.

Cela distraira un peu ma pauvre maman de son chagrin, d'avoir à s'occuper d'un hôte.

Je serais ravie de voyager ces quelques heures avec vous; mais ça ne s'arrange pas, hein? Avez-vous remarqué comme rien n'est favorable à nos désirs, à nos joies dans la vie? Quel dommage de passer son temps à dire: quel dommage!

Adieu; je me fais l'effet d'un Jérémie de poche. Adieu. Vraiment, vous ne pouvez pas partir vendredi?

Me voilà subissant envers vous une loi d'attraction bien extraordinaire... ne devrais-je pas être un peu fâchée, indiscipliné ami? Adieu, adieu. Ce sentiment peut durer indéfiniment entre nous—je veux dire l'espace d'un matin, ce qui est énorme.

Adieu, adieu, adieu! cette fois, c'est sérieux. Adieu, monsieur mon ami, pensez, travaillez; ne vous contentez pas de traîner votre nonchalance dans des lieux selects, et d'accrocher des cœurs de femme au bout de vos éperons; ne donnez ni votre âme, ni votre esprit à la foule, cette cohue insupportable, sans cœur, sans bonté, sans distinction et sans joie.

C'est la grâce que je vous souhaite en vous disant *amen* et en serrant affectueusement votre main.

# XXXVIII

## Philippe à Denise.

2 juillet.

Madame mon amie,

Je dis comme vous: quel dommage! J'aurais tant voulu passer ces jours avec vous; j'en avais presque besoin, triste comme je le suis.

Vous êtes bien heureuse de vous en aller; en vérité, plus je vais et plus je prends en aversion Paris, que j'aimais tant autrefois. Les quelques heures tranquilles et bonnes que j'ai volées à mon mauvais destin, ces dernières années, je les ai passées loin de Paris. Combien sont différentes, plus saines, plus personnelles et plus profondes les émotions qu'on éprouve loin de lui. Dites bien surtout à la mer que je l'adore.

Je suis accablé d'ennuis de toutes sortes, matériels et moraux, grands et moyens. Je sens monter sur ma pauvre tête un orage épouvantable. Les bonnes gens diront: c'est votre faute. La belle et intelligente consolation! Mon courage et ma résignation sont à bout.

Dans ces tristes circonstances, votre compagnie, madame, vous si vaillante et si bonne, m'eût été particulièrement précieuse; mais, vous voyez, il faut aussi que j'y renonce. Du moins, j'espère que vous penserez un peu à votre ami et que vous trouverez le temps de lui écrire. Si vous saviez le plaisir que lui donnent vos lettres, vous lui écririez très souvent.

Je vous prie de présenter mes hommages à madame votre mère et de dire pour moi à votre frère mes souvenirs les meilleurs et les plus affectueux. Il est en effet peu probable que je puisse aller à Nimerck, même vous y rejoindre le 14. Les événements ne me semblent pas s'y prêter. Je n'ai cependant pas encore perdu toute chance, et vous pouvez compter que, si je peux m'échapper un instant, j'irai vous baiser la main.

A bientôt donc, je l'espère. Excusez la désolation de cette épître, n'en veuillez pas à la familiarité de mon affection qui vous transforme déjà en sœur de charité. Soyez convaincue surtout, madame mon amie, que je vous aime très tendrement; c'est ma manière de vous remercier de la bonté et de l'indulgence que vous avez pour moi.

# XXXVIX

## Denise à Philippe.

3 juillet.

Vous souffrez, vous êtes triste, votre lettre m'a touchée. J'y sens un esprit en détresse, d'une de ces détresses morales qui meurtrissent l'âme. Alors j'ai béni la sotte rage de dents qui m'a retenue à Paris et me permet de vous répondre plus vite.

Oui, le croiriez-vous? toute ma sagesse s'étant réfugiée dans une dent du même nom, elle se trouve probablement si à l'étroit dans ce logis de nacre, que mon très américain dentiste parle de me l'enlever—pas ma sagesse—ma dent!

Je plaisante, mais c'est du bout des lèvres, je vous jure, car je suis tout attendrie sur votre chagrin. Quel malheur que notre amitié soit si jeune! Je vous dirais: «Je sais peut-être pourquoi vous souffrez», et nous pourrions parler de vos ennuis, sans que cette terrible susceptibilité qu'ont tous les hommes à conter leurs maux, se révolte, sans que cela puisse vous paraître une indiscrétion de la part de votre trop nouvelle amie.

Non, ce n'est pas votre faute. Pouvons-nous ne pas subir, par instants, pour l'argent, ce vent de folie qui nous pousse tout à coup si fort à l'abîme? Toute résistance nous devient impossible et il faudrait résister, pourtant: pouvons-nous être des sages et ne subir aucun entraînement?

J'ai beaucoup souffert déjà dans ma courte vie, c'est pourquoi je comprends toutes les souffrances. Mon père avait coutume de dire: «On a fait de l'argent un roi; aussi j'éprouve une certaine satisfaction à le détrôner.» Et il le détrônait si bien que nous avons connu des années aux jours noirs, si tristes, qu'on se demande parfois comment on survit à ces choses.

Hélène n'aura pas ces douleurs-là; mon pauvre père mort, des héritages nous sont venus; l'avenir de ma fille est assuré; heureusement, car elle me paraît être dans les mêmes idées que son grand-père.

Il y a quelques jours, je lui demande ce qu'elle a fait d'une assez grande quantité de sous neufs que chacun se plaisait à lui donner.

—Mes sous d'or? oh! mère, ils étaient devenus tout noirs et si laids! je les ai jetés par la fenêtre.

Je n'ai pas eu le courage de lui expliquer la faute qu'elle avait commise, tant m'a paru propre et rare, et peu bourgeois, ce mépris des gros sous. Et puis elle n'a pas encore huit ans; il sera temps plus tard.

Allez, mon ami, les pires souffrances sont celles du cœur. J'ai souffert cruellement dans le mien qu'on a pris plaisir à tenailler, à mettre en lambeaux. Mon mal, peu à peu, s'est fait plus sourd, moins cuisant; il demeure, pourtant.

Vous voyez, vous pouvez crier misère vers moi: je saurai comprendre vos plaintes, sinon vous guérir. Hélas! si vaillante soit mon amitié vous êtes un homme, je suis une femme. Ces seuls mots ne mettent-ils pas entre nous cette sotte barrière mondaine qui anéantit tous les élans spontanés et généreux des cœurs? Aussi j'ai été bien touchée de votre: «Je vous aime tendrement.» Soyez-en persuadé, je sens toute la droiture, toute l'exquise franchise de votre phrase, et je suis très heureuse d'être aimée par vous de cette façon.

Je crois avoir trouvé le vrai nom du sentiment qui nous lie, en l'appelant un sentiment sans nom. Tel, l'innommé, je l'aime parce qu'il nous unit.

Adieu, mon pauvre ami, soyez courageux, soyez fort, soyez confiant dans les inspirations dictées par votre esprit, ne craignez pas d'attaquer de front vos ennuis. Surtout, ayez foi: tous ceux que j'aime et qui m'aiment réussissent.

Adieu. Commencez par rire de cette folie superstitieuse, et puis envoyez-moi un battement de votre cœur, je vous le rendrai.

DENISE.

P.-S.—Avec ce retard pour ma dent qu'on soigne, je reste encore deux jours à Paris. Pourquoi ne viendriez-vous pas avec nous à Nimerck? Allons, décidez-vous?

# XL

## Philippe à Denise.

4 juillet.

Votre lettre m'a fait grand bien, vous êtes droite et bonne. Vraiment, je n'ose m'absenter en ce moment. Plus tard les événements me seront plus favorables. Pardonnez-moi ma défection bien involontaire, madame.

# XLI

## Denise à Philippe.

5 juillet.

Monsieur mon ami est bien le plus terrible hésitant que je connaisse. Venez donc puisque, à quelques jours près, vous avez l'espoir de venir. Cela vous remontera. Vous tirerez profit de cette paix que nous donnent les choses ambiantes: Dira-t-on jamais ce que causent de bien au cerveau fatigué le parfum d'un champ de luzerne et l'enivrement des yeux se reposant sur tant de verdure noyée dans tant de bleu? Et la mer si belle, avec son chant rythmé, cette «grande gueuse», comme l'appelait Gustave Flaubert. Et tout, enfin, y compris la réception qu'on vous prépare si amicale.

Venez!... Je suis un peu saoule du départ et voudrais vous entraîner. J'ai remué, en préparant mes malles, avec ma lingerie, mes tulles, toute la soie froufroutante des dessous, trop de poudre d'iris; la poussière impalpable du fin parfum s'est répandue partout; c'est lui qui m'enivre.

Allons, venez! Vous n'avez aucune idée de l'enchantement de Nimerck en cette saison. Venez, cher paresseux: au village, je vous trouverai une chambre (voyez ici l'hommage discret aux convenances!) Enfin je me mettrai en quatre *for you*. Est-ce assez, mon maître? N'allez pas, ce soir, chez ma belle-sœur me répondre: «Oui, grosse bête!»

# XLII

## Philippe à Denise.

20 juillet.

Encore sous le charme de la beauté de Nimerck, de cette plantureuse et sauvage nature bretonne, de ces bords de la mer retirés et solitaires, je viens vous remercier de m'y avoir entraîné. Je suis heureux de pouvoir vous y suivre en pensée. Je vois tite-Lène entourée des oiseaux sur la pelouse, et vous, et votre chère mère, et tout enfin. J'ai passé là, près de vous trois, des heures inoubliables. Merci!

# XLIII

## Philippe à Denise.

4 août.

Madame mon amie, vous me laissez sans nouvelles, sans lettres, sans rien. Si vous croyez développer ainsi le sentiment sans nom? Y a-t-il rien de si attristant qu'un silence aussi mortel?

Je me sens tout misérable d'avoir perdu l'horizon. Alors, pour m'en consoler, je cherche comme les fanatiques à être heureux dans la fixation des pensées: les miennes sont toutes à vous, à Hélène la jolie, la délectable.

Vous le voyez, le tumulte de mes idées se réduit à vous et à ce qui vous entoure. L'horizon n'arrive pas dans mon cœur beau premier comme dans ma lettre. Et, tout simplement, je me souhaite les trois cents lieues de cuisses dont parle je ne sais plus quel auteur du XVIIIᵉ siècle, pour tomber, d'ici, à vos genoux.

# XLIV

## Denise à Philippe.

Nimerck, 6 août.

C'est vrai. Je ne vous ai pas écrit. Vous êtes si étrange!

Mon ami, deux fois, pendant votre séjour parmi nous, vous m'avez bouleversé le cœur.

La première fois, c'était le soir où Hélène regardant avec nous le coucher de soleil empourprer l'horizon, et suivant des yeux le vol des oiseaux qui semblaient vouloir s'y perdre, s'écriait: «Oh! le ciel est si beau que les oiseaux vont le caresser!»—Vous souvenez vous? Vous l'avez prise dans vos bras et l'avez embrassée si passionnément que ma fille troublée, murmura: «Mère, mère...» Et vous, fol ami, dites alors si désespérément: «Je vous aime, je vous aime...»

Puis, un autre soir, je chantais. Après chaque *Lied* de Schumann vous murmuriez: «Encore!»—Ainsi, j'ai chanté longtemps ses amours, ses désespoirs. Quand je me suis arrêtée, vous pleuriez; si triste, si solitaire, si amère semblait votre douleur! Debout près du piano, sans oser vous consoler, aller vers vous, j'attendais. Alors, vous avez dit: «Partez, laissez-moi seul... partez!»—Je vous ai obéi. Mais votre trouble m'a troublée, j'en suis restée endolorie et ne sais plus où nous allons...

Vos pensées sont maladives, énervantes. Elles m'enfoncent doucement dans l'inconnu coupable; le rêve est le mal des âmes qui finissent et s'effondrent. Je me suis affinée auprès de vous, mais j'ai déjà perdu un peu de ma droiture et de ma force. Mon ami, il ne faut plus nous voir, ne plus nous écrire, au moins de quelque temps.

Je vous quitte donc, cher, affaiblie, énervée, assez maîtresse de moi encore pour reprendre ma vie de labeur, d'action, de développement. Je reste dans la solitude éducatrice plus mâle. Elle m'armera de plus saines pensées.

# XLV

## Philippe à Denise.

7 août.

Ainsi, l'heure est venue... Je l'ai retardée jusqu'ici de toute ma volonté; j'ai vécu dans un désir fou, douloureux comme un mal physique. J'attendais je ne sais quelle occasion d'avoir à vous prouver à quel point je vous suis attaché, à quel point mon cœur, ma vie, sont à vous. J'avais peur de hâter d'une manière vulgaire cet instant. Tentant une épreuve au-dessus de mes forces, j'ai demeuré près de vous dans la solitude; alors, vous avez connu mon cœur.

J'étais pris d'une telle angoisse à l'idée qu'en parlant je vous perdrais peut-être... Ah! ces matins, ces jours, ces soirées où ma vie frôlait la vôtre... Que ce temps de voluptés indécises enfuies à jamais m'était cher! J'épiais, fiévreux, l'instant où votre âme entraînée par mon âme s'allait fondre en elle... j'attendais l'impossible rêve.

Oui, je vous aime. Vos yeux, votre voix si harmonieuse, exercent sur moi une irrésistible fascination... ce timbre limpide, grave et doux de votre voix, comme il me possède! Il donne à vos paroles, lorsqu'un émoi le voile légèrement, je ne sais quoi de caressant, de modulé, de mystérieux, qui fait tressaillir ma pensée, me fait m'extasier de désir pour vos lèvres où passent ces sons. On vous aime dès qu'on vous entend parler. Votre voix, malgré votre volonté, effleure de caresses.

Je vous aime; pouvais-je vivre au contact de ce cœur charmant, de cet esprit fin, enjoué, qui attire, retient, enlace si étroitement d'une magnétique, d'une pénétrante chaleur, sans l'aimer?

Je vous aime; je ne puis plus vivre loin de vous, chère tendresse éclairée qui me guide, vigilante, et a su m'animer par sa chaude aimantation.

Je vous aime, pour la droiture de vos pensées, pour la réserve de vos gestes, pour l'immobilité fascinatrice de vos attitudes.

Je vous aime, parce que vous êtes naturelle, vraie et bonne, ce qui est le suprême charme.

Je vous aime, parce que vous êtes grande, svelte, pâle; parce que vous êtes résolue et forte dans vos décisions; parce que ayant si bien deviné votre âme, je suis curieux de vous, toute. Je vous aime parce que je vous aime, voilà la seule vraie raison.

Denise, je veux sentir la douceur de vos lèvres sur mes lèvres, je veux être le maître de votre âme, je veux vous voir défaillir pour vous consoler et être à cette seule minute toute votre force, toute votre espérance...

Mon amie, soyez clémente; ne me replongez pas dans le néant d'où vous m'avez tiré. Je serai longtemps encore ce qu'il vous plaira que je sois; mais gardez-moi, car je vous aime.

# XLVI

## Denise à Philippe.

Nimerck, 9 août.

Quelle lettre!... J'en ai le cœur apitoyé et tremblant. Je vous remercie de cette franchise; elle convient à vous, parlant à moi.

Vous vous révélez si loyal, si droit, au milieu de tout ce trouble, que je vous propose ceci: Je vais demeurer ici jusqu'à ce que vous soyez guéri.

Vous comprenez, n'est-ce pas, que je ne puis revenir à Paris près de vous, cet automne, pour vous faire souffrir? Vous vous désaccoutumerez de moi, vous y emploierez toute la force de votre intelligence et vous y arriverez. Personne de nos amis, de notre entourage, n'aura vu ce drame de votre cœur et alors, seulement alors, nous nous reverrons.

J'ai l'air de vous fuir; peut-être allez-vous croire que c'est parce que je me sens susceptible de faiblir? Quelque durs que soient les mots que je vais vous dire, ils sont la vérité même sur l'état de mon cœur: Je ne vous aime pas.

Si nous restions l'un près de l'autre, j'aurais peut-être de vagues coquetteries—n'en ai-je pas déjà eu?—elles pourraient vous induire à croire que je vous aime. Et puis, qui sait? peut-être me prendrais-je à la mélodie de vos mots et arriverais-je à faillir par contagion? Cela ne serait pas l'amour comme je le comprends, comme je l'excuse. Ma faute serait de la surprise et de la lâcheté; car c'est une chose triste et curieuse: quand un homme nous dit «Je vous aime,»—si peu solides que nous apparaissent les bases, les principes, les causes premières de ce sentiment exprimé, quelque chose d'irraisonné, d'irraisonnable, nous pousse à accepter pour vrai ce phénomène. Ce quelque chose n'est peut-être que la recherche de la sensation douce et flatteuse que l'on a à se dire: Je suis aimée,—mots dont se leurre le cœur, toujours.

Vous voyez: non seulement je vous pardonne de m'aimer, mais je suis un peu orgueilleuse que vous m'aimiez. Cela doit me faire pardonner à mon tour ce qu'involontairement je vous fais souffrir. Adieu.

# XLVII

## Philippe à Denise.

10 août.

Denise, Denise, n'ayez pas cette cruauté! quittez Nimerck, venez!... Avec quelle froide décision vous me rejetez loin de vous, hors de votre vie! C'est à peine si je puis le comprendre et le croire... Je n'étais donc rien pour vous qu'un remplissage de vos heures vides? J'avais cru pourtant... Tenez, je vous le promets; je reprendrai du courage, de la force, à l'avenir; mais mourir ainsi à tous ses sentiments, à tous ses souvenirs, c'est un horrible effort. J'ai un tel nuage de douleur autour de moi que je ne sais plus ce que j'écris.

# XLVIII

## Denise à Philippe.

11 août.

Pauvre cher, je me sens aussi bien malheureuse. Pouvais-je penser que ce doux et maternel enveloppement n'était pas sans péril pour vous? Dans votre amour naissant je n'ai vu qu'un intérêt fraternel. Mon indigence intellectuelle me faisait si petite fille auprès de vous! J'apprenais de vous des choses senties confusément autrefois. O mon doux maître, votre amour me rend l'âme douloureuse; mais je ne peux pas, je ne dois pas revenir. Les lois du monde m'imposent cette sage retraite.

Mon ami, y aurait-il donc décidément plus d'amour dans l'adultère que dans le mariage? Libre, je sens que je vous épouserais et nous pourrions être heureux.

Mais je ne suis pas libre; or, je ne vous aime pas assez pour croire aveuglément à l'immuabilité de cet amour offert. Lorsque j'y songe, au lieu de rêver, je ne vois que le côté matériel de cette intrigue; j'y pense froidement et le courage de faillir me manque.

Vous vous êtes nourri à l'arbre maudit du paradis; il vous a fait connaître la science du bien et du mal et vous m'en instruisez d'une langue éloquente. Je n'ai pas l'esprit de controverse qu'il faudrait pour résister plus longtemps à l'intoxication de ces subtils et enivrants poisons. Croyez-moi, mon ami, toute continuation de nos relations serait un acquiescement tacite à vos volontés d'amour. Ces choses répugnant à mon cœur, je reste.

Peut-être aussi, tout au fond de mon âme, vous sais-je mauvais gré de m'avoir troublée... Pourquoi m'avoir dit l'enveloppant chant d'amour?... Pourquoi implorer si fervemment ce que je juge être la honte et l'irréparable flétrissure d'une vie?

# XLIX

## Philippe à Denise.

Il y a en vous un instinct qui dort et je n'ai pu l'éveiller. Ce bienfaisant pouvoir m'a manqué. Vous perdre? A cette pensée passent les «cortèges d'heures oubliées»—déjà!—par vous.

Ne sentiez-vous donc rien, madame, alors que vous électrisiez ma pensée et mon cœur? Voilà le charme par quoi vous m'avez tenu: j'aimais ces sourires de sphinx éclosant sur vos lèvres, ces mots murmurés, votre manière de suspendre une phrase, de la laisser si bizarrement inachevée; toutes ces choses fugitives, si personnelles, avec lesquelles vous exprimiez certains mouvements intérieurs, je les aimais... Où donc étiez-vous alors? Vous sembliez si près de moi!

Que venez-vous me parler des lois du monde? elles sont générales et lointaines; mon esprit se révolte à les subir depuis que mon cœur aime. Le monde ne me semble plus une sélection, mais une foule indifférente, hypocrite, sans pitié, sans consolation. Pourquoi lui sacrifierais-je ce que, à tort ou à droit, je crois être tout le bonheur, le bonheur intime, ineffable de nos deux vies?

La nature n'a pas de moralité, je ne suis pas le premier à constater ce fait. La conscience du monde, ses scrupules, ses pudeurs, me paraissent une chose vraiment comique. La vertu de tous n'est qu'une apparence; surgisse le besoin d'amour, le vertige des sens les possède et les voilà, ces pudiques mondains, aveugles sur eux-mêmes avec autant d'intensité qu'ils ont été clairvoyants sur les autres.

Et puis, qu'importe tout cela? Ah! Denise, combien nerveusement je vous désire et je vous aime!

# XLX

## Denise à Philippe.

13 août.

Votre insistance commence à froisser mon cœur. Je suis évidemment très arriérée et de celles à qui il faudrait un peu plus d'emballement pour franchir ce terrible pas, imperceptible ligne qui sépare la pureté morale d'une vie, du banal adultère; cette ligne, pourtant, creuse un abîme entre l'honnête femme et vos modernes Manons. Ma force philosophique ne me permet pas de sauter à pieds joints d'un bord à l'autre. Ne m'en veuillez pas d'avoir le vertige; c'est une défaillance physique, je ne saurais la vaincre.

Je ne veux pas vous dire: vous ne m'aimez pas. Vous discuteriez ce point et j'ai grand'peur de la savante casuistique qui vous ferait conclure: «Donc, je vous aime!»

Mais puisque vous raisonnez si bien, vous qui aimez, laissez-moi vous exposer mon infime théologie morale, moi que la méprisable raison guide encore.

Ce qui vous a plu en moi, ce par quoi vous avez été touché, mon ami, c'est—n'allez pas être blessé—non pas mes qualités ni mes défauts, mais la séduction avec laquelle vous m'avez amicalement conquise. J'ai su, avec à propos, vous refléter à vous-même, et, finement, vous faire accepter la louange et l'intérêt qu'un esprit complexe, une nature à facettes comme la vôtre, ne peuvent manquer d'inspirer. J'ai su vous parler de vous et vous faire jouir très doucement des jolies découvertes que je faisais d'un Vous ignoré de la foule. J'ai été l'utile tremplin nécessaire à votre esprit; je vous ai distrait, je vous ai amusé, puis, intéressé; je vous ai donné la délicate sensation d'être compris, amortissant tout angle dans cette amitié, lui donnant un enthousiasme presque passionnel. J'avais pour but de vous sortir de cette langueur où vous vous plaisez; j'espérais vous faire désirer, puis trouver une carrière pouvant fournir pâture intéressante à une âme en souffrance comme l'est la vôtre. Vous avez eu, par moi, un sentiment très vif de bonheur, et ce grand mouvement envahissant subitement votre cœur pourrait bien n'être qu'un peu de reconnaissance.

Oui, vous êtes bon, généreux, séduisant. Vous donnez à certains jours des joies d'une suavité inénarrable. Votre grande intelligence embrasse et étreint tout. Rarement j'ai entendu parler avec autant de clarté, de profondeur, de délicatesse et de sens sur les choses d'art. Un flot d'idées lumineuses sort parfois de vous en grande tempête; elles fécondent les intelligences. Tous mes amis artistes vous aiment, réclament votre présence, vous écoutent et croient en vous à cause de cette puissance génératrice que vous déversez à pleins bords et qui, tombant sur leurs cerveaux bien préparés et entraînés pour produire, les féconde. Par une ironie du sort, vous seul ne pouvez profiter de ce *vous* puissant. Par une grâce du ciel, moi seule vous l'ai fait découvrir, et j'avais bien compté sur cela pour réaliser ce mythe exquis: une amitié chère entre un homme et une femme.

Votre scepticisme, votre dédain des autres femmes, me rendaient si fière de vous avoir *ainsi* conquis.

Mais votre cœur hésitant n'a pas vu clair dans tout cela et n'a pas su résister à la délicieuse dépravation d'instinctives pensées qui ne manquent pas de naître sur un terrain amical aussi bien cultivé. Ce commerce incessant de nos esprits et de nos âmes a tout gâté. Vos désirs sont montés vers moi ennoblis par vos délicates manières, et, prenant une fantaisie pour un sentiment, vous avez imprudemment parlé—et si légèrement!—d'amour, cette belle et presque sainte religion humaine.

Je ne nie pas le goût que vous avez pour moi; petit à petit, dans l'enchantement d'une fréquentation amicale rare, par cela même finement appréciée de nous, vous êtes arrivé à croire m'aimer, et cela avec la plus grande force dont vous êtes capable.

Par malheur je ne ressens pour vous que de la sympathie, un peu poussée à l'extrême, peut-être? Eh bien oui: «je vous aime amicalement», avec cette graine de coquetterie qui, malheureusement, vous a induit en erreur.

Croyez-moi, mon ami: vous guérirez et retournerez à la nonchalance de sentiment qui vous est naturelle. L'impossibilité d'obtenir davantage va vous désenflammer et nous serons alors, par le monde, une belle et honnête exception de gens s'aimant sans s'aimer, et vous ne sentirez bientôt plus que la douceur d'une amitié si pure, partant si durable.

# LI

## Philippe à Denise.

14 août.

Pourquoi nier mon amour? L'avez-vous mis à l'épreuve? Je vous trouve bien hardie de vous empêtrer de raisonnements pour me démontrer que je ne vous aime pas.

Je vous aime. Je mets à vos pieds mes plus suaves tendresses, mon plus inédit amour. Pour refuser la joie de vivre sous cette forme, êtes-vous bien sûre d'avoir, dans cet impérieux refus, une compensation équivalente au joyeux remuement que l'amour met—fût-ce pour un fugitif instant—dans notre être?

Tant de formes qu'a déjà prises votre jeune vie ne vous ont-elles pas, chacune, laissée pleine de désillusion?

Rien n'est—sauf une manière relative d'accepter l'effervescence qu'amènent, de temps en temps, ces violents mouvements qui s'élèvent en nous et nous poussent à quelque acte déterminé; ainsi fit la longue pénétration de votre charme agissant sur moi et m'entraînant à vous dire: «Je vous aime.»

Je vous en conjure, Denise, prenez pour vrai le trouble dont s'est embelli l'isolement de ma vie, il m'a guidé lentement mais sûrement vers vous, et n'opposez plus une si grande résistance à la débilité naturelle des pauvres affections humaines. Ne perdons pas l'occasion de coudoyer le bonheur.

Quand un homme de ma sorte est «pénétré d'une parfaite componction, le monde entier lui est alors amer et insupportable», dit le divin livre. J'ai, pour la première fois et pour vous seule, ressenti cette componction... Denise, ma rebelle aimée, tout mon amour est à jamais à vous, l'âme choisie.

# LII

## Denise à Philippe.

15 août.

«Je me suis éloigné, j'ai fui et j'ai demeuré dans la solitude...»

Le divin livre dit aussi cela et j'en fais mon irrévocable réponse.

N'insistez plus, mon ami; c'est déjà si douloureux de vous perdre!

# LIII

## Philippe à Denise.

Saalfelden, Tirol autrichien, 22 août.

Il n'eût pas été juste, madame, que mon amour vous condamnât à l'exil. Le monde, dont vous vous souciez parfois si extrêmement, aurait pu s'étonner d'un séjour prolongé dans vos terres cet automne, cet hiver.

J'ai quitté Paris. Aussi bien, n'y devant plus vous rencontrer, qu'y aurais-je fait?

Je promène en un village délicieux, désert, enserré de hautes montagnes vertes, aux cimes couvertes de neige, un morne chagrin.

Plus que jamais mon âme s'étire de détresse, et il faut le grand isolement bienfaisant où je suis pour étouffer l'appel malsain et maussade de vagues idées de suicide.

Adieu, madame. Je reviendrai en France lorsque je ne serai plus dédaigneux des mouvements extérieurs de la vie.

En attendant cet oubli du seul moi valant la peine de le regarder vivre, je demeure celui qui vous aime.

# LIVRE II

*L'amour est comme la fièvre: il naît et s'éteint sans que la volonté y ait la moindre part.*

. . . . . . . . . . . . . . . . . . . . . .

*Tous les plaisirs ne viennent pas de la cessation de la douleur.*

. . . . . . . . . . . . . . . . . . . . . .

*Des esprits fort délicats sont très susceptibles de curiosité et de prévention.*

*Pour ces âmes trop ardentes ou ardentes par excès... avant que la sensation, qui est la conséquence de la nature des objets, arrive jusqu'à elles, elles les couvrent de loin, et avant de les voir, de ce charme imaginaire dont elles trouvent en elles-mêmes une source inépuisable.*

STENDHAL.

# LIV

## Philippe de Luzy à Denise Trémors.

Paris, 27 octobre 18...
2 h. du matin.

Je viens de vous revoir, de passer une soirée si semblable à celle qui avait mis en présence nos deux vies il y a quatorze mois, qu'il n'a tenu qu'à vous, qu'à moi, de nous croire au même soir exactement.

Vous êtes toujours fine et charmante, madame. Sans qu'il m'ait été possible de vous expliquer ce qui s'est passé dans mon âme—peut-être aussi dans la vôtre?—pendant ces longs mois, j'ai cru sentir dans le serrement net de votre petite main une vivacité si cordiale que j'ose vous demander comme autrefois la permission de vous voir et de prendre enfin le droit—que j'ai certes bien gagné—de me compter parmi vos amis.

# LV

## Denise à Philippe.

28 octobre.

Votre écriture m'a fait tressaillir. J'ai gardé la lettre sans l'ouvrir, longtemps dans mes mains, cherchant à deviner ce que vous aviez mis là.

Je répondrai franchement à votre demande et vous prie de répondre franchement à la mienne: êtes-vous complètement guéri?

Notre rencontre imprévue d'hier m'assure que ma question n'est pas vaine. Vous avez pu compter les battements de votre cœur, vous savez son état. J'ai dans votre honneur une telle confiance, il m'est apparu si loyal pendant ces longs mois où vous n'avez rien tenté pour me voir ni pour m'écrire, que je suis émue et heureuse d'être l'amie qu'il s'est choisie.

# LVI

## Philippe à Denise.

Je suis guéri. Il faut que ce soit vous, madame, pour que j'ose écrire ces mots décevants. Ainsi que Henri Heine, je puis dire:

> Mon cœur n'a fleuri qu'une fois
> Il me semble qu'il y a cent ans...

Voulez-vous que ce soir je vienne prendre une tasse de thé et me guérir un peu—non d'aimer—mais de ce spleen nonchalant qui va augmentant, sans que ma volonté serve à rien autre chose qu'à fortifier le malaise moral où je vis.

# LVII

## Denise à Philippe.

30 octobre.

Venez. Hélène a lu le mot *guérir* de votre dépêche. Elle m'a dit: «Est-ce mon ami Philippe qui est malade, maman?» Et comme je répondis: «oui»—«Oh! mère, il faut le soigner; vous savez si bien et c'est si doux quand vous soignez... ça console d'être malade.»

J'aurai donc deux délicats à fortifier; elle, le cher ange, et vous.

# LVIII

## Philippe à Denise.

29 octobre.

Hélène a été si exquise hier au soir que je vous ai comprise ainsi que vos actes, dans ce qu'ils avaient eu pour moi jusqu'ici de plus secret.

Vous êtes toute à elle comme elle est toute à vous. C'est elle le maître de votre âme. Je ne soupçonnais pas qu'une pareille tendresse pût lier un enfant et une mère. Cela vous maintient un être d'exception, madame, de qui je suis heureux d'être l'ami.

Je bénis le hasard sous la forme de la célébration anniversaire du mariage du roi de Grèce avec la grande-duchesse Olga; je bénis la volonté de votre mari vous écrivant d'Athènes d'avoir à témoigner, par votre présence à la réception de l'ambassadeur, de son zèle à remplir sa carrière; je bénis Aprilopoulos, l'anodin flirt de votre nièce, qui m'entraîna à cette soirée, puisque, contre toute attente (je vous croyais à Nimerck) je vous y ai retrouvée. Je bénis votre infinie bonté, madame, puisque vous avez permis que je redevinsse votre ami.

Mais, dans le tendre émoi où m'a mis cette reprise de nos relations, j'ai omis de vous conter une chose qu'il importe que vous sachiez.

Depuis un mois à peine, j'étais terré à Saalfelden, lorsqu'on me retourna de Paris une lettre de votre nièce. Mademoiselle Suzanne d'Aulnet me demandait ingénument le pourquoi de mon absence. Elle m'avouait s'être enquise de mon adresse et, devant votre négation de la savoir, s'exaspérait contre le mystère dont vous enveloppiez ma disparition de Paris.

Pour la calmer, je lui répondis, affirmant votre parfaite ignorance et, en vue d'un fichage de paix utile à combattre ses doutes et son esprit d'intrigue, je la lui révélai *à elle seule*. Vous pensez bien qu'elle fut flattée. D'autres lettres suivirent, assez vides. A ce moment-là et pendant quelques mois encore, comptaient pour moi celles, seules, où il était question de vous. Ainsi, mon amie, j'ai su vos études d'harmonie reprises; j'ai même lu les trois œuvres que vous avez fait paraître. Puis-je vous dire que j'ai été touché au delà de tout, en vous voyant vous isoler de moi dans l'étude et non dans les légères distractions du monde? Vous demeurez suave jusqu'en vos sévérités, et cette peine d'exil imposée par vous à votre ami, je ne sais quelle pitié charitable vous en faisait de loin partager la détresse...

Mais, pour en revenir à miss Suzanne, comme depuis mon retour à Paris elle continue néanmoins à m'écrire, je trouve que la situation se complique.

Que pensez-vous de cela, vous?... Et, dites-moi, comment ne vous aurais-je pas adorée, vous comparant à ces autres?

Maintenant pourtant, quand je pense que nous aurions pu gâter par un banal amour le sentiment qui désormais nous lie, je suis plein d'un rétrospectif remords. Il fallait toujours, entre nous, en venir où nous en sommes. Les femmes de votre sorte ne faillissent pas. Elles savent rester intactes sur le petit piédestal d'honneur qu'elles se sont fait, et on les aime à part des autres, justement parce qu'elles sont aussi séduisantes et non accessibles.

Hélas! nous sommes tous un peu écœurés de nos mièvres aventures, tous repus et déçus, et c'est notre mal, le mal du siècle, de n'avoir pas l'énergie d'aimer.

Vous êtes une des rares femmes que j'aurais aimé aimer, avant de vous si bien connaître, madame chérie; maintenant je sens quel abîme nous eût séparés dans l'amour, et ce que vous m'auriez fait souffrir en me forçant à vous donner une vigueur d'âme que je n'ai pas. Si encore j'avais souffert seul... Mais ce que vous auriez ressenti, vous! Quel réveil, ma pauvre petite! Ce que nous offrons est si peu de chose comparé à ce que donnent les convaincues comme vous. C'est l'éternelle histoire *du jouet que nous croyons recevoir et du trésor que vous croyez donner*,—dont parle la grande penseuse-reine, Élisabeth de Roumanie.

Comme ami, je me sens à la hauteur de ma tâche car je vous aime trop; je vous aime avec tendresse, respect, admiration, même jalousie. Et je serais très sérieusement furieux, je vous jure, que quelqu'un d'autre se permît de vous aimer comme je vous aime, madame.

Ah! comme ce me serait bon de passer un mois seul avec vous à la campagne, à m'imprégner de votre force morale.

# LIX

## Denise à Philippe.

28 octobre.

Quel plaisir me fait votre lettre! Ces longs mois écoulés, nous nous sommes retrouvés avec une apparence de froideur et pourtant, tout ce drame discret d'autrefois a mis entre nous je ne sais quoi de très tendre... ne le sentez-vous pas?

Le sentiment sans nom, de plus en plus sans nom, possède mon cœur à un point extrême.

Mais quoi, vous traitez si légèrement cette démarche hardie de ma nièce! Cette nouvelle d'une correspondance secrète m'a fait frissonner. Songez donc, si elle ne vous était pas adressée, à vous que j'estime, dont je connais la délicatesse de sentiment, songez à tout ce qu'une pareille liberté d'allure pourrait attirer de trouble dans sa vie future de femme et combien elle peut nuire déjà à sa vie de jeune fille.

Si j'osais, mon cher ami, je vous demanderais de détruire avec moi les lettres de Suzanne avant mon départ pour Nimerck; j'y retourne demain soir sans faute, l'ayant promis à ma mère.

Suzon est une enfant gâtée chez laquelle on n'a développé que les qualités d'apparence. Si vous le permettez, je lui montrerai doucement le danger où elle court en prenant la vie dans ce sens. Ma belle-sœur s'est vite trouvée débordée par la vitalité impérieuse et piaffeuse de sa fille; c'est une correcte et droite créature, cette bonne Alice, croyant le mal aussi impossible aux siens qu'il l'est à elle-même, ne le soupçonnant pas; d'Aulnet, lui, est une brute courtoise, plus occupé de cercles et de courses qu'il ne faudrait, mais scrupuleusement honnête. Suzanne n'a peut-être pas compris la hardiesse de mauvais ton qu'ont ses avances. J'en suis malheureuse, confuse pour elle, prête à vous en demander pardon.

Vous voulez bien, pas vrai? nous livrer à cet autodafé?

Pour en revenir à nous, y a-t-il, au fond, rien de plus étrange que ce sentiment qui nous lie? C'est vraiment sur cette question que le psychologue délicat qu'est Bourget devrait faire marcher son prochain roman, car nos lettres toutes décousues, se suivant à peine, n'en peuvent constituer un. Il faudrait son talent pour créer, animer d'une vie romanesque et philosophique ce que renferment infinitésimalement les nôtres: des coins de notre âme dont les épanchements intimes montrent de temps en temps le fonds de réserve. Encore cela n'amuserait peut-être pas le public, les joies pures du cœur étant l'idéal de ceux qui les savourent, mais non de ceux qui les lisent. Qui sait pourtant? Une œuvre qui laisserait beaucoup de marge à l'imagination des autres, une œuvre qui laisserait deviner, supposer, inventer, au delà du cadre où elle se renferme, serait peut-être une œuvre de vie.

Je sais bien que le roman doit toujours se composer d'une exposition, d'une intrigue, d'un nœud, d'un dénouement, la scène à faire (toujours avidement réclamée par Sarcey). Or, nos lettres vont tout de travers comme dans la vie. Elles sont illogiques, car l'homme est illogique; remplies de contrastes, car la femme n'est que contrastes; gaies, tristes, disparates, elles peignent un homme réel, une femme réelle; elles vont comme elles peuvent, cahin, caha, hue, dia, hop!

Elles ne se plient pas aux exigences d'un caractère de héros, héros du commencement à la fin du livre; nous ne finirons probablement pas nos vies, moi dans un couvent, vous dans la Seine; nous ne serons tués par personne, pas même par mon diplomate de mari; ce n'est donc pas un roman (je m'en vante!) et cela n'intéresserait personne, car chacun veut voir, dans un roman, ou une espèce d'idéal de la vie, ou des souffrances si extrêmes, ou des horreurs si complètes que, bien heureusement, j'en ai rarement vu de pareilles dans les vraies vies, la vôtre, la mienne, la nôtre, la leur.

Et puis, personne ne voudrait croire que cela pût exister, une amitié aussi vive, un besoin de se voir, de s'entendre, de connaître les moindres événements de la vie de l'un et de l'autre; une attirance indéniable, vous, tant d'obéissance à mes désirs, moi, tant de complaisance aux vôtres; et tout, enfin: la simplicité, la complication, le charme, la finesse, la force, la subtilité, la fausseté, la franchise, l'exquis, l'incompréhensible du sentiment que nous éprouvons l'un pour l'autre.

# LX

## Philippe à Denise.

30 octobre, 4 heures après midi.

Certes, nos lettres ne sont pas un roman. Elles n'ont aucun enchaînement voulu, préparé; elles n'ont pas la coordination progressive d'événements souhaités, poussant l'œuvre vers un dénouement bien exploité et trop souvent connu et prévu par le lecteur.

Mais, à cause de cela, elles m'en semblent plus intéressantes; si elles étaient un roman, avouez qu'il serait dans la forme et dans le fond assez neuf? Elles sont mieux qu'un roman, elles sont une *tranche de vie*. N'expriment-elles pas la déception d'un homme avouant sa lutte contre ses facultés latentes—qu'il sent, qu'il juge des plus sublimes!—Je blague; mais l'aveu spontané d'une impuissance douloureuse est, après tout, une assez noble humilité, digne d'étude. Ne dépeignent-elles pas, ces lettres, la perpétuité d'un vouloir avortant, une sensibilité maladive monstrueusement défaillante, une volonté se dérobant malgré les efforts d'une imagination avide d'action?

J'ai, je crois, de l'élévation d'esprit; j'ai le sentiment de posséder quelques facultés supérieures, sans le pouvoir de réaliser mes conceptions. Toutes les pénétrantes misères morales, je les subis, rêveur impatient. Si parfois, par la grâce d'influences puériles, je m'en distrais, la conscience de mon mal me ramène à des désespoirs profonds. Je pleure sur mon oisiveté, je me sens, pour moi-même, irrévélable.

Toutes ces misères, ces défaillances franchement confessées que je jette hors de moi et livre à votre amitié calme, douce et paisible, ne sont-elles pas le mal de bien des jeunes de ce temps? Et si je savais, si j'avais la force d'exprimer l'infini qui est entre ce que je suis et ce que je pourrais être, ne serait-ce pas la trouvaille du virus inoculable à ceux qui souffrent du même mal que moi?

Nos lettres, chère, intéresseraient certainement—en dehors des gens ne pouvant se passer d'un mariage ou d'une mort aux derniers feuillets d'un roman—les âmes droites et saines pareilles à la vôtre; puis, les irritables et chaleureuses, les agitées et confuses de leur faiblesse, comme la mienne, perpétuellement en lutte contre leurs plus inspirés désirs dont elles nient la valeur.

Si nos lettres étaient connues de ces âmes profondes, ces intelligences attentives les trouveraient peut-être assez attachantes pour les lire.

Ne révèlent-elles pas les intimes et secrètes fluctuations de deux âmes humaines dégagées du faux éclat et de la variété des événements ambiants? car vous avez aussi vos heures de trouble, ma vaillante.

Je viendrai ce soir vous dire adieu, puisque vous rentrez si vite à Nimerck. J'apporterai la correspondance de miss Suzy et nous la brûlerons.

Je vous fais porter cette lettre, afin d'avoir rapidement votre réponse.

# LXI

## Denise à Philippe.

30 octobre, 5 heures.

Non, pas ce soir, mais tout de suite; venez dès la rentrée chez vous de votre domestique.

J'allais justement vous faire porter, moi aussi, cette lettre écrite avant la venue de la vôtre:

Mon ami,

Paul Hervieu, Grosclaude, Vandérem, Germaine et Paul Dalvillers viennent dîner ce soir; voulez-vous en être? Alors venez à six heures, afin qu'avant le dîner qui a lieu à huit heures, nous ayons le temps de causer et de flamber la prose de l'imprudente petite personne.

Cette réunion s'est combinée à l'improviste chez Germaine, tout à l'heure, d'une amusante manière. J'étais allée la voir, sachant qu'elle reprend ses réceptions dès sa rentrée à Paris.

Une femme très chic, fort élégante, était là en grandissime toilette, une Américaine du Nord, présentée a Germaine cet été, à Dinard, par nos amis O'Cornill.

Je ne sais si la dame avait, *in petto*, découvert que mon chapeau ne venait pas de chez Reboux, ni ma robe de chez Doucet, mais ma toilette simplette avec son genre discret et correct (toilette de voyage, d'ailleurs,) a fait prendre des airs à la belle étrangère. Sa politesse me classait avec des atténuations et des nuances qui m'ont amusée. Peu intimidée de la distance d'argent qui nous séparait, je me suis complue à être très drôle, très amusante, très finaude, voire très spirituelle (à moi, à moi, Marie Baskirscheff!). J'ai roulé la belle madame dans la poudre sucre et sel de mes saillies.

Et quel succès! Les trois hommes présents, tout à moi, rien qu'à moi; l'un tenant mon ombrelle, l'autre mon porte-cartes pour me permettre d'absorber à mon aise le *Lacryma Christi*. Hervieu, Vandérem, Grosclaude, me donnaient des répliques soignées, scintillantes, blagueuses, exquises. Germaine essayait vainement d'entraîner sa pompeuse milliardaire dans notre conversation; ahurie, la belle madame, l'âme en deuil de ses effets de toilette perdus, semblait hypnotisée.

Belle revanche en vérité, mais simple génie du moment et qui n'empêche qu'aujourd'hui l'argent ne soit le moyen de tout. C'est alors que le dîner de ce soir s'est combiné à la très nouvelle stupéfaction de la dame. Encore une qui doit donner à emporter à ses invités les menus d'argent de sa table, aimable attention pour ceux qui n'auraient pas de quoi déjeuner le lendemain.

Je compte sur vous, n'est-ce pas mon ami?

# LXII

## Philippe à Denise.

31 octobre.

J'ai éprouvé tout à l'heure un léger émoi en écrivant sur l'enveloppe: Nimerck, Finistère.

Voilà donc le doux fil renoué. Avec quel soin je vais m'appliquer à ce que rien ne vienne ébranler cette chère amitié définitivement fondée, vous en doutez-vous, madame? Il faudra m'en savoir d'autant plus gré que vous demeurez *ma mie*. J'ai eu envie de baiser le bas de votre robe—la robe dédaignée de l'Amérique—quand hier soir, vos hommes célèbres jouant à l'esprit parlé pour se reposer de l'esprit écrit, Hervieu posant sa question:

—Quand cesse-t-on d'aimer?

Vous y répondîtes:

—Est-ce qu'on cesse d'aimer? il y a des gens qui sont morts et que je sens m'aimer encore.

Cette pensée a bourdonné autour de mon cœur toute la nuit; je sens si bien que je serai de ceux-là, vous aimant par delà la mort.

Bonne arrivée, madame! Nimerck doit être si beau par ces derniers jours d'automne. Donnez pour moi une caresse de vos yeux aux grandes pelouses, aux noirs sapins, aux durs rochers de vos mornes falaises, à toutes ces choses calmes et belles, et laissez-moi baiser dévotement le bout de vos gants.

# LXIII

## Denise à Philippe.

Nimerck, 1ᵉʳ novembre.

Oui, l'automne est une belle saison. Encore du soleil, encore des feuilles aux arbres, encore des fleurs aux buissons, et le vent qui fait chanter les branches et gémit en parcourant toute la maison. Il devient, ce furieux, l'hôte avec lequel on passe au coin du feu les heures recueillies du soir. Que de souvenirs il réveilla au bruit continu de ses longs sifflements, et que de tristesses montent au cœur, chevauchées par ses tournoiements monotones! J'en ai, parfois, l'âme éperdue.

Octobre est mort. Novembre naît, dépouillant chaque jour un peu plus la terre; il fait beau, il fait froid. Je vous écris ce soir, triste jour des morts, la pensée obsédée du souvenir de mon père, souvenir cher et douloureux. J'ai porté ce matin, pour lui, au calvaire, une grande couronne toute faite de cinéraires aux feuilles d'argent et de branches flexibles de fuchsias dont les fleurs longues, délicates, minces et rouges semblent des larmes de sang.

Il dort sous un menhir, lourd bloc du pays natal; il n'a voulu rien d'autre au cimetière, affirmant ainsi aux humbles l'égalité dans la mort. Là, il nous a défendu de mettre des fleurs; seule, Hélène y porte, aux jours anniversaires, une rose France qu'elle pose, chargée d'un baiser, sur la mousse poussée au pied du rocher.

En rentrant, hasard étrange, j'ouvre un livre et je vois à la première page la signature de mon cher mort. Il a marqué ce livre d'une date: *1860.* Ce: «c'est à moi»—demeure au delà de lui enfoui dans quelques linges blancs, sous la pierre blanche. Cela m'a serré le cœur et remué toutes les fibres tristes. J'ai pensé à des choses enfantinement tendres: sa main avait frôlé ce papier.

On retourne aux sensations naïves lorsqu'on souffre. Le cœur s'accroche à tout, tout lui devient bon pour aviver sa délicate souffrance. La force de l'esprit n'est plus rien. Cela m'a fait me souvenir de Germaine qui garde précieusement les derniers souliers blancs qu'a portés son bébé, avec un peu de la boue sur laquelle son petit pied avait posé. Elle tient à cette boue qu'il a frôlée, où il a mis sa toute petite empreinte, avec la même ferveur qu'elle tient aux fleurs pâles, desséchées et flétries qui ont entouré, touché son beau petit corps mort. Bête de cœur qui paillette d'étincelles d'amour les plus infimes choses!

Je suis triste aujourd'hui de mes souvenirs, triste d'une tristesse profonde; elle met des larmes à mes cils sans que je pleure: Une tristesse faite d'un vague effroi de l'aridité de ma vie à venir, si j'ose déduire et conclure du connu à l'inconnu.

Mais je ne veux pas plus longtemps vous ennuyer de ces choses. Adieu, mon ami. Je vous envoie mes meilleures pensées d'automne dorées encore par un peu de soleil, comme sont les feuilles mortes que le vent de mer fait, en ce moment, tourbillonner autour de nos dernières fleurs.

# LXIV

## Denise à Philippe.

Vous n'avez pas répondu à ma dernière lettre et cela m'a fait un peu de peine. Je devrais pourtant faire grâce à votre paresse... pour ce qui nous doit lier et ce que j'attends de vous, vous êtes bien tel que vous êtes. Je vous demande seulement de ne pas trop m'oublier, vous soupçonnant une tendance à aimer particulièrement, comme le chat, ceux avec qui vous êtes toujours.

Je viens de passer par de grandes inquiétudes à propos d'Hélène, et suis encore toute endolorie des pensées qui m'ont étreint le cerveau ces jours-ci. Je comptais revenir à la fin du mois à Paris; mon départ est reculé, et Dieu sait quand j'y rentrerai maintenant.

Espérez-moi un peu et écrivez afin que ma grande solitude se peuple de souvenirs amis.

N'oubliez pas surtout que je chemine assez tristement dans la vie, et que le moindre signe de vous me causera une grande joie.

# LXV

## Philippe à Denise.

Paris, 16 novembre.

J'ai appris seulement hier, chez votre belle-mère, l'accident arrivé à la chère petite Hélène, et quelles suites fâcheuses il en est résulté.

Cependant, d'après votre belle-sœur madame d'Aulnet, avec laquelle j'ai eu le plaisir de dîner, j'espérais vous revoir cette semaine, l'enfant guérie. Faut-il encore renoncer à cet espoir? Je souhaite que non, et pour moi qui désire vivement revoir mon amie, et pour vous que je sens si attristée de vos préoccupations et de votre solitude. Soyez sûre au moins que dans tous ces ennuis mon amitié ne vous abandonne pas; si même je pouvais aller passer un ou deux jours avec vous, je le ferais avec joie. Mais qu'est-ce que l'on dirait? Ce monde de potins en serait soulevé.

Et puis je ne peux malgré moi plaindre beaucoup les heureux qui sont loin d'ici. C'est vraiment à Paris que les ennuis prennent une couleur grise et enveloppent l'âme d'un brouillard triste où elle s'éteint. Mais la nature, la mer, l'horizon, maintiennent l'esprit dans une santé morale excellente et raniment le courage. Pour ceux qui pensent et qui composent, c'est dans la solitude et le recueillement que leur viennent les meilleures inspirations. Leur personnalité s'y développe, leur talent s'y élargit. Soyez persuadée que si vous êtes maintenant trop abattue pour en profiter, vous ne tarderez pas à en ressentir les heureux effets une fois rentrée ici.

Que veut dire, s'il vous plaît, madame, «pour ce qui doit nous lier et ce que j'attends de vous, vous êtes bien tel que vous êtes».

Voilà une terrible phrase! Je vous prie de me la développer.

Vous avez tort de me soupçonner d'avoir, comme le chat, une tendance à aimer particulièrement ceux avec qui je suis toujours. C'est une idée fausse; je pourrais vous en écrire long là-dessus. Si vous tenez à me comparer à un animal quelconque, prenez plutôt le chien fidèle et bon.

Adieu, chère triste.

# LXVI

## Denise à Philippe.

18 novembre.

Triste?... Non, je ne le suis pas, seulement un peu alanguie et douloureuse. Si vous étiez là, je vous dirais le pourquoi de cette morbidesse. Cela réside en des riens que je sais analyser et que je ne peux vaincre. Ne vous êtes-vous pas surpris à garder une main un peu plus longtemps qu'il n'eût fallu dans la vôtre sans que votre cœur ou votre esprit y fût pour rien? cela est machinal et il plaît que ce soit ainsi. C'est comme un peu d'effleurement idéal; c'est fugitif, ce n'est rien; pourtant cela trouble et émotionne ainsi qu'une promesse d'amour. Mon état est celui-ci: un peu d'indéfini flottant autour de moi et gravitant vers quoi? je n'en sais rien.

Je me bucolise... l'automne, l'air pur et honnête des champs, la grande solitude, voilà les entraîneurs. Ne vous moquez pas trop de moi, s. v. p.!

Au reste, puisque vous dédaignez d'être chat, c'est au chien fidèle et bon que je fais cette confidence d'une gêne toute morale, et non au monsieur chic, *engardénié* et très cravaté de blanc.

Oui, oui, ce serait charmant une visite de vous; mais je n'ai pas le droit de prendre votre courage au mot...

Je me dis pourtant que ce pourrait être une chose enchanteresse ce voyage, si vous êtes friand de grand vent, de givre sur les pelouses, de houx aux feuilles luisantes, de mousses qui pleurent les feuilles mortes.

Si les promenades dans la tourmente ne vous déplaisent pas, ni les retours dans la maison close, ni les flâneries devant les grands feux sans autre lumière que la flamme du foyer, à l'heure fugitive et mélancolique du crépuscule, venez. Alors les ombres bizarres des meubles tremblent au vacillement des flammes et s'allongent sur les tapis, rampantes, pleines de mystère, tandis qu'au dehors les couchers de soleil rouges ensanglantent le ciel et font croire à un gigantesque incendie sur la mer.

Peut-être tout cela vous plairait-il infiniment.

Seigneur, où vais-je? Je ne pensais plus à votre brave peur des potins!

# LXVII

## Philippe à Denise.

20 novembre.

Je n'aime pas cette ironie, madame, d'autant qu'elle me semble provenir d'un mal nerveux très inférieur à vos coutumières belles énergies.

Vous savez bien pour qui je crains les potins, n'est-ce pas? Alors trouvez-vous opportuns vos persiflages?

Je suis meilleur que vous, moi; j'ai été trouver Germaine et lui ai suggéré l'idée de partir vous désattrister avant l'arrivée de votre belle-sœur et de votre nièce. Cela a donné lieu à une scène comique entre elle, son mari et moi:

—Elle est triste? j'y cours, s'écrie gentiment Germaine.

—Eh bien et moi? vous m'abandonnez? réplique Paul.

—D'abord vous pouvez me suivre; et puis soyez raisonnable, chéri; vous savez bien que vous êtes dans votre phase chaste, donc je vous manquerai si peu...

—Germaine! s'exclama Paul, sévère.

—Eh bien quoi, mon amour? l'as-tu dit ou ne l'as-tu pas dit, l'autre soir? *To be or not to be*—et tu es très: *Not to be*, ces jours-ci.

—Continue, je t'en prie, de me ridiculiser devant Philippe!

—Lui? l'*amant-blanc* par excellence? Mais, mon amour, Toi, c'est par phases... lui, c'est à la fois quotidien, chronique et aigu. Tu peux me croire: il pèche toujours par omission!

Je pousse quelques: «Oh! oh! oh!» comiques, choqués, vexés, en pouffant, tandis que Paul, interloqué, demande:

—Qu'en sais-tu?

—Avec mon flair d'artilleur, je devine!

—Germaine! voilà de ces propos qui vous font mal juger dans le monde et...

—Voyons, gronde pas, ô mon fol amant!

—Mais moi, je proteste, madame Germaine!

—Qu'est-ce que ça y change? vous êtes un *effleureur*, mon cher Phil, vous le savez bien, pardi! Figurez-vous, amour de mari, je me souviens qu'il disait aux grandes filles, nos amies, lorsqu'il était petit (et moi encore plus petite) et qu'elles imploraient un baiser: «Je veux bien, mais surtout faites vite, pas fort et sans appuyer...» Une grâce qu'il leur faisait déjà dans ce temps-là, ce bout d'homme!

—Bon! ma chère; comme amant, je m'abandonne à vos sarcasmes—encore que vous parliez un peu sans savoir—mais en amitié, avouez-le, Germaine, on peut risquer le placement, je suis un fonds d'État...

—Parbleu, c'est bien ça: sûr, mais ne rapportant rien!

Là-dessus, nous rions comme trois fous; Paul envoie des regards passionnés à sa femme, et moi je leur donne ma bénédiction.

Ceci reste convenu: Germaine part pour Nimerck d'ici trois ou quatre jours. Son mari vous l'amène et revient à Paris, d'où nous partirons, lui et moi, pour la chasse, chez les Ferdrupt, Germaine ayant de tout temps déclaré qu'elle ne voulait pas mettre les pieds à la campagne de ces gens-là, parce qu'il y fallait *trop travailler*. Avez-vous su son aventure avec la douairière, morte depuis d'ailleurs,—et pas de çà!—Il était de bon ton, dans cette maison, d'afficher les mœurs extra-patriarcales. Or, Germaine étant venue passer quinze jours au Tilloy dans les premiers mois de son mariage, et n'ayant pas songé à munir sa malle de broderie, tapisserie, crochet, que sais-je? enfin de ces petites choses flottantes, sans forme, douces au toucher et qui se meuvent faiblement entre les doigts effilés des femmes, madame Ferdrupt, un soir, au salon, lui fit désobligeamment, quoique doucereusement, la remarque qu'elle seule était désœuvrée.

Le lendemain, à l'heure de l'ouvroir, devinez ce qu'invente l'enfant terrible? Elle apporte au salon un panier énorme et à l'ébahissement d'un chacun en tire une oie morte et se met à la plumer! Tableau.

Si vous ne souriez pas après une lettre pareille j'y perds mon latin. Allons, vite une belle risette, madame, à l'ami qui tendrement vous aime et qu'il vous faut aimer aussi un peu, dites?

# LXVIII

## Denise à Philippe.

Voilà mon sourire, voilà mes mercis. La gentille pensée de m'envoyer Germaine! C'est vous tout entier, cela. Vous êtes un ami délicieux.

Mais quel Philippe votre lettre me révèle, insoupçonné jusqu'ici par moi! Va pour l'*amant-blanc*. Germaine, la chère enfant terrible, ne sait peut-être pas tout, *dites*?

# LXIX

## Denise à Philippe.

Nimerck, 28 novembre.

A l'instant je reçois votre envoi de gibier. Merci de cette attention. Les cailles ravissent Hélène, tout à fait bien portante; elle en est très friande, la chérie.

Je pense que ces jolies bêtes doivent tenir lieu d'une lettre, cher paresseux; je lis entre leurs petites pattes et leur soyeux plumage, toutes sortes de choses gentilles, des paroles d'affection, de douces moqueries, voire des excuses consolantes. Je ne suis pas bien sûre de n'avoir pas vu aussi un peu d'ironie au bout du bec d'un perdreau; mais je n'ai pas insisté, et veux croire qu'il me souriait avec bonté, tout simplement, sans se ficher de moi le moins du monde, et sans avoir l'air de me dire que mes lettres courent un peu bien après les vôtres.

Je vous écris tandis que Massenet, charmant comme toujours, conte à Germaine, *enivrée d'harmonie*, un mot amusant qu'une femme de ses amies lui a servi l'autre soir. Il est de passage ici (pas le mot, mais Massenet) et doit assister après-demain à son festival musical à Nantes; ce sera un triomphe. Mon maître y est habitué. Massenet arrivait un peu en retard chez madame X..., à un grand dîner qu'elle donnait en son honneur. Il s'excuse en disant que ce qui l'a retardé, c'est qu'on est venu lui annoncer sa nomination de membre de l'Institut de Bologne. «Ah! dit la maîtresse de la maison, *Immortadelle*, alors!»

Massenet, qui a de l'esprit, a été enchanté du mot.

Peut-être allez-vous croire que vous avez cette lettre à cause des bestioles envoyées? Pas du tout, monsieur, sans gibier vous l'aviez.

Je voudrais vous savoir bien persuadé que je tiens au moins autant que vous à l'amitié qui nous lie; j'en fais toute ma joie, même toute mon espérance.

Vraiment, entre un homme et une femme, l'amitié s'empreint d'une ardeur charmante; cette sorte d'amitié a, je crois, la destinée de ce qui est grand chez l'homme, procédant de son choix, de sa volonté, de sa pensée, et non de son instinct comme l'amour. Ou elle est sublime, ou elle n'est pas. Quand elle existe, elle existe à jamais et va toujours croissant.

Ainsi sera la nôtre, j'espère. Aussi n'ai-je pas trop peur que l'éloignement ne nous détache l'un de l'autre. Ce sentiment-là demeurera entre nous une nécessité heureuse qui tiendra le milieu entre les besoins du corps et ceux de l'âme, une sorte de désir abstrait, doux à savourer. N'a-t-il pas résisté déjà à l'épreuve du feu?

Vous habitez mon cœur, mon ami; tant pis pour vous si vous ne vous y plaisez pas. Mais tout ceci n'est pas une raison pour que vous me laissiez trop longtemps sans nouvelles. Adieu.

# LXX

## Philippe à Denise.

Le Tilloy (Somme), 28 novembre.

Vous avez raison: l'amitié entre un homme et une femme n'est pas un sentiment naturel, et l'on ne peut y arriver qu'après avoir traversé des épreuves et les avoir surmontées par une grande droiture de cœur, un grand effort de volonté; la principale et la plus dangereuse de ces épreuves, c'est l'amour. Je vous ai aimée avec la plus grande force dont j'étais capable; vous m'avez éconduit amicalement, je me suis guéri, et me voilà retombé à ma nonchalance de cœur habituelle. L'amitié que je ressens pour vous est très douce, je m'y abandonne sans réticence; je m'abandonne au plaisir de la subir et de vous le dire et rien au monde ne me pénètre d'un pareil bonheur. J'ai baisé ce «*vous habitez mon cœur*». Ah! qu'il me soit un cher asile, ce cœur adorable.

Un certain instinct que nous avons tous en nous, nous entraîne par instants vers un idéal informulé, abstrait. Le besoin de pureté dans ce rêve, produit par nos défaillances dans la lutte sociale, m'entraînait autrefois à Dieu et je lui aurais porté cette vague poésie latente, si je n'avais songé à cet autre qui avait pour devise: «Souviens-toi de ne pas croire».

Vous êtes cet idéal, maintenant, madame. Ce *moi* chercheur de la lumière dans la vie n'est plus errant: il est en vous, béat, chère beauté pure.

Je suis heureux qu'Hélène ait croqué les cailles; je les avais chassées à son intention. Dalvillers et moi sommes partis de Paris le 24 pour le Tilloy. Nous y avons retrouvé une bande de clubmen, ce qui me gâte un peu la joie dont je m'imprègne au contact de la nature. La nécessité misérable d'avoir à revêtir l'habit noir après les longues heures de battue dans les bois, l'obligation plus douloureuse encore de bostonner une partie de la nuit avec toute la féminité du château et des châteaux environnants, me font cruellement sentir l'infériorité de n'avoir point à soi une chasse qu'on ne serait pas obligé de louer—ô pauvreté!—où l'on pourrait vagabonder presque solitaire, un toit plus ou moins pointu où l'on rentrerait s'abriter, se reposer du bon repos, les pieds sur les chenets, la pipe à la bouche, devant une flambée de bois sec. Voilà un rêve peu chic, pas du tout cravaté de blanc; très prosaïquement j'avoue qu'il me hante depuis mon arrivée ici. Je regrette presque la douairière et ses sages travaux à l'aiguille; au moins permettaient-ils aux hommes de somnoler en fumant.

Est-ce bête, mon amie, d'être nerveux au point de souffrir d'une façon physique d'infériorités morales émanant des autres?

La médiocrité intellectuelle des Ferdrupt m'irrite et me rend malade. J'aime mieux la vraie bêtise; au moins parfois elle est drôle. Ah! que Germaine a bien fait de lâcher ces gens! Paul et moi apprécions maintenant à sa juste valeur le coup d'état de l'oie.

J'ai achevé de me gâter chez vous, parmi vos amis remueurs d'idées, livrant de temps en temps «ce coin divin qu'il y a dans l'homme», dont parle Henri Heine.

Ici, je me heurte uniquement aux «idées reliées en cuir de cochon» et c'est bien pénible.

Pour me tirer de douleur, j'ai entrepris la culture d'un petit flirt. Je ne dédaigne point cette ribote de perruquier lorsqu'il s'agit de me sortir d'un ennui grandissant. Je compte sur votre aimable philosophie pour n'en tirer que d'indulgentes déductions sur mon fâcheux caractère. Ce régime—facile à suivre, surtout à la campagne—m'a réussi. J'accepte valse, boston, insuffisance morale de mes hôtes et de leurs hôtes, avec plus de courage, une volonté plus affermie. Cette résignation m'aidera, je l'espère, à supporter avec passivité tous les ennuis que mon mauvais destin me réserve encore durant l'achèvement de mon séjour; je ne puis malheureusement l'écourter ayant eu l'imprudence de m'engager, dès Paris, à accomplir un temps fixe.

Écrivez-moi, dites-moi ce que vous devenez; travaillez-vous beaucoup? Où en êtes-vous de votre air hongrois? Si vous avez composé trois notes nouvelles, envoyez-les-moi. Nimerck est moins désert, paraît-il. Georges Granbaud, arrivé ici depuis hier, m'a donné vaguement de vos nouvelles. Il est très discret sur vous, votre spirituel voisin. Il m'a jeté entre deux bouffées de cigare, que madame votre mère continue de regretter que votre nièce ne soit pas mariée. Pauvres espoirs de madame de Nimerck! je leur souhaite longue vie. Et pourtant miss Suzy vaut bien certaines autres, épousées tous les jours; il ne faudrait peut-être qu'un homme courageux pour la remettre dans le droit sentier.

Granbaud nous a dit, à moitié, le dernier trait de Germaine; donnez-nous toute la scène. Paul est anxieux de savoir le nouvel avatar de son fol esprit, et comment s'est passée l'aventure entre le substitut et la chère incorrigible Saint-Jean-Bouche-d'Or.

Racontez-moi tout: ce que vous pensez, dites, faites;—et surtout donnez-moi des nouvelles de votre délicieuse Hélène.

Respectfully yours.

# LXXI

## Denise à Philippe.

30 novembre.

Voilà une lettre bourrée, ce qui s'appelle bourrée. Vous y sentimentalisez d'une manière des plus sublimes votre amitié, vous y parlez chasse, musique; vous citez vos classiques, vous y dansez, vous y dégringolez dans le flirt, vous y réclamez les mots de Germaine, vous y chiquenaudez Suzanne... ouf! j'en suis essoufflée!

Commençons par la chose gaie: l'autre jour dînaient ici le général Hepper, le colonel de Frégon, l'amiral des Issarts, puis un substitut des environs, neveu de la brave madame Ravelles. Un dîner sérieux, mais charmant grâce aux trois premiers convives. Après dîner, au salon, le jeune Ravelles croit pouvoir briller à son tour et patauge dans des lieux communs qui nous jettent à tous un léger froid. Avec l'esprit fin que vous lui connaissez, le général essaie de le tirer de l'ornière; le colonel vient en vain à la rescousse. Les inepties pleuvaient. L'esprit de la magistrature assise, debout, couchée, mal représenté par M. Ravelles, nous plongeait de stupeur en stupeur.

Habitué, au nom de la loi, à discipliner, à commander, à condamner, à punir, à innocenter, ce garçon loquace, impétueux dans ses affirmations, tranchant de juge à prévenu, menaçait de gâter notre soirée. Ce petit homme, parlant de l'Autorité comme si elle était sa maîtresse, sot à pleurer, mais non pas bête—ce qui est très différent—donnait l'envie folle de rabattre d'un bon coup son impertinent caquet.

—«Il faut secourir ce futur procureur... je n'y tiens plus, je vais m'immiscer dans son joli discours!» me glisse Germaine à l'oreille.

Alors, elle s'ingénie avec bonté à mettre la conversation de ce jeune officiel sur lui-même, pensant: si dépourvu de tact et d'esprit qu'on soit, le peu qu'on en a se développe dès qu'il s'agit de se raconter. Il parle, il parle, requérant comme un ange, et entame la question du mariage:

—Oui, madame, la vie est triste en province; pour s'y faire un centre, il faut se marier; mais voilà: choisir c'est si difficile et si chanceux.

GERMAINE.—Oui, il vous faudrait une jeune fille bien élevée, riche...

LE SUBSTITUT.—Bien entendu; je la voudrais du monde, mais très simple; intelligente, musicienne, spirituelle même; bien de sa personne, enfin charmante comme...

GERMAINE.—Ah! monsieur, je vous arrête! Vous allez me faire un compliment!

Et Germaine, s'étant mise au ton, minaude.

—Oh! madame, ce n'est pas un... vous en méritez mille! Mais pour vivre en province dans une position en quelque sorte officielle, il faudrait que la jeune personne fût plus... moins... comment dirais-je? enfin moins... plus... effacée. Je ne sais pas si je me fais bien comprendre?

—Mais parfaitement: vous avez raison, monsieur, c'est très juste, car dans la magistrature il ne suffit pas d'être bête, il faut encore avoir de la tenue!

Et cette impertinence fut lancée d'un ton à nous ravir tous.

Puisque vous voilà content et pouffant et bien disposé, laissez-moi vous dire que votre lettre sent, malgré sa forme assez irrévérencieuse, un vague intérêt pour Suzanne. Si j'osais, je vous gronderais. Vous avez jeté la semence légère et féconde au vent, sans vous inquiéter si quelque grain, par hasard, n'allait point germer. Cela est mal.

Depuis l'arrivée de ma nièce, j'ai en vain essayé d'avoir avec elle la conversation projetée. Suzanne se dérobait.

Votre lettre m'a servie, et voici comment les choses se sont passées.

Je venais d'en achever la lecture quand Suzanne entra dans ma chambre. Peut-être avait-elle reconnu votre écriture sur l'enveloppe, en cherchant son courrier dans le plateau où le piéton dépose les lettres.

—Je vous dérange, tante?

—Non, Suzanne.

—Mais vous lisiez, je crois...

—Oui: une lettre de Philippe de Luzy et elle m'a contristée.

—Bah? le cher ironique est de plus en plus triste, désespéré, languide, sans doute? Mais vous êtes la bonne, l'unique consolatrice; vite écrivez, tante Denise, sans quoi votre Werther va courre sus à son pistolet; je vous laisse, je me sauve!

Là-dessus elle se met à rire, de ce rire cassant et bref qui sort de la gorge des femmes quand elles ont du chagrin, un rire qui retient des larmes. J'ai senti l'instant propice, j'ai parlé—comment? Je n'en sais rien, j'étais si émue! Mes vingt-neuf ans me font bien jeune devant la froide expérience de cette fille de vingt ans; j'ai parlé avec la persuasive éloquence des mères: Suzanne, attendrie, a pleuré, la tête posée sur mes genoux...

Elle m'a promis d'être plus réfléchie, plus sérieuse à l'avenir. Mon ami, cette fillette qui semble regarder sans voir, écouter sans entendre, a tout deviné du drame de votre cœur, du cher secret qui nous lie.

Avidement elle me disait: «Je vous ai tout dit, tante, tout; mais vous, dites-moi aussi la vérité pour ma récompense...»

Voilà comme nous sommes, aimant jusqu'à la torture infligée par ceux que nous aimons. Eh bien, grondez-moi si vous voulez, mais devant tant de franchise j'ai avoué. La pauvre petite a eu un mot sublime: «Comment avez-vous pu lui résister? Il vous aimait et il est si séduisant!»

Suzanne m'a remerciée d'avoir brûlé ses lettres.

—Tante, moi aussi j'ai gardé les siennes, faut-il les brûler?

—Ce serait plus sage, ma mignonne.

—Oh! comme c'est triste...

Elle s'est levée et, prenant mon bras, m'a entraînée jusqu'à sa chambre. Là, derrière l'amas parfumé de son linge d'été rose, mauve, bleu, sous l'enrubannement soyeux des fraîches batistes, elle a pris «son péché»,—elle a dit ça si gentiment avec un sourire si contraint... Que n'étiez-vous là!

Ce péché (qui est bien un peu le vôtre) était cacheté dans une grande enveloppe; ce sceau en faisait déjà une chose finie, morte, une belle espérance juvénile à jamais perdue...

—Tante, permettez-moi de les lire encore une fois?

—Tu vas souffrir plus longtemps; mais lis, mon enfant, si tel est ton désir.

Et, tandis qu'elle lisait, j'allai regarder à la fenêtre. Le bruit imperceptible des feuillets tournés, les gros soupirs, tout ce petit drame se passant derrière moi me rendait triste; involontairement je songeais: les hommes légers sont bien coupables.

Mais elle, n'y tenant plus, s'écria:

—Ah! tante Denise, il faut lire aussi et vous verrez alors si j'étais folle de croire...

J'ai lu. Certes, ces lettres jolies, élégantes, parlant vaguement d'un autre amour, ont pu troubler ma nièce; mon ami, vous avez joué avec ce petit cœur-là; toute votre belle morale tombait parce que vous l'écriviez en cachette et que cette faute commise ensemble vous liait tous les deux du mauvais lien des amitiés malsaines. Avec vos câlineries de langage il faut tenir sa raison bien fort pour ne pas subir l'entraînement.

Philippe, la démarche que je tente est un peu bizarre, mais Suzanne vous aime, voilà mon excuse: pourquoi ne l'épouseriez-vous pas?

Vous l'avez appelée votre «consolante amie...» Laissez-moi mettre cette petite main dans la vôtre. Suzanne est dressable, vous pourrez la guider, la diriger. Allez, il faut se méfier des jeunes filles trop sages. Celles qui cherchent à aimer ne sont-elles pas dans le vrai? Et n'est-ce pas vous et votre égoïsme se dérobant, qui les faites devenir ironiques et coquettes, et les jetez dans la faute et le par-à-côté d'une vie déçue?

La première expérience d'amour d'une jeune fille, lorsqu'elle réussit, ne s'immaculise-t-elle pas par le mariage? De cette première et naïve imprudence naît ce mythe, rêve de toutes, le mariage d'amour.

Allons, cher, quittez le petit flirt, les valses, les coups de fusil, l'insipidité de vos beaux dîners insipides et devenez, à Nimerck, le neveu de votre grande amie.

DENISE.

*P.-S.*—Tite-Lène a marqué d'un mot cette journée. Comme Suzanne essuyait les dernières larmes que diamantaient les flammes de vos lettres, ma fille entre chez sa cousine. «Tu as du chagrin, Zon? Tu pleures? Pourquoi donc pleure-t-elle, maman?—Elle a de la peine, mon ange.—Ah! pauvre Suzanne! C'est vrai, la vie est triste il y a des jours... et ma poupée est en son... et mon petit oiseau est mort... Je voudrais m'en aller dans une étoile, s'il vous plaît, maman?»

# LXXII

## Philippe à Denise.

2 décembre.

Peste, madame mon amie, comme vous y allez! Mais je suis aussi peu fait pour être marié que tite-Lène pour devenir une femme vulgaire. L'adorable mot de la petite m'a plus remué que toute l'exposition du chagrin de mademoiselle d'Aulnet.

Pour demander la main de Suzanne il faudrait d'abord savoir si la jolie enfant accepterait ceci:

1° Un homme qui l'aimerait très *raisonnablement* et serait désireux de diriger sa vie, leur vie, comme il l'entendrait.

2° Cet homme possède exactement quinze mille livres de rente. Jusqu'à présent elles lui ont à peine suffi pour mener la vie de farniente qu'il pratique; il demande au jeu le surplus nécessaire et ne l'obtient que de loin en loin.

3° Cet homme, une fois marié, serait donc dans l'obligation de vivre des rentes apportées par sa femme, ce qu'il ne souffrirait pas; alors, voulant se conduire en homme d'honneur, il se retirerait dans la terre de Luzy qu'il possède (en indivis avec son frère), château, étang, ferme, chasse, prés. Comme les revenus des quatre derniers énoncés suffisent juste à entretenir, payer les impôts, conserver ledit château, avec les quinze mille francs de rente—ceux-là inscrits sur le grand-livre—le ménage aurait donc de quoi marcher petitement par le monde.

Je vous dis cela en blague, mais c'est pourtant l'absolue vérité. Je trouve odieux de manger les revenus de la dot de sa femme pour faire «aller la maison», si soi-même on n'apporte sinon plus, au moins autant par son travail ou par ses rentes. Le contraire me paraît une situation inacceptable. N'est-ce pas une sorte de vente de soi donnant au mari une subalternité morale tout à fait dégradante?

Si mademoiselle d'Aulnet a comme moi quinze mille francs de rente, je l'épouse. Mais comme avec ces trente mille francs nous ferions assez piètre figure dans notre monde, il faut qu'elle accepte l'enterrement de première classe à Luzy, où je tâcherai de me montrer à la hauteur des événements en élevant bien les enfants qu'elle aura l'obligeance de me donner,—pour nous distraire—et en essayant de remplacer à moi seul la foule empressée de ses admirateurs, sa loge à l'Opéra, les courses ou les concerts des après-midi du dimanche, l'hippique, les mardis de la Comédie-Française, les samedis de l'Opéra-Comique, les vernissages des diverses expositions, les premières des multiples théâtres, les promenades de *five o'clok* à l'avenue des Acacias, les séances de polo le printemps, les eaux dans les trous chics l'été, les honneurs du pied et les chasses l'hiver, ses chevaux, ses voitures, et Doucet, et Reboux, et le patinage à des pôles divers, et les haltes les clairs matins, avenue du Bois, et les petits pâtés, et les petits jabotages chez le select pâtissier, et les réceptions chez mesdames X..., Y..., Z..., et les bals blancs, bleus roses, etc., etc.—Ouf! ouf! j'en suis déjà épuisé!

Sérieusement, si vous jugez qu'il me faille épouser pour le très léger dommage qu'on m'a—convenez-en?—entraîné à commettre, un peu pour l'amour de l'imprudente, beaucoup pour l'amour de vous, je me résoudrai à devenir le fortuné époux de la délicieuse Suzanne. Seulement je vous prie de dire mes conditions *sine quâ non*; elles sont absolument réfléchies et sérieuses.

Adieu mon amie chère.

Ah! quelle crainte j'ai de vous voir m'entraîner d'une façon sentimentale et allègre vers cet inconnu terrifiant.

# LXXIII

## Denise à Philippe.

Eh bien! n'ayez plus de crainte. Je n'ai pas lu votre terrible lettre à Suzanne, mais je l'ai interprétée et la lui ai résumée.

Elle a eu une minute d'hésitation, il faut lui rendre cette justice; après quoi, très tranquillement:

—Ne trouvez-vous pas, ma tante, que ce serait une grande sottise de ma part de me marier dans ces conditions? Philippe fait l'ogre, le barbe-bleue, avec cette annonce pompeuse d'une éternelle retraite dans son château; pourtant, si sa nonchalance s'arrangeait de cette vie et que vraiment il m'y condamnât? Ses quinze mille francs de rente, c'est maigre. J'ai cinq cent mille francs de dot, moi; cela nous ferait à peu près trente-cinq mille francs à dépenser par an—un peu moins de trois mille francs par mois, c'est peu... bien peu.

—Mais je vis avec vingt-huit mille francs, moi, ma chérie, et très confortablement. Et puis il ne faut pas voir cette seule question de gros sous; l'aimes-tu? te sens-tu attirée vers lui? Tu pleurais l'autre jour, tu me demandais comment j'avais résisté à son charme. C'est de l'amour, cela, Suzanne.

—Oui, peut-être l'ai-je aimé. Certes, il est tout à fait bien: grand, élégant, distingué; il a de très belles relations, mais il sait si peu s'en servir! Et puis, tout ça pour aller s'enterrer à Luzy toute l'année...

—Tu viendras passer trois mois d'hiver, chez moi, dans l'appartement inoccupé de ton oncle; il vient si rarement à Paris... Tu seras là parfaitement.

—Mais trente-cinq mille francs... qu'est-ce qu'on peut faire avec ça?

—On peut vivre comme je vis, s'entourer d'amis, les bien recevoir, mais simplement. En éloignant la foule des indifférents, la foule des plaisirs creux, la foule de toutes les choses vides, parfois même ennuyeuses, dont les mondains bourrent leur vie, on se fait une existence charmante; elle vaut l'autre, je t'assure.

—Vous en parlez à votre aise, petite tante; d'abord, vous habitez l'hôtel que mon oncle a acheté en se mariant, et il est très chic cet hôtel. Puis, l'été, vous allez à Nimerck chez votre mère; ce vieux donjon breton est épatant; c'est encore très chic. Enfin, vous, vous avez pris cette manière-là: c'est votre genre de connaître peu de monde, de choisir les gens qui vous plaisent, de fermer votre porte au nez des autres qui attendent derrière, mourant d'envie d'être introduits et faisant tout pour y arriver. Mais moi? j'ai toujours été représentative... et puis, voudrais-je l'essayer, je ne saurais même pas vous singer. Il me faut la foule pour m'aider à jouir de ce que je possède; j'aime qu'on me regarde dans la rue, j'aime l'hommage et la curiosité de tous. J'aurais voulu être reine ou grande artiste...

—Alors, Philippe devra renoncer à la vague pensée d'une union possible avec toi. Tu as bien réfléchi? Dois-je lui écrire un mot dans ce sens?

—Je crois que cela vaut mieux: Luzy à perpétuité sans la grande vie derrière... brrr! je ne me sens pas de force à accepter ça. Si encore il faisait quelque chose, ce Philippe! Seulement, dites-lui cela autrement, tante, dites ce que j'ai fait dire à Aprilopoulos par maman: «que je ne veux pas encore me marier; qu'il sera temps d'y songer plus tard»; enfin arrangez-lui bien tout de façon à me le garder comme flirt. En y réfléchissant, Aprilo serait un parti bien plus sortable; orphelin comme Luzy, il a quarante-cinq mille livres de rente, un nom historique là-bas, en Grèce; un hôtel à Athènes, un palais à Corfou... et puis, toqué de moi, cet attaché d'ambassade, fier de mes succès... Évidemment, pas le charme de Philippe... oui, mais l'un m'adorera tandis que c'est moi qui aurais été capable d'adorer l'autre... Et c'est la pire bêtise pour une femme d'adorer son mari!

A mon tour, j'ai fait mentalement brrr. Il me semblait entendre parler mon mari. J'avoue donc humblement mon pas de clerc et vous prie de me le pardonner. Mon ami, j'espère n'avoir troublé en rien, pour l'avenir, votre curieuse manière d'être vis-à-vis l'un de l'autre! Que tout ceci me paraîtrait comique, si ça ne me rendait pas, malgré ma volonté d'en rire, infiniment triste.

# LXXIV

## Philippe à Denise.

6 décembre.

Moi, cela me paraît charmant.

Allons donc, je retrouve ma Suzanne! jolie poupée intelligente, certes, mais surtout combien supérieure comme fille pratique. A travers quel prisme l'aviez-vous vue et me la présentiez-vous? Ah! quel beau troubadour vous êtes, ma chérie, et comme je baise avec tendresse et respect le bas de votre pourpoint.

Mais si, dans le fond, je suis ravi de la tournure prise par les événements, à la surface, je suis rageur. Dans son dédain de moi—notez que je le trouve tout naturel—votre nièce a touché la plaie de ma vie: «Si encore il faisait quelque chose, ce Philippe!» Ce doute de moi, cette éternelle hésitation qui me fait incapable de produire quoi que ce soit, qui me rend incapable, même de faire un mari,—la pire des conditions sociales à l'heure qu'il est, pourtant,—m'exaspère.

Elles n'ont pas tort, ces légères, de nous mépriser un peu; nous nous ressemblons trop par certains côtés pour qu'il en soit autrement. On ne choisit pas un sol mouvant pour y construire sa demeure. Au fond, il y a une grande leçon à tirer de son «si encore il faisait quelque chose». Je m'en sens l'âme tout humiliée de la bonne humilité.

Voyons, ma sage madame, un conseil: que diriez-vous si votre ami se décidait à faire de la politique? C'est la carrière des gens qui n'en ont pas. Des gros bonnets de mon pays m'ont dernièrement pressenti à ce sujet. J'avais réservé ma décision, voulant vous consulter à votre rentrée à Paris; mais les événements m'entraînent à vous en parler plus tôt. Vous connaissez la situation, dites sincèrement votre avis.

Tendrement à vous.

# LXXV

## Denise à Philippe.

7 décembre.

A mon tour de vous écrire: Peste, monsieur mon ami, comme vous y allez! Savez-vous bien qu'il me faut donner là un avis fort grave. Si vous avez sérieusement l'intention de faire de la politique, changez un peu vos armes; coupez votre *écu écartelé* d'une *ondée* où vous ferez graver cette devise: *Avoir la conscience pure est une joie supérieure.* Elle vaudra, dans l'occurrence, celle que vous avez. Les *merlettes sur sinople* n'en souffriront pas, ni vous non plus, ni même votre patrie.

Pourquoi vous lancer dans cette agitation inféconde où les politiciens se débattent tous?

Faire de la politique, c'est s'engager à avoir le génie du moment... et le moment me semble mal choisi pour vous laisser la faculté d'en avoir. Il ne doit pas vous échapper que nous sommes juste au point, à l'état, où tite-Lène nous a peint un soir les Romains qui «ne peuvent plus souffrir leurs maux ni les remèdes à ces maux». Et puis, si le spartiatisme et son brouet ont du bon, les mœurs athéniennes, nonchalantes et luxueuses, en ont aussi: l'art en procède, l'art étant dans ses manifestations éminemment aristocratique.

Alors quoi? serez-vous socialiste ou opportuniste? Il nous faudra toujours «du pain et des spectacles», quoi qu'on dise, et les Romains étaient philosophes et noblement inspirés en ne demandant pas l'un sans l'autre. Et puis, tenez, voilà mon impression: la politique actuelle nous mène je ne sais à quel abîme, et l'avenir social me paraît plein de cataclysmes.

Donc, timidement, je vous suggère la bonne idée de planter vos choux. J'ai peur de voir votre droiture, votre loyauté, entrer dans cette lice un peu souillée.

> O bien heureux qui peut passer sa vie
> Entre les siens, franc de haine et d'envie,
> Parmi les champs, les forêts et les bois,
> Loin du tumulte et du bruit populaire
> Et qui ne vend sa liberté pour plaire
> Aux passions des princes et des rois!

Sans princes ni rois, allez, la chanson dit toujours vrai et la moralité en est toujours applicable. Puisque je donne dans la poésie, laissez-moi achever de vous citer ces vers modernes du poète Desportes qui vécut vers 1570.

Las! que nous sommes misérables
D'être serves dessous les lois
Des hommes légers et muables
Plus que le feuillage des bois!

Les pensers des hommes ressemblent
A l'air, aux vents et aux saisons
Et aux girouettes qui tremblent
Inconstamment sur les maisons...

Leur amour est ferme et constante
Comme la mer grosse des flots
Qui bruit, qui court, qui se tourmente
Et qui n'a jamais de repos.

Ce n'est que de vent qu'est leur tête;
De vent est leur entendement
Les vents encore et la tempête
Ne vont point si légèrement.

Mais cet ardent feu qui les tue
Et rend leur esprit consumé
C'est un feu de paille menue.
Aussitôt éteint qu'allumé.

Ainsi l'oiseleur au bocage
Prend les oiseaux par ses chansons
Et le pêcheur sur le rivage
Tend ses filets pour les poissons.

Pourtant, mon ami, malgré tous mes discours, faites selon votre pensée. Vous serez, si vous entrez à la Chambre, peut-être un impertinent et très dédaigneux député, mais surtout un très honnête homme, ce qui est une qualité de plus en plus rare.

Au milieu de tout cela qu'advient-il de votre flirt? J'ai bien peur qu'il n'y ait là dedans un peu de viol moral de la part de l'adversaire. Êtes-vous sûr, avec le remuement de tant d'idées contraires à la paix du flirt, comme votre union possible avec Suzanne et votre projet de politique, d'avoir rempli tous vos devoirs de bon partenaire auprès de la «petite secousse» qui s'est mise en frais de coquetterie cérébrale et autres pour vous? Faites un examen de conscience et dites-moi si je ne mets pas, avec une intuition remarquable, le doigt sur la plaie?

Hier, nous avons passé une heure exquise à l'île de Sein; Germaine, enthousiasmée, se sentait là une âme de druidesse; en rentrant, elle est redevenue très femme et a télégraphié à son fol amant de venir la rejoindre ici. Si vous suiviez Paul? Les Ferdrupt ne vous en voudraient-ils pas trop?

# LXXVI

## Philippe à Denise.

9 décembre.

Vous avez soufflé d'une haleine légère sur le château de cartes, qu'en s'efforçant un peu votre ami voulait édifier; il est à bas, n'en parlons plus. Cette solution ne vous surprendra pas, vous qui me tenez pour le plus nonchalant des hommes. D'accord; mais vous allez trop loin: ne pas me croire capable du moindre petit flirt sans être pris de force, c'est exagérer. Viol— voilà un bien gros mot pour un léger divertissement piqué, en passant, au bout de ma baguette de promeneur. Il n'entre pas que de la paresse et de la nonchalance dans ma manière d'être. Je suis, à vrai dire, un convalescent. J'ai été tellement ballotté ces deux dernières années, j'ai vécu dans une si mauvaise atmosphère intellectuelle et morale, que ma volonté a bien failli y rester toute. Je ne suis pas encore complètement remis, mais—grâce à vous un peu—je suis en meilleur air et je vais mieux. Faites-moi crédit de quelque temps encore.

Vous m'excuserez, ma douce amie, de vous entretenir si longtemps de moi. Le moi est généralement haïssable, mais il est permis dans les lettres. C'est ce qui les rend délicieuses quand elles viennent d'une personne aimée. Autrement on a la ressource de ne pas les lire. J'espère que vous parcourrez la mienne et y répondrez promptement. Dans cette réponse veuillez me parler de vous plus que vous ne le faites, c'est pour moi un sujet plus intéressant que les vers de Desportes, et que votre thèse philosophique sur la politique.

Dalvillers m'a communiqué la dépêche de sa folle amante, il va partir rejoindre l'objet aimé. Pardonnez-moi de ne pas l'accompagner; miss Suzanne étant à Nimerck, j'aime mieux laisser la paix se faire dans son esprit et loin de moi. Soyez sûre qu'elle m'en veut d'avoir été obligée de vous exprimer franchement son opinion sur vos projets; elle serait agressive et je sens, moi, que je serais cruel.

Comme tous les humains j'aime un peu faire souffrir, mais ce sentiment n'est une suavité que lorsqu'on peut d'un sourire, d'un geste, changer cette souffrance en joie. Ce n'est rien de faire couler des larmes s'il est permis—et doux—de les tarir sous des baisers. Ce ne serait pas opportun en la circonstance, aussi je m'abstiens.

Adieu.

# LXXVII

## Denise à Philippe.

J'ai donc fait de la philosophie sans le savoir; vous m'en voyez gentilhommesquement confuse!

Mais comment voulez-vous que je parle *plus* de moi? mon moi tout svelte, tout pâle, tout brun est si peu intéressant! j'en trouve, d'ailleurs, mes lettres farcies. Nous ne valons, nous autres femmes, que par l'imprévu de nos sensations, lesquelles nous savons mal analyser; comment, alors, les bien exprimer? Vrai, je me trouve peu attrayante; je n'ai d'autre esprit que celui du cœur et c'est, d'entre tous, le plus bête. Non, ne parlons pas de moi, mais des autres que vous aimez aussi, de Germaine par exemple. Elle sème notre vie d'événements si amusants, de réparties si drôles! Voilà une femme exquise. Comment, l'ayant connue jeune fille, ne l'avez-vous pas épousée? comment se peut-il faire que vous ne l'ayez pas aimée?

Granbaud multiplie ses visites à Nimerck en son honneur; grâce à eux deux nos soirées ne chôment pas. Hier après dîner la conversation tombe sur les maris:

—Voulez-vous une fois, une seule petite fois être sincères? interroge Granbaud.—Pour vous toutes, qu'est-ce qu'un mari?

—Peuh! la bête de question, mon cher! s'écrie Germaine,—elle sent d'une aune la candidature à l'amant. Vous croyez, homme d'esprit, que nous allons bêcher nos maris en votre honneur? c'est bien trop bourgeois pour nous. Un mari? mais c'est quelquefois un être charmant; le mien, par exemple, est délicieux; il y a des gens qui, nous comparant, me trouvent plus intelligente. Ce n'est pas cela: nous avons peut-être tous les deux une égale part d'intelligence, seulement nos deux esprits n'habitent pas les mêmes pays.

—Délicieux!... mais ça ne me dit pas ce qu'en général vous pensez qu'est un mari?

—En général? Eh bien, c'est un douanier... (tête et stupeur de nous tous). Mais oui, mes enfants: un douanier qui doit se garder de l'exportation par crainte de l'importation!

Le mot n'est-il pas joli? Cette Germaine est pleine d'imprévu. Écoutez encore: Vous savez qu'ici mère est obligée de consacrer un jour de la semaine à recevoir ses vieux amis et voisins de campagne; ils seraient fort marris d'avoir en vain dérangé leurs vieux domestiques, leurs vieux chevaux, d'avoir usé sur les pierres et dans les fondrières de nos routes leurs vieilles guimbardes, pour venir se heurter à l'huis clos du vieux domaine. Or, hier, était le fameux jour de maman. Après le déjeuner, nous nous dispersons dans nos appartements, les unes pour écrire, les autres pour lire ou penser.

Vers trois heures, du côté de la lande, j'avise une voiture luttant courageusement contre une bourrasque comme la haute mer sait nous en offrir. Toutes les portes et les fenêtres gémissent, l'ouragan s'acharne; le petit point noir approche vaillamment coupant la brise; je le vois s'engouffrer sous la sapinière. Alors, je pense: une visite; je quitte ma chambre, je descends au grand salon. J'y trouve Germaine seule, installée dans un fauteuil et lisant au coin du feu flambant de la cheminée, mais vêtue de sa jaquette de loutre, de son chapeau, de son voile, de son boa, et son manchon sur les genoux.

—Tiens, tu vas sortir?

—Mais non.

—Tu rentres?

—Mais non.

—Comment, mais non? Alors d'où vient que tu sois couverte ainsi?

—Je vais te dire, ma chérie, j'ai remarqué l'autre mardi, ceci: chaque personne venue visiter ta mère, au bout d'un moment de confortable installation dans une de ces bergères Louis XVI, s'écriait: «Dieu, qu'il fait bon chez vous, chère madame; j'ai vraiment trop chaud!» Moi, ce même mardi, j'ai gelé toute la journée malgré le calorifère et un feu épatant à rôtir plusieurs cochons dans cette vaste cheminée. Mais, dans un salon pareil, il n'y a ni feu, ni tentures, ni tapis, ni portières, ni rideaux qui tienne! Quel recours as-tu contre huit fenêtres, six portes, quatre-vingt-dix mètres de surface et six mètres de hauteur de plafond? C'est pas la peine de lutter, aussi je ruse. Ma chère, j'avais une de ces chairs de poule à écorcher la main d'un honnête homme, s'il avait risqué de me toucher. Alors, aujourd'hui, je n'ai pas hésité, je me suis habillée en visiteuse. Je suis très bien à mon tour, prête à dire comme les autres: «Dieu, qu'il fait bon, etc.» Tu y es, ma Tanagrette?

Voilà de ses fusées charmantes; elles jaillissent pimpantes, au gré de son caprice.

Hier, elle va voir à Sainte-Anne-la-Palud la vieille douairière Le Thiludec, celle-là même qui a si vilainement tenu sur elle, par rapport à vous, les méchants propos que vous savez.

Mère, un peu craintive des boutades de l'indisciplinée Germaine, avant de la laisser monter en voiture, la catéchise:

—Promettez-moi, mon enfant, de ne rien dire d'incorrect à cette vieille amie de votre mère et de moi. Oubliez ce qu'elle a dit de vous: cela vous a si peu nui; personne au monde n'y a prêté attention; elle a toujours été si mauvaise langue que ses calomnies ne portent plus. Promettez, chère petite, de sembler ignorer ses méchants potins?

—Ah! chère madame, de grand cœur. Je n'en ouvrirai pas la bouche; je suis bien au-dessus de cela! Si vous croyez que je m'abaisserai à relever les propos incongrus de cette vieille folle, vous ne me connaissez pas! Je vais la voir par égard pour vous et maman; mais je ne dirai rien, absolument rien, rien, rien!

Quatre heures après, nous la voyons sauter de la victoria devant le perron, animée, fraîche, rosée de l'air de la lande, jolie comme un colibri; elle traverse en coup de vent le hall, entre au petit salon où ma belle-sœur, Suzanne et moi devisions, et, dès le seuil, s'écrie en agitant, désespérément comique, son petit manchon emplumé et fleuri:

—Ah! mes enfants! Ah! mes enfants! Vous savez? j'ai tout dit! mais tout, tout, et même plus! Ah! quelle scène!

Nous en avons ri un quart d'heure, tandis qu'elle, singeant la grosse Le Thiludec, nous *jouait* sa visite, leur dispute courtoise, et jusqu'aux aboiements du roquet de la vieille comtesse.

Puis, s'arrêtant brusquement, après une pause grave qui semble devoir couver et faire éclore dans ce cerveau léger une réflexion pleine de sagesse:

—Tenez, au fond, je suis comme Jules Renard, moi: quand j'ai de petits embêtements avec une personne, je voudrais tout de suite la voir morte!

Voilà-t-il pas une lettre, monsieur mon ami, bien plus philosophique que l'autre?

Nous rentrons toutes et tous à Paris le 23. Germaine et moi vous convions à venir dîner en tête à tête *à quatre*, chez moi, le lendemain de notre arrivée, will you?

# LXXVIII

## Philippe à Denise.

12 décembre.

J'accepte avec joie le tête-à-tête à quatre, mais je vous prie de me laisser vous offrir ce dîner au cabaret. Ne dites pas non; je m'en fais une telle fête! Après, nous pourrions aller au théâtre ou entendre la messe de minuit, à votre gré, mesdames, car nous serons le 24, sans que vous ayez l'air de vous en douter. Nous réveillonnerons ensuite.

Je vais rêver au menu; que puis-je inventer, afin qu'il soit plus exquis que les vôtres, madame Denise?

By God, j'en suis ému.

Germaine, aidez-moi, conseillez-moi; inspirez-moi une combinaison de mets rares, étonnants. Lucullus dînant chez Lucullus, voilà ce qu'il me faut réaliser.

Adieu, madame Tanagrette; je n'ai plus rien à vous dire, tout absorbé déjà par la confection de mon menu, et par le bonheur de penser que je vous aurai à moi seul toute cette nuit de Noël, vous deux que j'aime. Paul ne compte pas!

# LXXIX

## Denise à Philippe.

Samedi, 14 décembre.

Paul dédaigne vos insultes et vous traite de polisson tout en acceptant cette petite débauche; moi, je m'en fais une fête. Le croiriez-vous? cela ne m'est jamais arrivé de dîner au cabaret. Je n'avouerai pas ça aux bonnes petites amies... ce qu'elles me blagueraient!

Adieu, cher ami. A mardi en huit. J'arriverai avec les Dalvilliers chez Paillart—il est votre pourvoyeur ordinaire, nous dit Paul.

# LXXX

## Philippe à Denise.

Dimanche, 15 décembre.

Voulez-vous être exquise? Laissez-moi venir vous prendre. Je serai mardi vers six heures chez vous. J'aurai une bonne heure et demie à vous avoir, à moi seul, dans un grand recueillement, et c'est le moins qu'il me faille après une si longue absence. Notre amitié a besoin de cette entrevue. J'aurais aimé que vous l'eussiez senti, dear.

Your as ever.

# LXXXI

## Denise à Philippe.

Lundi, 16 décembre.

Je n'aurais pas mieux demandé, mon ami, de vous recevoir avant notre partie carrée, mais Germaine, Paul, avaient tout combiné autrement et, à moins d'avoir l'air de désirer particulièrement ce tête-à-tête (ce qui eût pu les étonner un peu), je ne me suis pas sentie assez habile pour reprendre ma liberté et changer l'ordre et la marche de cette honneste nopce.

Du reste, cela n'a pas grande importance et vous ne m'en voulez pas?

Adieu; nous sommes en pleine confection de malles, inventaire de la maison avec le jardinier et sa femme. Cette brave mère Callac m'a bien interrompue six fois tandis que je vous écris. Quand on a une maison à organiser, ranger, fermer, on n'a plus le droit d'avoir une pensée en dehors, on est pris par la matérialité bête de l'existence. C'est alors que mon sang mi-bohémien se révolte! Maman aime ça, elle. Rien ne doit manquer à l'appel. Tout à l'heure, à la lingerie, devant ces armoires combles et ces piles de draps numérotés par paire, qu'il fallait visiter, reclasser avec les femmes de chambre, j'ai eu envie de pleurer.

Oh! roulotte de mes aïeux, où es-tu? Avec quelle foi je te regrette!...

Il faut me pardonner et ne pas oublier, monsieur le civilisé, que notre trisaïeule maternelle fut une tzigane si belle qu'un grand seigneur l'épousa. Ils firent ensemble quelques petits demi-bohémiens, seize je crois. Dans ce temps-là, on ne vivait chichement de nulle sorte. Il se trouve par hasard en moi mille fois plus de globules du sang de la tzigane que de celui du grand seigneur—bien que certains préjugés sociaux ne m'inquiétent pas plus que lui, de cela mes tendances un brin socialistes sont la preuve,—et je tiens de la grand'mère Rurika, étrange petit nom dur comme un appel de guerre, mes cheveux bleus, mes lèvres trop saignantes, mes yeux trop noirs, mon teint de morte.

Adieu. Plus que huit jours à attendre: ce revoir me sera doux.

# LXXXII

## Philippe à Denise.

Mardi, 17 décembre.

Vous avez quelque désir de ce revoir? on ne s'en douterait pas... Vous faites preuve d'une inhabileté insoupçonnée par moi jusqu'ici. N'avoir pas su vous dépêtrer de la combinaison de Paul!... Je vous en veux.

Je ne m'étonne pas de vous savoir ce sang tzigane dans les veines; il est des jours où vous avez des yeux de fauve, le regard cruel, terrible. D'où vient ce petit nom de Rurika? Vous devriez rechercher cela.

Mais parlez-moi un peu des descendances de race et dites-moi de qui Hélène peut tenir sa belle toison d'or, ses yeux bleus, son teint transparent, pâle et rosé? Car miss Suzanne m'a dit que votre mari est brun, lui aussi.

Adieu. Je vous en veux, vous savez.

# LXXXIII

## Denise à Philippe.

J'espère, ils ne sont pas sérieux ces deux terribles: «Je vous en veux».— Est-ce bien vrai? vous m'en voulez, méchant ami volontaire?

Voyez-vous le curieux: il veut savoir, et, prenant les mouches avec du vinaigre, contre toute règle établie, demande des détails à la pauvre propriétaire des yeux de fauve. Vous êtes poli, vous, à la bonne heure!

Tout ce que nous savons de l'aïeule Rurika, c'est qu'elle fut rencontrée par Michel de Grodnoy son mari, en Lithuanie, dans le gouvernement de Volhynie où il possédait une terre. Il y allait fort rarement, étant très Russe et, par conséquent, détestant les Polonais.

A l'orée d'un de ses bois s'étaient établis des Tziganes. Un matin, Michel, sous la haute futaie, croise la belle Rurika. Elle s'en revenait de la source et portait sur sa tête une cruche pleine d'eau. Rurika enveloppe d'un regard étreignant le boyard qu'elle savait être le seigneur de la terre, et lui dit:

—Salut à toi. Ma cruche est pleine. J'en suis heureuse.

Puis, fière, elle passe.

Chez nous, en Russie, c'est signe de bonheur de rencontrer une jeune fille lorsqu'elle revient de la fontaine avec sa cruche pleine, et signe de malheur de la rencontrer y allant et le vase vide.

Grand-père, frappé du fameux coup de foudre, suivit longtemps des yeux la belle créature mi-nue sous ses haillons, belle ainsi qu'une statue, marchant «orgueilleuse et les yeux baissés».

Bref, il aima; je crois bien qu'il tenta de ne pas épouser; mais les bohémiens sont fiers. Un matin, on ne les vit plus à la lisière du bois. Ils avaient fui, enlevant la déesse.

Michel fit seller un cheval, les rejoignit et épousa.

Probablement ce mariage lui suscita des ennuis dans la haute sphère où sa vie gravitait: au bout d'un temps il quitta la Russie et vint s'établir en France.

Le père de Rurika s'appelait Rurik: ce tzigane prétendait que tous les Rurik descendent du fondateur de la dynastie russe. Si nous en croyons sa légende, il avait donc rudement dégringolé de l'échelle sociale, lui. Grand-père Michel de Grodnoy était très blond, grand'mère Rurika, très brune.

Hélène-Micheline-Rurika—ce sont les trois noms de tite-Lène—tient donc uniquement de l'aïeul très pur Slave. Il y a de ces ressauts dans les races: l'hérédité, c'est la mémoire de l'espèce.

Ma mère, Valentine-Micheline-Rurika, était blonde avant que d'être blanche. Gérald-Michel-Rurik est châtain clair; mon père était brun, et moi Denise-Micheline-Rurika, je suis tout à fait noire. Et voilà. Je n'en sais pas plus sur les Michel et les Rurik de Grodnoy, sinon qu'un de leurs petits-fils fut guillotiné sous la Terreur, tout comme un prince, deux jours après la chute de Robespierre. Cette mort d'un Michel Rurik de Grodnoy ne fit pas grand bruit dans la tourmente. De gentilhomme qu'était son père, il était devenu, lui, pelletier. Peut-être fut-il accusé d'avoir vendu des fourrures qui tinrent chaud aux belles épaules de l'Autrichienne; je ne sais. Toujours est-il que ses fils lâchèrent la pelleterie, les voyages à Nijni-Novogorod au temps de la foire de Makariev, et prirent ce qui s'appelle des professions libérales, ainsi dénommées probablement, parce qu'elles libèrent rapidement ceux qui les choisissent de la bonne grosse fortune acquise par leurs pères dans le négoce.

Un des fils de celui-là se fit soldat et mourut en Russie, au passage de la Bérésina. C'est le seul fait à peu près russe qui soit de nouveau arrivé dans la famille, car je me refuse à croire que les manifestations Cronstadt-Toulon soient un rapprochement tenté par nos parents russes; il faut être modeste... je le suis!

Voulez-vous ce brin de lavande? on vient de m'en apporter des bottelées. Cela se met dans les chambres et dans les armoires pour les parfumer. La modeste et délicieuse fleur, n'est-ce pas, au ton bleu si fin, au parfum si suave et si frais?

Adio.

# LXXXIV

## Denise à Philippe.

Paris, 25 décembre.

Vous êtes cruel et vous savez faire souffrir en raffiné, versant l'ironie et regardant grandir la douleur jusqu'au point où il vous plaît; puis, d'un mot consolant, remontant le cœur endolori, exigeant son calme et sa joie comme vous avez exigé, dans une volonté mesquine, empreinte d'égoïsme et bien peu mâle en somme, ses battements douloureux, son angoisse affolée.

Tout cela, n'est-ce pas, parce que je n'ai pas su mentir à nos amis, berner leur confiance et vous recevoir comme vous l'exigiez?

Je vous pardonne; mais vous m'avez fait de la peine, beaucoup de peine, et grâce à vous j'ai passé un triste dîner de Noël. Ah, quel nerveux vous êtes! tortionnaire et bon, futile et sérieux, orgueilleux et simple, vaniteux et modeste, être de caprice et de fidélité.

Vous vous étonnerez de cette lettre, bien sûr, croyant avoir grandement racheté vos coups d'épingles par l'amicale tendresse déployée dans la soirée et pendant le souper. L'influence expansive de votre esprit m'a reconquise, certes; mais je vous aimerais moins brillant et plus soucieux des joies de ceux qui vous sont chers.

Je ne sais nul être qui vous égale dans le monde, je n'en sais point. Et cependant je connais quelques hommes bien éminents. Quelle force votre esprit pourrait répandre si vous n'étiez pas nonchalant comme une fille, nerveux et capricieux comme une femme!

Paul m'a dit l'autre soir: «c'est un esprit supérieur.» Mais vous m'aviez trop fait souffrir, je n'ai pu que lui répondre: peut-être... et je pensais: l'esprit n'est pas tout; le cœur est quelque chose et son cœur est méchant.

# LXXXV

## Philippe à Denise.

Eh bien non, je ne suis pas méchant, mais j'avais eu de la peine aussi, moi. Et quand je vous ai vue arriver si riante, si jolie, jolie à m'en rendre fou, j'ai souffert de n'avoir pas eu ma minute de solitude avec vous, pour vous reprendre, depuis si longtemps que je ne vous ai vue, vous regarder, vous admirer lentement recueilli, fervent de vous comme d'une Madone.

J'ai souffert du baiser banal mis sur le gant; j'ai souffert de n'avoir pas eu, en vous retrouvant, votre vrai *Vous*, celui que j'aime. Vous en apportiez un autre à ce cabaret, un curieux et ému de l'escapade, un futile, coquet, capiteux. Si je vous ai fait souffrir, c'est ce *Vous*-là que je visais et, je le reconnais, j'ai été heureux de le voir s'enfuir dans cette souffrance.

Ma chère Tanagrette, soyez-moi indulgente, ne blaguez pas ces heurts de mon caractère; après tout, ils sont ma toute petite personnalité. Les inquiets dont je suis ne peuvent rien accepter de ce qui fait les joies des autres. Ils cherchent des émotions nouvelles, et cela très simplement parce que c'est dans leur nature. Aussi bien en humanité qu'en politique, en musique, en littérature, en philosophie, ils n'aiment que ce qui n'est pas, ce qui ne peut pas être. Mais parce que nous sommes des inachevés avec de violentes aspirations, des vues hautes, de douloureux rêveurs n'ayant ni la force ni le pouvoir d'agir pour tenter de rendre nos rêves réalisables, il ne faut pas nous mépriser. Au contraire, les arbres inféconds, les fruits secs que nous sommes sont le bon fumier qui féconde la terre où les autres sèment. Le peu de chemin que nous parcourons dans le sous-bois et l'embroussaillement des forêts vierges, active et prépare l'entrée des chercheurs, «cerveaux servis par des mains» ceux-là, et les génies parfaits nous sont peut-être redevables des grandes personnalités qu'ils sont, et des grandes œuvres qu'ils produisent.

Je me méprise de vous avoir fait une peine si légère soit-elle, et je vous demande pardon à genoux, comme un enfant repentant, bien triste du chagrin qu'il a causé.

# LXXXVI

## Denise à Philippe.

27 décembre.

Soyez pardonné. Je dirais volontiers de vous ce que Michelet disait de saint Jean à propos de ses évangiles: «Le caractère de ces discours est inimitable.» Mais vraiment, parce que vous avez une intelligence saisissante et non créatrice, devrais-je tant souffrir dans notre amitié?...

Je ne vais plus oser vous refuser la moindre entrevue, de peur d'écoper—comme disent les gamins—n'en abusez pas, méchant ami.

# LXXXVII

## Philippe à Denise.

28 décembre.

Quelle douceur d'avoir pour ami un cœur comme le vôtre! Vous acceptez sans révolte l'apothéose de l'égoïsme. Mon pyrrhonisme me fait honte; c'est vous qui êtes l'âme blanche et non moi.

Voulez-vous me rendre heureux au delà de ce que je puis dire? Laissez-moi venir chaque jour vers cinq heures vous voir, vous entendre, vivre une heure ou deux votre vie. Nous lirons, nous ferons de la musique, nous aurons Hélène, cette harmonie vivante, entre nous. Voulez-vous, dites?

# LXXXVIII

## Denise à Philippe.

29 décembre.

Oui, je veux. Si ce n'est pas très raisonnable ce sera si charmant!

Nous allons vivre dans un cœur à cœur bien enviable... gare aux potins!

Bah! nous tâcherons, au moins pour un temps, de berner le bon public. Mais ne craignez-vous pas de vous lasser de moi, d'Hélène, du home, au bout de peu de jours?

J'ai un tantinet peur de ne pas fournir un aliment d'esprit assez substantiel au grand appétit du vôtre. Savez-vous que j'ai cherché, dans le dictionnaire, ce que voulait dire «pyrrhonisme?» Voyez là une preuve de la pauvreté de mon entendement; même les mots m'échappent! Enfin, promettez d'être indulgent et ne vêtez pas pour nos entrevues quotidiennes ce somptueux pyrrhonisme. Soyez le bon chien qu'en vain je cherche en vous depuis que vous m'y avez signalé sa présence, et gardez votre habitude de douter de tout pour nos rencontres dans le monde, où elle vous donne un petit air de froid dédain, très chic.

Adieu. A ce soir cinq heures, alors?

# LIVRE III

*Les femmes s'attachent par les faveurs. Comme les dix-neuf vingtièmes de leurs rêveries habituelles sont relatives à l'amour, après l'intimité, ces rêveries se groupent autour d'un seul objet...*

. . . . . . . . . . . . . . . . . . . . . . .

*Rien d'intéressant comme la passion; c'est que tout y est imprévu et que l'agent y est victime...*

. . . . . . . . . . . . . . . . . . . . . . .

*Rien ne tue l'amour-goût comme les bouffées d'amour-passion dans le partner...*

. . . . . . . . . . . . . . . . . . . . . . .

*L'amour est la seule passion qui se paye d'une monnaie qu'elle fabrique elle-même.*

*Une âme faite pour l'amour ne peut goûter avec transport aucun autre bonheur. Elle trouve, dès la seconde fois, dans les prétendus plaisirs du monde un vide insupportable; elle croit souvent aimer les beaux-arts et les aspects sublimes de la nature, mais ils ne font que lui promettre et lui exagérer l'amour, s'il est possible, et elle s'aperçoit bientôt qu'ils lui parlent d'un bonheur dont elle a résolu de se priver.*

STENDHAL.

# LXXXIX

## Philippe à Denise.

26 mars 18...

Des circonstances insignifiantes et bêtes sont cause que je n'ai pu aller chez vous ainsi que je vous l'avais promis et le désirais. Vous me pardonnerez, j'espère. Je vous supplie de ne pas me répondre, comme à Chevrignies qui s'excusait de n'avoir pas assisté à l'une de vos soirées:

«Je ne me suis même pas aperçue de votre absence.»

Je suis ce soir complètement libre, et si cela ne vous effraie pas de recevoir un malheureux en proie au spleen, envoyez-moi un petit bleu chez moi et un au cercle, car je ne sais encore où me conduira mon ennui.

# XC

## Denise à Philippe.

Ne venez pas ce soir, cela vaut mieux; j'ai pitié de votre spleen, il ne m'effraie pas, mais il serait bien capable de m'attendrir trop.

Le bain-marie dans lequel nous devons tenir nos cœurs n'a pas besoin de ces petites séances de bonne camaraderie où vous m'expliquez avec éloquence, surtout avec persuasion, que vous voulez un peu plus que notre tranquille amitié.

Je ne sais pas ce que j'éprouve au juste, mais depuis ces trois mois de fréquentation quotidienne je sens un lent travail se faire en moi; il m'entraîne à vous écouter, à vous obéir. Il est des minutes où je me sens si bien votre chose, l'objet que vous vous êtes choisi, qui vous appartient! j'en ai des révoltes vis-à-vis de moi-même.

Pardonnez ce que je vais dire: parfois il me semble, vous me conquérez froidement, en dépit de vous-même, comme pour une revanche, vous que j'ai autrefois bien involontairement fait souffrir. Ne vous écriez pas que c'est faux, que c'est un calcul monstrueux indigne de vous. Cela, je le sais, j'en suis sûre; mais les événements qui ont mené nos deux vies m'induisent à le penser, moins encore à le penser qu'à le ressentir.

C'était pour moi commettre une grande imprudence, je le comprends maintenant, de vous voir tous les jours, de vivre dans cette intimité amicale. Vous me faisiez les honneurs de votre esprit fin, délicat, avec une grâce raffinée, une affectation de bonhomie parfaite. Attentif à mes moindres désirs, correct, franc, subtil, vous m'avez tenue sous le charme et faite votre esclave; *pour me rendre heureuse,* direz-vous? La douceur de demeurer dans cet enveloppement ne m'empêche pas d'en sentir l'esclavage.

Vous avez été grincheux, avant-hier, à cette soirée chez les Dalvillers, voire méchant lorsque vous me parliez comme si vous vous vengiez sur moi des femmes en général, d'une, peut-être, en particulier. J'en ai souffert très finement, très douloureusement: une souffrance de même nature que la joie causée autrefois par votre si courte dépêche, vous souvenez-vous?

J'ai l'âme délicate et nerveuse, c'est pourquoi je résistais à vous donner cette amitié tendre que vous imploriez. Le tendre ne va pas chez moi sans un peu de larmes, et j'ai déjà tant pleuré...

Alors, sans me fâcher, je me reprends, ayant la sensation que peut-être vous en serez heureux, allégé d'une affection trop pesante.

Nous ne serons plus, n'est-ce pas, des amis vivant dans un cœur à cœur plein de confiance, mais les amis des mois d'automne dernier, un peu banals et indifférents.

# XCI

## Philippe à Denise.

27 mars.

Eh bien, puisque nous en sommes-là, laissez-moi passer chez vous vers deux heures tantôt. Vous ne m'avez pas bien compris, et deux mots, je pense, me justifieront des reproches que vous m'adressez.

J'ai voulu suicider le vieil homme par la passion qui m'entraîna autrefois vers vous. Vous vous êtes dérobée. Depuis, j'ai volontairement divorcé avec toute espérance de joie supérieure dans l'amour. La faculté de croire en d'autres femmes, de les aimer, est morte en moi. Un certain ou, mieux, un incertain désir, seul, a survécu fantasque, irréalisable, cuisant; encore tend-il à disparaître, et c'est quand je plonge un regard dans le néant vers lequel vous m'avez repoussé et où flotte mon âme, que je sème de mesquineries acerbes mes railleries.

Vous connaissez, maintenant, cette portion infirme de mon individu où s'est agité et accompli le poème étrangement douloureux de mon amour déçu; ne m'en veuillez donc jamais de mes ironies.

Mettez-vous bien dans la tête que *sans vous aimer*, je vous aime, vous, sérieusement, là. Le reste, je vous expliquerai.

# XCII

## Denise à Philippe.

28 mars.

Je m'y attendais bien; vous m'avez persuadée et j'ai cru tout ce que vous vouliez, et vous avez été exquis, fraternel, affectueux, tendre. Mais, mais, tout cela est-il bien raisonnable?

J'ai senti pour la première fois entre nous quelque chose d'indéfinissable, de vraiment doux, encore jamais éprouvé ni entrevu dans notre bizarre amitié. Mais «parce que j'aime à entendre des choses nouvelles, il me faut supporter ensuite le trouble du cœur». Ce trouble m'a causé une joie délicieuse. N'allez pas croire?... Non! non! Vous savez trop quelle sauvage je suis, peureuse de l'effleurement comme d'un mal, tout à fait dédaigneuse de la caresse.

*Votre spirituellement* (dans le sens ecclésiastique).

# XCIII

## Philippe à Denise.

30 mars.

Comme je vous aime! Cette lettre m'a fait un bien dont vous ne pouvez avoir idée. Je l'ai trouvée en revenant de chez madame d'Aulnet; votre belle-sœur m'avait appris que le 26, c'est-à-dire il y a trois jours, le jour de votre mauvaise lettre, vous lui aviez annoncé votre départ pour Nimerck, aux premiers jours d'avril. J'ai reçu une vraie douche à cette nouvelle. Pourquoi ne m'en avoir pas parlé? J'ai fait amende honorable depuis; alors vous ne partez pas si rapidement, madame?

Je me sens si abandonné lorsque vous n'êtes plus là; vous ne soupçonnez pas le bien que me fait votre présence. C'est comme un air sain et vivifiant, flottant autour de moi; il empêche jusqu'aux tourments indigènes de germer en mon esprit.

Depuis nos délicieux *five o'clock* je n'ai plus joué; vous m'avez donné ce que Spurzheim, «fondateur d'une nouvelle langue psychologique, a, par un néologisme ingénieux qualifié d'*approbativité*.»—Votre *approbation* me fait vivre.

La merveilleuse droiture de votre esprit me force au redressement du mien. Comme la belle Sanderson, j'aime qu'on m'aime. Je suis de ceux qui eussent fait quelque chose, si j'avais pu me persuader qu'on attendait l'éclosion de ce quelque chose. Le doute de moi, le dédain et la certitude de l'inefficacité de mes efforts, le néant où ils aboutissaient, tout cela eût été combattu et vaincu par l'approbativité. Vous seule pouviez me la dispenser; je vous ai rencontrée trop tard; mais restez près de moi au moins; ne me laissez pas retomber au jeu, à cette vie oisive d'où vous m'avez à moitié tiré.

Restez, mon amie, pour surveiller et maintenir l'éveil de mes énergies.

# XCIV

## Denise à Philippe.

31 mars.

Mon cher Philippe, vous me rendez presque fière. Y a-t-il sensation meilleure que celle de se sentir utile à ceux qu'on aime? Mais malgré mon désir de vous secourir, il me faut partir. Hélène a eu des syncopes, vous le savez; j'ai consulté Robin et Félizet; ils m'ont dit: «Partez, laissez-la vivre au grand air et déchirer ses trop jolies robes aux ajoncs de vos landes, voilà le traitement qu'il lui faut»,—c'est pourquoi je pars.

Mais vous viendrez nous rejoindre; moi aussi j'ai pris l'habitude de vous, de vos humeurs aussi changeantes que les nuages, de vos blâmes, de vos approbations. Je pars le 10 avril; Pâques est le 14. Venez passer les fêtes avec nous, cher grand.

Mère vient avec moi. Elle est attristée des mauvaises nouvelles de Gérald. Ah! ce Tonkin! ce qu'il a déjà pris de fils aux mères! Mon frère parle de demander un congé. Il faut qu'il ait été bien malade, le pauvre garçon, pour songer à se reposer.

En attendant mon départ, venez souvent; reprenons nos fins de jours. Vous allez me perdre un peu; ne soyez plus, pendant ces derniers thés servis si mignonnement par Hélène, le cher tyran qu'on aime malgré tout.

# XCV

## Philippe à Denise.

10 avril.

Ma chère amie,

Laissez-moi d'abord, en commençant cette lettre, revenir sur la confidence que je vous ai faite en vous quittant. Je ne crois pas—cette question est si délicate—avoir manqué à mon devoir en vous disant ce que je vous ai dit. Il m'a semblé que vous n'étiez pas suffisamment avertie, ni suffisamment convaincue, et qu'il y avait intérêt à ce que vous le fussiez. Vous agirez maintenant comme il vous plaira vis-à-vis de mademoiselle d'Aulnet; mais je compte sur votre absolue discrétion.

Vous avez très adroitement quitté Paris. Nous y avons un temps insupportable. Cela me fait désirer d'aller vous rejoindre. Mais on m'a fait observer qu'il vaudrait mieux *pour vous*, attendre le moment où tout le monde sera là-bas. Que pensez-vous de cela? Moi, ça m'ennuie; pourtant je ne veux pas être égoïste et je vous laisse juge.

Le monde pense bas et bête; il est néanmoins dangereux de l'avoir contre soi. Quelle fragile chose que la réputation! Comme la vraisemblance du mal est facilement accueillie, avec quelle malveillance sont interprétées les actions et les paroles, avec quelle étroitesse d'esprit, quel manque d'indulgence et souvent d'intelligence!

Ces exclamations vous étonnent peut-être car je ne suis pas d'une nature exclamative; elles me sont suggérées par une affaire très pénible et très grave à laquelle je me trouve mêlé et dont je ne puis vous entretenir par lettre, mais qui viendra sûrement à votre connaissance et qui, pour le moment, a rejeté mes préoccupations personnelles au second plan.

Savez-vous, madame, qu'il y a environ deux ans et demi que vous m'écrivîtes ces lettres qui m'étonnèrent et qui m'intéressèrent, et furent pour ainsi dire le début de notre amitié? Qu'en pensez-vous? Quel chemin nous avons parcouru depuis... C'est à vous, ma chérie, que je dois les quelques bons moments passés pendant ces années plutôt tristes que gaies. Je vous en suis reconnaissant. J'espère, de mon côté et quoi que vous disiez, ne vous avoir pas trop fait souffrir. Je me donne à moi-même ce témoignage d'avoir toujours eu pour vous une très fidèle et croissante affection, une grande estime.

Vous avez une part dans ma vie par ses côtés les plus nobles et les plus délicats. Écrivez-moi vite.

Votre, très affectueusement.

# XCVI

## Denise à Philippe.

Nimerck, 12 avril.

Alors vous ne viendrez pas? Cette pensée m'a endolori le cœur tout le jour. Je me faisais une joie d'être seule avec vous dans cette belle campagne, avant l'arrivée de tous ces gens. Je sentais que je vous aurais montré un moi encore inconnu de vous, le moi fraternel, tendre, calme, confiant en votre affection. Pauvre affection qu'il faut cacher et guinder dans une attitude d'indifférence! Pauvre amitié ardente, si loyale et tant faite pour être calomniée! Ces jours promis m'apparaissaient dans une grande douceur.

Vraiment, mon ami, il n'y a que deux ans et des mois que nous nous aimons? Nos cœurs, il me semble, s'unissaient bien auparavant, comme d'une façon latente. Rien ne peut donc me rendre plus heureuse que de vous entendre me dire: «Je vous dois les quelques bons moments passés pendant ces années.» Ne m'en soyez pas trop reconnaissant, cher; je voudrais vous donner plus, plus de ma vie, plus de mon courage à supporter les petits maux, à affronter les ennuis, les douleurs des jours et des ans qui passent. Je ne parle pas de mon cœur; vous l'avez tout entier, dans sa plus haute, sa plus loyale et sa plus délicate expression.

DENISE.

*P.-S.*—Je ne veux pas manquer à mon rôle de femme qui est de mettre les affaires les plus importantes dans un misérable post-scriptum, à la fin d'une lettre pleine de riens.

Soyez en grande quiétude, mon ami, à propos de la confidence que vous m'avez faite. Croyez qu'il y a entre nous la secrète solidarité de deux êtres francs, qu'une même haute estime de leurs actes et de leurs pensées enchaîne. Vous avez bien fait de m'avertir. Votre confidence m'a contristée et touchée; contristée, parce qu'il s'agit de ma nièce que la tolérance de sa grand'mère égare; touchée, parce que c'est m'estimer que de me livrer un tel secret. Je vous jure de le garder inviolablement.

J'ai bien peur, hélas! que la jeune fille ne soit petitement vicieuse, curieuse de choses malsaines, car elle n'a l'excuse d'aucun entraînement de cœur, elle n'est animée par aucune passion. Ah! mon cher grand, quelle hypocrisie vis-à-vis de Dieu et du monde que la messe entendue chaque dimanche et les mensonges continuels à la mère, ma pauvre belle-sœur Alice si droite, si douce, elle, pour la dérouter et calmer ses inquiétudes!

On a le droit d'être une passionnée; mais on n'a pas le droit d'être une fille.

Vous m'effrayez avec cette autre histoire «très pénible et à laquelle vous vous trouvez mêlé». Ici, dans ce calme recueilli, enveloppé du grand charme que répandent les arbres, les fleurs, la mer, dans l'air qui flotte autour de nous, il me paraît qu'ils mènent tous, à Paris, hommes et femmes, une vie malsaine. Elle tue leur vraie force, altère leur moral et fait de ces gens des détraqués sans cœur, sans tendresse, sans passion, sans courage; des banals remuants capables seulement de charlatanisme, de légèreté et de plaisir; des coupables quelquefois, des inconscients toujours.

Pardonnez le gribouillage de cette lettre, et l'encre étalée prolongeant les mots. On m'a dérangée trois fois pendant que je vous écrivais. La première, pour indiquer un ton aux peintres qui se noyaient dans un plafond jaune-or ressemblant à un choléra de petit oiseau. La seconde, pour choisir dans la serre, avec le jardinier, les plantes à mettre en bordure des massifs. La troisième, pour faire des boulettes de viande crue qu'une jeune paysanne malade et pauvre vient manger chaque matin.

Vous ririez, mon très aristocrate ami, de me voir dans la cuisine, manches troussées, gratter avec acharnement et un couteau—l'acharnement ne suffirait pas!—le morceau de filet, puis rouler la viande dans du sel et du poivre et servir à ma malade ces boulettes rosées qui lui redonnent force et vie. Avec un verre de bon bordeaux ensuite, la voilà lestée pour un jour. Lui donner de l'argent pour le faire? elle ne le ferait pas. Jamais vous ne pourrez décider un paysan à acheter de la viande, ni lui faire comprendre que cette viande mangée tous les jours peut lui sauver la vie.

Depuis mon arrivée ici je la soigne, et la pauvre digère maintenant et sent ses forces revenir, et moi je suis ravie de ma cure. Mais vous, mon ami, vous y gagnez une lettre brouillée, décousue, avec rien du tout comme lettre et un post-scriptum qui n'en finit pas et tourne à l'*in-octavo*.

# XCVII

## Philippe à Denise.

14 avril.

Lettre et post-scriptum ont été dévorés. Écrivez-en beaucoup comme ça, c'est tout ce que je vous demande; votre plume chemine ainsi qu'un cheval de race. J'aime vos lettres.

J'ai dîné, hier, rue Murillo; nous avons passé la soirée au jardin, regardant la féerie qu'est ce parc Monceau la nuit. Suzanne, que j'ai pris plaisir à inquiéter d'un vague projet de très prochain voyage vers vous, *quand même*, m'a montré un peu plus le bout de l'oreille. Alors, j'ai pouffé,—ce qui l'a blessée—elle m'a dit des mots piquants que j'ai pris aussitôt au sérieux *de la meilleure foi du monde*. Enfin, nous nous sommes attendris tous les deux *avec la même foi* et on m'a fait promettre que j'attendrais.

Nous nous sommes joué là une amusante comédie, je vous jure. Votre belle-mère suivait ce manège de loin d'un œil attendri. Votre belle-sœur, beaucoup plus triste et sombre, évitait de nous regarder. Le plus comique, c'est que le jeune attaché d'*embrassade*, dépêché de Grèce par votre mari et monté à point pour tomber amoureux de sa nièce, nous suivait aussi très mélancoliquement des yeux. Pauvre Poulos, va!

J'ai fait quelque chose de gentil: je suis parti de chez madame d'Aulnet avec ce bon Aprilopoulos et, sans avoir l'air d'y toucher, j'ai parlé des conversations vraiment sérieuses et transcendantes qu'on peut avoir maintenant dans le monde avec les jeunes filles: «Ainsi, tenez, tout à l'heure, je viens d'avoir avec mademoiselle d'Aulnet un entretien des plus...» J'ai vu l'âme inquiète de Poulos renaître sur sa belle figure de Grec, et il ne tient qu'à moi qu'il ait rêvé cette nuit de Suzanne chaste de pensées, innocente de maintien, entre plusieurs jeunes vieillards parisiens.

Voilà. J'ai mérité ce soir, non de la patrie, mais des mères de famille.

Adieu, je vous aime.

# XCVIII

## Denise à Philippe.

16 avril.

J'ai eu une aperception très nette du visage d'Aprilopoulos vous écoutant, cela m'a fait sourire. Mais nous y voici donc. *On* vous a fait observer qu'il faut que vous *les* attendiez pour venir me voir. Derrière ce *on*, j'entrevois ma belle-mère catéchisant sa petite-fille, car la malheureuse Alice, si résignée de caractère, si inquiète pour l'avenir de Suzanne, n'aurait pas trouvé cela à elle toute seule. Aprilopoulos lui apparaît réellement en *deus ex machina* et elle voudrait déjà le voir son gendre, d'autant qu'il est bon et charmant. Mais Suzanne objecte qu'elle ne veut pas quitter Paris. Quand elles ont vingt-deux ans, on ne marie pas ses filles comme on veut. Tâchez donc, perverti que vous êtes, de décider l'enfant gâtée, l'enfant terrible, à ce mariage; ce serait une bonne action. Maintenant, il faut que je vous révèle la démarche tentée auprès de moi par ma belle-mère. Je ne vous aurais jamais ennuyé de ces potins familiaux si je ne voyais, par ce qui s'est passé entre ma nièce et vous, s'affirmer la volonté de madame Trémors et de Suzanne. C'est vous qu'on vise pour épouseur. Ma belle-mère, qu'un ami de mon mari a plaisamment surnommée «la Reine des Gaules», tant en souvenir des longues perches avec lesquelles on fait choir les noix mûres, sur les pelouses, que parce que sa démarche est très imposante, ma belle-mère est venue me voir le lendemain du jour où vous m'avez appris les dernières coquettes avances que vous avait faites ma nièce, brûlant de se demi-vierger en votre compagnie. Je préparais mes malles. Elle était plus reine et plus gaule que jamais, ma belle-mère.

Après quelques phrases banales, elle aborda la question des relations qui se sont établies entre vous et moi et, à son *grand regret*, elle m'avoua qu'elle voyait avec peine qu'au lieu de continuer à me conduire d'une manière correcte, elle constatait que je subissais une influence en dehors de la famille, qu'enfin M. de Luzy était bien décidément mon chevalier servant... que je me faisais remarquer un peu partout avec lui...

—Pardon, madame, je vous prie de me laisser diriger ma conduite comme je l'entends. Peut-être avez-vous assez à faire avec celle de Suzanne. M. de Luzy est un ami loyal et charmant, de la part de qui je n'ai rien à craindre. Je le vois chez vous, chez Alice, chez ma mère, chez moi et encore dans le monde? Cela vous semble trop? Rien n'est plus simple, à vous et à ma belle-sœur, de ne plus le recevoir. Ainsi, je le verrai moins. Mais je suis bien décidée à garder cette précieuse amitié, dût-elle faire jaser les méchantes langues.

—Mais enfin, pour le monde... pour votre fille... dans votre situation...

Vous entendez d'ici la diatribe et comme j'ai pu aisément y répondre, moi qui connais le dessous des cartes. J'en ai profité pour servir à ma belle-mère les jolies infamies commises envers moi, au nom de ce même monde, par monsieur son fils, et j'ai délicatement insinué que je voyais parfaitement où l'on voulait en venir. Que Suzanne, avec son mauvais genre de fille trop élégante et trop piaffeuse, se souciait peu de coiffer sainte Catherine, et que *madame de Luzy* lui semblerait un nom assez agréable à porter, bien qu'elle ait une première fois décliné l'honneur de le prendre. J'ai ajouté que je n'y verrais de nouveau aucun inconvénient pour peu que cela vous plût; mais j'ai prié qu'on me laissât en paix, disant que les calomnies ne m'inquiétaient guère, qu'elles tomberaient d'elles-mêmes pour les bons esprits et que je me souciais peu de ce qu'en penseraient les mauvais. Je me suis hypocritement étonnée qu'elle s'en fît le porte-voix, pensant qu'elle avait meilleur emploi à faire de la morale de la famille que de me l'ingurgiter si gratuitement, toute.

J'avais bien envie d'ajouter que Suzanne avait été très maladroitement de l'avant avec vous, et que ce n'est pas la manière de conquérir un mari... mais cela est votre secret et la confidence pour laquelle je vous ai promis le mien, aussi me suis-je tue.

Le fond de tout cela, mon cher, c'est qu'on voudrait bien épouser qui? Vous? le Grec? Mais de grandes batteries se préparent. Venez donc à Nimerck quand tous les Trémors de la Trémorsières y seront. Je suis un peu contrite de ne vous y avoir pas à moi toute seule... mais ce sera encore bien bon de vous y avoir.

# XCIX

## Philippe à Denise.

17 avril.

J'envoie la reine des Gaules à tous les diables; je m'incline pourtant devant la sagesse de madame mon amie que j'aime et que je vénère avec une piété croissante. Sa pensée seule me console, dans mes noires tristesses, du dégoût de mon existence médiocre et inutile. Peut-être une grande passion me sauverait-elle. *Chi lo sa?*

# C

## Denise à Philippe.

22 avril.

Êtes-vous toujours triste, mon ami? Moi, je commence à le devenir d'être aussi longtemps sans nouvelles de vous. Ou bien la grande passion est-elle venue qui vous fait joyeux au point d'oublier la pauvre madame votre amie? Peut-être perdez-vous aux courses? peut-être devenez-vous laborieux et avez-vous trouvé la paix et l'oubli dans l'éclosion d'une œuvre? Voilà de grands peut-être qui, pour ne pas valoir celui de Montaigne, n'en sont pas moins pour moi d'attrayants peut-être...

Pendant que vous envoyiez vos détresses à la lune, je travaillais comme un ange. Je vous jouerai ça. Vous jugerez et critiquerez. J'ai fait moi-même les paroles, ah mais, ah mais!—Sur ce travail je demanderai aussi l'avis de votre petit frère Jacques, lequel m'a semblé être un monsieur mandarin à très scintillant bouton de cristal, malgré son âge tout printanier.

Adieu. Je pense à vous, pensez-vous à moi? Je vous serre très affectueusement les mains et demande: des nouvelles, des nouvelles! sur l'air «des lampions!»

DENISE.

P.-S.—Quelle horreur cette dynamite!

# CI

## Philippe à Denise.

23 avril.

Vous êtes la meilleure et la plus indulgente des amies. Je suis bien peu digne de vous. Mon état d'âme ne s'est pas amélioré; je suis dans le néant. Je n'ai même plus le courage de vous écrire.

C'est un affreux malheur de sentir l'infini dans les aspirations de son cerveau, sans jamais pouvoir trouver la force ni la forme pour l'exprimer. Mon amie, faites-vous à cette pensée d'affectionner un raté. Votre affection m'est si douce! J'ai dans l'âme le spleen de Saint-Augustin et n'ai pas, comme lui, la ressource de m'en dévêtir en découvrant les sublimes clartés du christianisme.

J'ai perdu l'amour de l'emportement qu'affectaient autrefois mes pensers; il ne me reste de force que pour cultiver le charme secret de mes aspirations infécondes, sans cesse renaissantes et expirantes en mon maladif cerveau.

L'influente expansion de votre esprit me manque douloureusement, mais je vous en prie n'attendez rien de moi en fait de résolution active. Je garde mon éternel malaise, angoissé par le désir d'un impossible quelconque. Bah! qu'importe? la vie ne vaut pas qu'on la vive.

Je tiens cependant à vous remercier et à vous dire que je vous aime tendrement. Écrivez-moi; vos lettres me sont bonnes, et gardez pour vous seule les détresses de votre ami.

PHILIPPE.

*P.-S.*—Ne me parlez pas de la dynamite, je m'en fiche.

# CII

## Denise à Philippe.

24 avril.

D'où viennent ces nouveaux nuages noirs? Quelle tristesse de vous voir souffrir de cette supériorité de votre esprit sans que naisse en vous la force féconde qui donnerait l'essor à vos conceptions.

Vous souffrez et je suis trop loin pour adoucir cette souffrance. Toute la fraternelle affection que je vous ai vouée se révolte de ne pouvoir rien pour vous tirer de ce mal.

Je compare vos lettres à celles de Gérald, naviguant, combattant; celles qui m'arrivent du Tonkin sont vaillantes et joyeuses. Mon frère qui souffre réellement me crie dans une belle ardeur: «Vive la vie! Vive la jeunesse!» Le devoir accompli, les grandes vertus d'une vie d'homme, pour une âme chancelante comme la vôtre, vous semblent donc une peine perdue? Votre malheur c'est de les considérer comme au-dessus de vos forces.

Pourquoi ne vous a-t-on pas montré que la valeur de chaque individu est utile à sa patrie, à l'humanité? Quelle faute votre tuteur a commise de ne pas vous faire du devoir une nécessité douce, une condition suprême de l'existence!

A force de vous dire: «La vie n'est rien», toute votre mâle énergie s'est atrophiée. Nos désastres pèsent sur votre jeunesse en fardeau qui vous écrase, tandis que mon père a élevé Gérald à agir, à vouloir, à pouvoir, à oser. Tout bambin, mon frère a cru naïvement que le monde comptait sur lui. Maintenant, sa tâche dans l'humanité, il l'accomplit bravement. Dans sa dure carrière, malgré son cœur affectueux et tendre, il trouve le moyen d'être heureux,—bien que séparé de nous qui l'adorons et qu'il adore,—parce qu'il fait son devoir...

Voilà un grand petit mot qui vous fait sourire peut-être? Il est bon, cependant, à quelques-uns, puisque parfois il en fait de modestes héros.

C'est bien de la morale pour un sportique clubman! Il faut me la pardonner; votre rechute est cause de tout; que puis-je vous ordonner, mon cher malade, pour la combattre efficacement, puisque les grandes énergies et les grands remèdes ne vont pas à votre tempérament. Venez nous voir, alors? Par ce beau soleil nous courrons les champs; avec Hélène, nous irons nous asseoir au bord de la mer.

Nous avons eu des jours de tempête, mais le temps est devenu d'une beauté merveilleuse. On voit naître le printemps. Déjà le brun des tiges flexibles se sème de petits points verts, pousses pleines de sèves qui éclatent, joyeuses, et crèvent leurs bourgeons sous le dur soleil d'avril. Tout cela repose et enchante. L'âme se retrempe à ces premiers effluves et, comme les choses, se reprend à vivre.

Non, mon grand, vous n'êtes ni un médiocre ni un inutile; vous êtes un sans voie et c'est une chose triste; dans votre inaction il y a une déperdition de vos forces; elle finit, inconsciemment, par impressionner votre esprit.

Votre âme souffre, s'agite, se tourmente, comme fait le corps lorsqu'il est malade; vous perdez les illusions sur vous et, ce qui est pis, sur votre avenir. Ces analyses continuelles épuisent votre volonté. Vous croyez atteindre à la vérité quand, après vous être interrogé: «Qu'ai-je fait de ma vie?—Rien!» vous concluez: «Qu'en puis-je faire?—Rien!» Eh! non, vous pouvez tout. Chez vous le vouloir seul est malade, devenu atonique par une vie facile et surtout par l'exemple entraînant d'amis viveurs, désœuvrés et sots, l'esprit vide, ceux-là, à faire bâiller.

Cette foi en vous, cette énergie ardente que j'ai, je voudrais vous les transfuser. Vous verriez quel homme surgirait. Vous auriez des lassitudes, des doutes, des écarts, certes, mais l'habitude viendrait, vous fortifiant, et vous découvririez un jour que vous êtes guéri.

Contrairement à vous, je ne crois pas qu'une passion vous soit nécessaire; la passion donne une énergie factice applicable à elle seule et ne servant qu'à elle, au but de bonheur, de jouissance, vers lequel elle tend. Elle mouvemente la vie à son profit exclusif; elle ne peut exister sans exaltation; or ce qui n'est pas une force raisonnable est une force éphémère. Ce n'est donc pas cela qui vous sauverait.

Ah! mon ami, si vous saviez quelle ruse, quelle duplicité chacun met à cacher le travail secret, le labeur formidable, la volonté persévérante que coûte le lancement, la réussite d'une œuvre, vous reprendriez courage. Une pudeur orgueilleuse le fait cacher à tous; mais ce que contient de mystères douloureux ou humiliants cette réussite, qui osera jamais le dire?

Allons, venez reprendre foi et confiance auprès de moi, puisque je suis l'arbrisseau que vous vous êtes choisi, mon robuste lierre. Cela secouera cette tristesse, cet ennui qui vous dévorent. Laissez-moi vous animer de la volonté qui m'anime. Au moyen de l'ardente amitié que nous ressentons l'un pour l'autre, nous trouverons peut-être le bonheur que dispensent les passions et, sûrement, l'aveu de la raison par-dessus le marché! Je suis susceptible d'avoir un immuable attachement pour vous; je ferai notre amitié si noble, si belle, qu'elle vous désenchantera de l'amour, et vous laissera toutes vos forces pour vous créer une vie selon vos aspirations jusqu'ici infécondes. Mettons à profit cette sympathie d'esprit et de caractère que nous avons l'un pour l'autre; vous me rendrez cela plus tard en tendresse et en fidélité.

Tite-Lène vous envoie un «kiss» tout rose et moi je serre vos mains.

DENISE.

*P.-S.*—Irez-vous au concert dimanche sans moi? Oui? Alors pas tout à fait sans moi. Je vous écrirai, et vous m'emporterez dans votre poche. Voulez-vous?

# CIII

## Philippe à Denise.

25 avril.

Il y a un fond *petite fille* dans les plus sérieux cerveaux féminins. Oui, je vous mettrai dans ma poche, madame.

En hâte, je vous écris ce mot pour vous remercier de votre réconfortante lettre, de votre virile et sage amitié.

Ah! si ce rêve de m'imprégner de votre force morale pouvait se réaliser...

# CIV

## Philippe à Denise.

Dimanche, 27 avril.

Je continue d'être triste; votre volonté pas plus que la mienne n'y peut rien. Pour me secouer je pars de nouveau entendre la neuvième Symphonie, mais sans lettre de mon amie ce matin. D'où vient cet oubli? est-ce que la pauvre chérie serait gelée par ce frisquet printemps? ou bien est-ce parce que je ne lui ai écrit qu'un mot? ou bien ma poche ne l'a-t-elle plus tentée? ou bien quoi?

Ne m'en veuillez pas de mon silence. Allons, un bon mouvement, écrivez-moi.

J'ai été ces temps-ci, très occupé de Jacques. Je suis un peu le père de ce gars de vingt ans.

Je vous donne un baiser que vous transmettrez à tite-Lène, s'il vous gêne.

# CV

## Denise à Philippe.

Je me répète; mais, mon ami, y a-t-il rien au monde de plus drôle que le sentiment qui nous lie? Personne ne voudrait croire que cela pût exister entre un homme et une femme, une amitié si vivace, un besoin de se voir, de s'entendre, de connaître les moindres événements de la vie de l'un ou de l'autre, une attirance indéniable. Vous, tant d'obéissance à mes désirs, moi, tant de complaisance aux vôtres; des émotions hautes partagées, des mots comme ceux que vous dites: «Ce serait bon d'être seuls ensemble à la campagne»;—et «ma chérie»—s'échappant si gentiment de votre plume, parfois même de vos lèvres, et tout enfin; toute la complication et le charme du sentiment que nous éprouvons l'un pour l'autre.

En vous je propage les vibrations de mon cœur; pour vous, par vous, je vis d'émotions sous-entendues. Cela est un grand raffinement, car vous n'en savez rien jamais. Eh bien, malgré toutes ces apparences et ce baiser que vous envoyez, ce n'est pas de l'amour. Alors quoi? vous voyez bien que j'ai raison quand je dis: hors à deux fous de notre espèce, cette chose bizarre ne peut arriver à personne. Cet état d'âme m'intrigue, moi qui lis en vous et en moi et n'y comprends plus rien.

Je ne vous ai pas envoyé le mot pour le concert parce que vous avez semblé trouver puérile cette idée qui m'était venue. Toutes les manifestations de tendresse ne sont-elles pas un peu puériles?

J'ai été à la fois heureuse et malheureuse de ne l'avoir pas fait, en recevant ce matin votre billet. Heureuse que vous regrettiez le mien, malheureuse de vous en avoir privé. Mais tout ceci est un peu votre faute; si je recule, vous avancez; si j'avance, vous reculez. Alors je m'y perds... le fin mot de tout cela est, je crois, que vous m'aimez à cause du chaos sentimental dans lequel nous vivons l'un vis-à-vis de l'autre. Si je ne me diversifiais par tous les coins livrés de mon esprit ou de mon cœur, vous auriez moins de tendresse cérébrale pour moi.

Pour en revenir au baiser, oui, il me gêne, je ne sais qu'en faire; il entre dans notre amitié un peu étourdiment, comme un moineau dans une cathédrale. J'ai bien peur qu'il n'ait été mis là par politesse excessive, ou par nonchalance à trouver le mot juste qu'il eût fallu pour terminer bien ce billet.

Pourquoi l'avoir envoyé, ce pauvre baiser, puisqu'il ne répondait sûrement pas à un désir de votre cœur, pas même à une faim de vos lèvres?

Hélène n'en a pas voulu; elle est vaguement jalouse de vous; et puis elle a déclaré: «J'aime les choses qui sont pour moi toute seule».—Pauvre chérie, elle ne sait pas qu'il en est bien peu de ces choses-là, pour elles seules, dans la vie des femmes.

Adieu, cher grand ami; pas le moindre petit baiser, même repassable au jeune frère Jacques, lequel n'aurait peut-être pas les scrupules d'Hélène; mais une très affectueuse poignée de main de votre amie.

# CVI

## Philippe à Denise.

30 avril.

Je suis de plus en plus malheureux; mes regrets sur ma vie perdue deviennent plus cuisants tous les jours. Pardonnez-moi de vous noircir l'âme de mes désolations. Aussi pourquoi n'êtes-vous pas là pour m'empêcher de retomber dans mes rêveries et mes tristesses?

J'ai besoin des marques de votre plus tendre amitié, madame. Continuez de me les donner en m'écrivant; seules elles peuvent me réveiller de la léthargie où se plaît mon esprit. Je n'ai pas même le courage d'aller reprendre des forces auprès de vous.

# CVII

## Denise à Philippe.

1<sup>er</sup> mai.

Quoi, pas même cela? Votre détresse m'afflige. Mon Dieu, qu'avez-vous donc? Vous ne me dites pas tout, alors je me sens malhabile à vous consoler.

Vous m'appartenez par ce côté triste; là, je vous sens bien à moi et si ce n'était pour vous une souffrance, je vous aimerais plus ainsi qu'autrement.

Allons, mon grand désespéré, reprenez courage. Après tout, ce qui vous manque, c'est peut-être d'aimer et d'être aimé? Il vous faudrait une mademoiselle de Lespinasse, une maîtresse qui vous permît d'être heureux tout en restant nonchalant; une amie de votre esprit, un camarade de votre vie qui ne retrouverait son sexe qu'aux heures où il vous plairait.

Il y a en amour, même en l'amour le plus soumis, tout un joli vocabulaire un peu exagéré, un peu délicieux, qui serait le piment suffisant pour mouvementer, animer votre vie et vous donner le courage d'avoir du courage.

Je ris. Voilà que cette lettre-ci est tout le contraire de celle de l'autre jour; ce sont là de ces inconséquences bien féminines qui faisaient dire très irrévérencieusement à Proud'hon: «La femme est la désolation du juste.»

Pourtant, je ne me dédis pas pour cela. Ce sont les qualités rares que je rêve à l'objet aimé qui, à mon idée d'aujourd'hui, vous sauveraient. Donc aimez, mon ami. Tâchez d'être aimé par elle moins pour elle que pour vous, et de tout ce remuement de votre cœur, qu'il jaillisse pour moi un peu de durable tendresse amicale. «La goutte de rosée dans une fleur désaltère l'oiseau joyeux.»—Je tâcherai d'être aussi sobre que la bestiole emplumée, et me consolerai de ce peu en songeant au grand bon cœur où je me désaltère.

# CVIII

## Philippe à Denise.

3 mai.

Votre lettre m'a fait sourire. Évidemment la femme que vous me dépeignez m'aurait été d'un grand secours. Je l'avais rencontrée, je crois. Vous la connaissez, chère. Mais elle n'a pas voulu voir mon mal et, par un peu d'amour, le guérir. Oui, j'étais sauvable à cette minute-là; maintenant, il serait trop tard. Et puis il me faudrait retrouver *une autre vous* et ce ne serait pas, je crois, une besogne facile.

A bientôt, ma chère amie. Comme vous êtes bonne et comme je vous aime!

# CIX

## Philippe à Denise.

14 mai.

Pourquoi ce silence? Vous ai-je fâchée? Ce n'est un mystère ni pour vous ni pour moi que je vous ai autrefois aimée... M'en voulez-vous que ma passion soit morte? on le dirait presque à vous voir me tenir rigueur pour un innocent petit billet constatant qu'on ne fait pas renaître le feu de froides cendres.

Je ne sais que penser et suis très malheureux. Vite un mot, mon amie.

# CX

## Denise à Philippe.

15 mai.

Voilà le mot réclamé; des nouvelles? Nous avons ici, depuis cinq jours, ma belle-mère qui me gâte ma solitude sans me donner de compagnie; Suzanne qui pleure ses flirts numéros 1, 2, 3, 4, 5, etc.; sa mère, toujours douce et résignée;—heureusement mère m'aide à supporter mon ennui et mes ennuis!—puis, ma tante «d'habitude des cours» parfois très intéressante quand elle daigne ne pas être trop officielle. Je me console en voyant mon Hélène se fortifier et rosir; elle lutte en ce moment avec une botte de foin trois fois grosse comme elle et qui va la renverser... ça y est! botte et fille sont sur le gazon. La mignonne se relève, me voit écrire près de la fenêtre et aussitôt me crie: «Je ne me suis pas fait mal, maman!» Je lui envoie pour réponse un baiser et me revoici à vous. Que disais-je donc? Ah! que ma tante de Giraucourt est parfois intéressante. Oui, hier elle l'a été. Le soir, comme nous étions toutes au salon (Nimerck est un poulailler sans coq pour l'instant), je vais lui chercher à la bibliothèque un livre pour qu'elle l'emporte dans sa chambre et lui dis, en le lui donnant, le plaisir que me causa cette lecture de «Choses vues» de Victor Hugo. Je lui cite le passage où il parle du général Bertrand à propos de la rentrée des cendres de l'Empereur aux Invalides. La fille du général, Hortense Bertrand, mariée à M. Amédée Thayer, était la filleule de la reine Hortense et une grande amie de notre famille, surtout de ma tante, sa contemporaine, plus jeune qu'elle d'une dizaine d'années, pourtant. Alors, ses souvenirs évoqués, ma tante me dit que madame Thayer lui a raconté que... Au fait? ça vous assomme, pas vrai, tous ces racontages? Alors, passons, mon cher!

Mais, à propos de lecture, dites-moi donc votre avis sur la *Reine Pédauque*. Je l'ai relue avec soin, cette rôtisserie, et dois avouer que «da poterie animée» que je suis n'y comprend rien, décidément, encore que cette reine me plaise bien plus que le *Lys Rouge*. Ah! ah! vous qui m'attaquez dans mon amour des œuvres de mon Maurice Barrès, je vais prendre ma revanche avec votre Anatole France. Son livre, est-ce sérieux? est-ce une farce? Quelle philosophie s'en détache-t-il? Est-ce un enseignement? Est-ce un coin de vie? Si c'est pour se payer nos têtes que la *Rôtisserie* a été écrite, je m'en étonnerais médiocrement. Délicieux à lire, j'en conviens, mais qu'est-ce que cela signifie? C'est un conte de fées très érudit (pour grands enfants), tout barbouillé de termes scientifiques, avec des simplicités voulues bien pédantes et mièvres.

Enfin je n'éprouve pas à lire cette chose jolie, bien tournée et fort originalement conçue, le grand remuement de cœur, la secousse forte, l'élan secourable vers les humbles que m'a fait la lecture du livre admirable des J.-H. Rosny, l'*Impérieuse Bonté*. L'une de ces œuvres me semble un conte délicieux de vieux mandarin sceptique; l'autre, un coin de la vie vraie arrachée toute pantelante d'un cerveau chercheur du Juste, du Bon, du Sage, dans l'humanité.

La fantasmagorie dont se compose la *Reine Pédauque* est un délire somptueux; il intéresse par sa forme pure, cherchée; mais l'autre est une œuvre de vie, de vie avec un but idéal et qu'on voudrait pouvoir réaliser. Chez France, la phrase est amusante, cocasse dans sa pseudo-naïveté, pleine de trouvailles à vous faire pâmer d'aise. Mais l'autre, l'autre! on pense, on souffre, on pleure.

Mon ami, la volupté est d'essence triste, et c'est pour cela qu'elle est divine.

France, c'est un auteur excessivement facétieux et libertin... de pensée. Les Rosny sont les apôtres du bien et de larges penseurs. Libertin vous choque? Mettons grivois, si vous voulez. Souvenez-vous de Jahel disant à Jacques: «Cette fois, soyez moins emporté et ne pensez pas qu'à vous. Il ne faut pas être égoïste en amour; c'est ce que les jeunes gens ne savent pas assez, mais on les forme.» Fi, fi, monsieur France! Pourtant il faut avouer qu'il a parfois d'exquises trouvailles dans son inconvenance; son: «occupée à renaître avec décence» est une perle.

Peut-être parce que je n'ai point été conçue «par une salamandre» et ne serai aimée «par un sylphe», le fond m'échappe. Il me manquera toujours le génie que ces êtres-là dispensent aux hommes. Il n'y a rien ici qui doive vous étonner, puisque ces chimères ne fréquentent que les gens de génie et, par une jolie fiction, s'immortalisent dans ce génie; n'y pouvant prétendre, l'œuvre me laisse froide. «Les idées, quand elles s'imposent, deviennent vite impertinentes.»—C'est précisément le cas des miennes qui osent ainsi juger, trancher, blâmer votre auteur favori. Mais cela lui fait si peu de mal et me donne un petit air pédagogique si plaisant!

Et puis, comme disait Maupassant à des sots qui s'extasiaient d'apprendre qu'écrire est un enfantement pénible, souvent douloureux, et demandaient:

—Pourquoi écrivez-vous alors?

—Mon Dieu, murmura Maupassant, il vaut encore mieux faire ça que de voler!

Si vous êtes de mon avis sur France, monsieur, je soufflerai ce soir, comme Tourne-broche, «ma chandelle sur le plus beau de mes jours».

# CXI

## Philippe à Denise.

16 mai.

J'ai une lettre—j'y répondrai un peu plus loin—mais quel est ce genre de ne dire mot d'un billet plein de points interrogatifs? Vous voudrez bien vous en expliquer, n'est-ce pas?

Maintenant, je ne suis pas surpris, ma chère amie, que la *Reine Pédauque* ne vous ait qu'à moitié plu. Ce livre ne peut être qu'antipathique aux esprits féminins. D'une manière générale, l'ironie leur est désagréable. Elle leur devient odieuse quand elles ne sont pas prévenues, quand elles ne savent si elles doivent rire ou non. Leur trouble est complet quand, à l'ironie, s'ajoute le paradoxe, et qu'il s'exerce sur des sujets qui leur semblaient à l'abri de toute contestation.

Enfin, dans la *Reine Pédauque*, l'érudition—qui n'est là que d'une manière superficielle et pour le piquant de la sauce—vient achever la déroute. Dans ces conditions, je me représente parfaitement que l'état d'esprit d'une femme, en fermant le livre, soit de se demander si on n'a pas voulu se ficher d'elle. Or, j'ai remarqué que les femmes n'aiment pas qu'on se fiche d'elles; les doutes mêmes, sur ce point, leur sont insupportables.

Voilà pourquoi vous n'aimez pas la *Reine Pédauque*, quoique vous en ayez bien remarqué la forme littéraire, laquelle, pour tous les sexes, est absolument supérieure.

Je vous dirais bien pourquoi je l'aime, moi, cette reine Pédauque; mais alors ce serait faire de ma lettre une sorte d'article de journal, et j'ai eu ce matin une telle déception quand en arrivant au bout de vos huit pages j'ai vu que vous me parliez de France et pas du tout de vous, que je ne veux pas vous y exposer à mon tour.

J'éprouve d'abord, tout de suite en commençant, le besoin de vous dire que je vous aime, que je pense à vous, que je souffre vraiment d'être si longtemps sans vous voir. Tous ces gens qui vous entourent et m'empêchent d'aller vers vous, m'assomment je ne vous le cache pas.

Encore que «l'habitude des cours» soit une remarquable tante en zinc, ce n'est pas elle qui me gênerait pour accourir à Nimerck. Le véritable obstacle, c'est la reine des Gaules. Ne soyez donc pas étonné si, dans le secret de mon cœur, j'envoie promener toute cette cour.

Ce que je fais? Je vais au salon, aux courses, au théâtre. Je gâte mes yeux à contempler de mauvaise peinture, je perds mon argent, j'écoute des inepties qui ne me font même pas rire. Voilà mon état d'âme.

Cette botte de foin que roule Hélène me fait rêver. Quand pourrai-je vous voir? Dites-moi heure par heure comment vous passez vos journées; mais je vous en prie, plus un mot sur la reine des Gaules contre les petits potins de laquelle je suis exaspéré.

Adieu; j'aime Hélène, je l'embrasse sur le front, sur ses boucles d'or, et je vous baise les mains avec piété.

PHILIPPE.

P.-S.—Envoyez-moi donc les histoires de la tante en zinc sur le second Empire, même sur le premier, si la chère femme vous en a conté; je ne suis point dédaigneux des choses inédites.

## CXII

*Denise à Philippe.*

17 mai.

Espèce de rageur autoritaire, allez! Expliquer quoi? Vous constatez des vérités d'une logique irréfutable, dans le genre de «Monsieur de La Palisse est mort, mort de maladie; un quart d'heure avant sa mort, il était encore en vie!»

Me fallait-il m'exclamer devant cette trouvaille: «On ne fait pas renaître le feu de froides cendres?» J'ai dit *in petto: amen*, et me croyais quitte envers vous. Vous le voyez, je ne suis nullement fâchée. Mais vous, n'insistez plus, car cela vous donnerait, en vérité, un petit air fat parfaitement ridicule. Allez-vous prendre cette manière de commencer vos lettres par la crevaison d'une petite poche à fiel? Je n'apprécie pas beaucoup ce genre-là!

Et puis, si vous croyez que je n'aurais pas mieux aimé avoir votre article sur la *Reine Pédauque* au lieu d'apprendre que vous jouez, vous vous trompez; et si le respect n'était pas la base de toute amitié durable, je ne me gênerais pas pour vous dire: vous êtes un sot, en trois lettres, mon fils, de perdre ainsi vos plus belles années. Mariez-vous, que diable, et à défaut d'autre travail, faites des enfants!

Et croyez-vous encore qu'il soit joli ce petit air détaché que vous prenez pour me dire cela? Si je vous écrivais à mon tour: «Ce que je fais? je me promène, je gâte la pâleur de mon teint au soleil, j'écoute des inepties; elles ne me font pas même rire;»—car personne n'est à l'abri des inepties, en ce monde misérable, et celles qui courent, folâtres, sous les voûtes du petit castel de Nimerck, valent bien celles que vous dégustez à Paris.

Vous aurez un autre jour les histoires de ma tante, pas aujourd'hui; un gros travail de composition m'a rompue; vous ne savez pas le tourment que donne le respect du texte au compositeur qui veut garder intacte la prosodie naïve d'un poète ancien. J'ai dû laisser des muettes sur des temps forts, ce qui est une hérésie, mais ce qui donne un certain parfum de naïveté au joli petit air que j'ai trouvé et que je vous chanterai.

Je vous dirai donc seulement que tite-Lène va bien. Depuis quelque temps elle fait, sans fautes, de longues dictées assez difficiles. Elle joue beaucoup, elle devient jolie. Miss May prétend qu'on la voit grandir. Depuis deux jours elle a inventé un jeu qui l'enchante. Elle a construit une grande hutte abritée de feuilles et de branchages soutenus par des pieux si ingénieusement disposés, que mère et moi, sans lui en rien dire, sommes dans l'admiration. Autour de la cabane pittoresque, sauvage et fleurie, elle crée un roman d'imagination tout aussi brillant, mouvementé et dangereux à vivre, que si elle était bel et bien abandonnée dans les pampas. Sa petite tête prévoit, combine, s'exerce à lutter dans le rêve, déjà prudente, ingénieuse et rusée, en attendant la lutte imminente—hélas! moins poétique—à soutenir dans la vie.

Que d'énergie déployée par chaque individu pour former cette chaîne étonnante qui se déroule de siècle en siècle et qui est l'humanité! J'en suis comme anéantie quand je lis l'histoire générale, et me demande si c'est beau ou si c'est monstrueux, ce travail de chacun pour tous qui éternise la douleur humaine. Au fond, et malgré l'apparence, personne ne lutte pour soi, ne vit sa vie propre.

Hélène m'échappe déjà dans ses expéditions autour de ma chambre. Quand son imagination l'entraîne, elle me dit: «Adieu... je reviendrai.» Le voyage qu'elle entreprend sous mes yeux, près de ma table à écrire ou sous la queue de mon piano devenu une caverne, ou dans la haute futaie, dure une heure, deux heures. Mais qu'elle est loin de moi pendant ces heures et comme je l'ai perdue!

Je traduis mal ma pensée; sentez-vous ce que je veux dire?

Adieu, mon ami. Hélène entre: «Vous écrivez à mon ami Phillip?—Oui.— Alors dites-lui que sa tite-Lène l'aime beaucoup et qu'il vienne, et que je lui écrirai ça bientôt et puis d'autres choses précieuses encore.»

Ces *choses précieuses* me ravissent. Et vous?

# CXIII

## Philippe à Denise.

18 mai.

Moi aussi elles me ravissent. Cette enfant a le génie du cœur; elle tient de vous, madame, une secrète exquisité qui m'enchante. Quel dommage que vous soyez toujours loin toutes deux.

# CXIV

## Denise à Philippe.

19 mai.

Vous me navrez avec votre génie du cœur; ça ne sert à rien, cela, pas même à être aimée.

Pour vous, tâchez de vous «accoutumer à n'aimer que les absents; alors vous nous aimerez à la folie.»

Et si vous croyez que, envoyant des billets de cinq lignes, on vous retournera de longues lettres, vous vous trompez, monsieur, ah! mais!

Adieu. Je m'en vas voir la mer.

# CXV

## Philippe à Denise.

3 juin.

Je vous ferai remarquer, madame, que voilà quinze jours que vous ne m'avez écrit. Si vous croyez que c'est une conduite! Je sais: vous attendiez un mot de moi. Cet échange de lettres mesuré et régulier est une combinaison absurde et peu digne de vous, permettez-moi de le dire.

Au moins travaillez-vous? Je lis avec un plaisir grandissant vos dernières mélodies. Je suis désolé d'être si éloigné de ce que vous faites, de ne plus pouvoir suivre d'aussi près la marche de votre talent dont je suis déjà très fier, mère du Cantique des Cantiques; de ne plus me disputer avec vous sur la religion ou sur la littérature ou sur la musique; de ne plus être attrapé que vaguement sur ma nonchalance et ma paresse; de ne plus vous entendre chanter, de ne plus goûter avec vous, comme cela nous est arrivé souvent, ces fortes et délicieuses émotions artistiques qui font que le cœur s'arrête.

Avouez que ce serait une pitié si tout cela se perdait, et laissez-moi vous prier, pour finir, de mettre un peu de votre bonté à entretenir, en m'écrivant—quand bien même je ne vous répondrais pas exactement à cause des préoccupations où je suis—le feu sacré de notre amitié jusqu'au jour où nous nous reverrons.

*Yours most devotedly.*

# CXVI

## Denise à Philippe.

4 juin.

Quelle ténacité vous avez, cher nonchalant, et comme le refrain: «Écrivez»,—revient dans vos lettres! croyez-vous donc, petit misérable, que je n'aie qu'à m'occuper de vous? Croyez-vous que ce ne soit rien de composer? bon ou mauvais, génial ou plat, le travail est le même. Il est des jours où j'en veux presque au maître indulgent, grand entre tous, qui m'a dit: «Vous devriez faire éditer ça.»

J'ai écrit ces jours-ci une chose que je me suis amusée à jouer à l'orgue de l'église, dimanche. C'est une suite de fugues qui, à trouver, m'ont causé une joie profonde. La recherche du thème m'enchante. J'ai demandé à mes hôtes ce qu'ils en pensaient. Sauf mère et ma sœur Alice, les autres n'ont pas compris l'œuvre. Vous voyez, je ne me refuse rien; je fais, à domicile, ma petite méconnue tout comme une autre! Eh bien, monsieur, tant pis pour eux. Croyez-moi si je vous dis que c'est bon. Tout de même j'ai envoyé ça à Massenet pour qu'il me retourne des sottises, qu'il balafre mes notes de son gros crayon et se fâche après le cerveau obtus que je suis. Je veux bien de sa colère à lui—mais pour les autres, bernique!

Écrire au goût des gens qui vous entourent et vous conseillent, c'est se retirer toute verve, toute originalité, même toute facilité de travail; c'est emmailloter son inspiration et l'annihiler. Il faut écrire d'instinct, se laisser envahir par cette sorte de fièvre que donne l'exaltation cérébrale; le travail est vraiment bon quand, poussé par cette force, on arrive à la diriger, à en maîtriser l'élan. Cette puissance, soulevant et entraînant la pensée, se sent dans la phrase mélodique et la rend pleine, ample, lucide. Elle en fait des phrases sonores, lumineuses.

Mes compositions, à moi, ne valent que par une espèce de buée tendre, un peu langoureuse et passionnée, dont s'enveloppent mes phrases au fur et à mesure que je les écris. Vraiment c'est ça leur seule petite valeur; et c'est à la minute précise où l'élan de mon cœur s'amalgame avec le travail de mon cerveau que cette chose se produit; je sens le mélange se faire, et c'est une grand joie voluptueuse, alors, toute calme, bizarre et indéfinissable, qui m'envahit.

Voilà pourquoi j'aime composer, voilà pourquoi vous aimez mes pauv'p'tites œuvres, le propre de toute volupté étant une sensation partagée.

Mais tout cela fait que je vis dans une perpétuelle exaltation de sentiment, dans un raffinement de pensées tendres qui me font trouver banale, parfois odieuse, toute réalité; c'est mon hypertrophie morale du cœur.

Et puis, quand on crée des choses de l'esprit, on veut être en communion constante avec les génies immortels qui ont porté leur art au plus haut sommet; on les lit, on les comprend, on les admire, on s'en imprègne, on les suit jusque dans leurs moindres œuvres, et c'est une rudement belle fréquentation, je vous jure, et qui fait désirer d'être seule en tête à tête avec la partition ou le livre, plutôt que de perdre son temps à entendre jacasser les femmes sur la forme d'une manche ou le plus ou moins *cloche* d'une jupe.

Si avec ce coin d'art on a une mère, une Hélène comme les miennes, et un ami comme vous, on n'est pas une femme trop à plaindre.

C'est pour ces raisons de joies pures que j'en veux un peu aux hommes qui se moquent de nos tentatives et de nos efforts vers un idéal qu'ils veulent méchamment accaparer. Heureusement il y a des Maupassant, des Massenet, des Sully-Prudhomme, indulgents maîtres qui veulent bien nous guider et nous aider de toute leur science à gagner un tout mince rayon de soleil, pour illuminer à jamais notre pauvre vie de ce beau idéal: l'Art.

Voilà une lettre qui me paraît des plus sublimes... que vous en semble? N'allez-pas vous ficher de moi, hé, là-bas! Après tout, fichez-vous-en si vous voulez. Je prends spécialement à votre intention la belle devise de madame Geoffrin: «Donner et pardonner.»

Adieu.

# CXVII

## Denise à Philippe.

16 Juin.

Quel petit tempérament vous êtes! N'avez-vous pas honte, une honte affreuse, de n'avoir pas répondu à ma dernière lettre? et que croyez-vous que j'aie à vous dire maintenant? *Lettre gratuite à l'ingrat*, voilà comme j'intitule celle-ci.

Vous ne la recevriez même pas si je n'avais à vous annoncer une bonne nouvelle: mon frère est arrivé hier, en surprise, et mère et moi sommes un peu folles de joie d'avoir notre beau lieutenant de vaisseau. Hélène est amoureuse de son oncle. Elle lui a tout de suite reparlé de vous; c'était au salon, le soir, après dîner.

Gérald, qui n'y va pas par quatre chemins, s'écrie:

—Au fait, miss Suzanne, êtes-vous comme Hélène? notre Philippe étonnant, sera-ce l'élu? vous décidez-vous? l'aimez-vous? Il y avait sensation de flirt entre vous quand j'ai quitté la France; qu'en advint-il?

Suzanne a répondu un peu sèchement:

—Vous avez une drôle de manière d'interroger les gens en coup de fusil...

—C'est que j'ai besoin de savoir s'il est sur les rangs avant de m'y mettre.

—Mettez-vous y toujours, mon cher; on ne fait pas de bons régiments sans beaucoup de soldats.

Et puis, ce feu de peloton tiré, ils se sont mis dans un coin à jaboter.

Ce matin, à onze heures, comme j'étais dans ma chambre, Alice y est entrée. Vous savez que nous avons une tendre affection l'une pour l'autre. Elle m'a demandé, après bien des circonlocutions, d'écrire à Aprilopoulos pour l'inviter à passer quelques jours avec nous. La pauvre femme voudrait bien que ce soit celui-là, l'élu.

Donc, puisque le poulailler s'enrichit de deux coqs, mon frère et le beau Grec, vous pourriez bien venir aussi; n'y mettez pas de discrétion.

Pour combler de joie votre âme blanche, je vous dirai qu'hier est partie pour les eaux d'Aix ma belle-mère. Suzanne accompagne sa grand'mère jusqu'à Paris, avec l'Anglaise de tite-Lène; elle va rester huit jours absente sous la garde de son père et de miss May, car elle est demoiselle d'honneur de la richissime petite Meg O'Cornill.

Du reste, vous verrez ma nièce soit aux Acacias, soit en quelque autre lieu *very select*; vous êtes si chics tous les deux!

Il n'y a plus à Nimerck que les gens de notre intimité qui vous aiment, sauf—pour peu de jours encore—ma chère tante en zinc. Cela n'est pas pour vous tant déplaire, puisque, elle et vous, gens de cour aux nobles manières sympathisâtes!!!

La saison, aux châteaux environnants, bat son plein; quelques-unes de mes voisines sont charmantes; quant à moi, je m'engage à tâcher d'être divine.

Sans rire, venez si vous le pouvez.

# CXVIII

## Philippe à Denise.

17 juin.

Un mot en courant, ma grande amie, pour vous remercier de votre invitation, de vos lettres, vous prier de les continuer et vous soumettre la combinaison suivante: j'ai l'intention de prendre jeudi un billet de vingt et un jours pour Nimerck. Pour éviter tous les potins, retenez-moi tout simplement une chambre à la maison des Glycines. Je prendrai mes repas chez vous par exemple.

Ce projet vous convient-il? Répondez-moi.

Je suis allé hier au soir chez Mollier, j'y ai rencontré votre nièce, mais vous n'y étiez pas!

# CXIX

## Denise à Philippe.

18 juin.

Quand je le disais... brave Mollier, va! Je n'avais pas songé à lui. C'est égal, je suis ravie, ravie. Venez; vous aurez votre chambre aux Glycines. Malgré ce petit éloignement, il y aura de bonnes heures de promenade et de jaserie.

Dites-moi par quel train vous arriverez et s'il faut vous envoyer la voiture à la gare, ou si vous aurez votre bicyclette?

Quel bonheur de vous voir! Est-ce bien vrai? Vous allez venir, et si vite? Nous lirons, nous ferons des courses à travers bois, nous longerons la mer sur le sable fin, au pied des falaises; nous nous vautrerons sur l'herbe comme de bonnes bêtes en liberté; nous causerons le soir, les coudes sur ma table de travail. Oh! comme ce sera bon!

# CXX

## Philippe à Denise.

Dépêche.

Impossible partir, lettre suit. Viendrai bientôt.

# CXXI

## Philippe à Denise.

30 juin.

Hélas! ma chère amie, tout est encore rompu. Je ne peux plus venir et voilà mon voyage remis. J'ai attendu jusqu'au dernier moment pour vous envoyer cette mauvaise nouvelle. J'en suis, pour ma part, désolé.

Ajoutez que je me sens très mal en train. Le bord de la mer m'eût fait du bien. Au lieu de cela me voilà encore indéfiniment ici. Je voudrais vous écrire et vous parler longuement. J'ai beaucoup de choses à vous dire et je ne le peux pas. J'ai une fatigue horrible et la tête me tourne.

Dans quelques jours je vous écrirai; ne me tenez pas rigueur.

Je vous aime tendrement.

# CXXII

## Denise à Philippe.

1<sup>er</sup> juillet.

Mon cher grand,

Votre lettre m'attriste; je ne vois plus qu'une chose: vous êtes souffrant, malade peut-être plus encore que vous ne le dites, et voilà mon cœur tourmenté d'inquiétude.

Pourquoi ne pas venir? Venez; votre chambre est prête, non plus aux Glycines, mais à Nimerck, et c'est celle que vous aimez, tendue de toile de Jouy mauve, dans la grosse tour, avec la falaise et la mer à perte de vue devant vous.

Venez; le monde, avec ses questions de mesquines bienséances, n'a le droit de rien dire; ne suis-je pas entourée de ma famille et n'est-ce pas ma mère qui vous reçoit?

Venez; vous trouverez en moi l'amie qui console.

Venez; vous prendrez des forces à ma force, du calme à mon calme, du courage à mon courage.

Venez; l'affection profonde et droite que j'ai pour vous ne peut pas, émanant si loyale et si puissante de mon cœur, vous laisser dans cette tristesse.

Venez, venez, mon ami, vous réchauffer au foyer de ce cœur.

Notre chère amitié, moins qu'amoureuse, plus qu'amicale, doit se mettre au-dessus des questions de correction mondaine; ne savons-nous pas bien, vous et moi, ce qu'au fond elles valent? Je vous en prie, venez.

Il me semble que vous êtes mon grand frère, un frère en qui j'ai placé toutes mes complaisances, et c'est ma fraternité douloureuse de votre douleur qui crie vers vous: venez!

# CXXIII

## Philippe à Denise.

7 juillet.

Ma chère trop loin, pauvre aimée petite sainte, toute croyante et impressionnable, comment résister plus longtemps à la douce chaleur de votre amitié fervente?

Il a bien fallu s'arranger pour aller vous voir; mais je ne vous ai pas écrit plus tôt ne sachant à quel jour serait fixé mon départ.

Je pensais partir aujourd'hui; diverses considérations m'ajournent à la semaine prochaine, mardi au plus tard. Je vous écrirai, du reste, l'heure définitive.

Écrivez-moi.

# CXXIV

## Denise à Philippe.

Mon ami,

Venez quand il vous plaira; je n'ose plus espérer que ce soit bientôt; j'ai eu trop de joie et trop de déception en vous attendant à vide. J'étais persuadée, en partant de Paris, que vous viendriez ici pour moi.—«Certes!»—allez-vous protester; mais attendez la fin: moi, doublée de Suzanne et de tous les petits remuements de petits sentiments qui s'agitent autour d'elle. Jugez si l'idée de vous avoir un peu à moi seule, de par votre volonté, me rendait heureuse!

Me voilà, à cette nouvelle, ne sachant qu'inventer pour vous engager à venir. Mes ressources de vautrage sur le sable fin et l'herbe des falaises, de causeries au coin de ma table, me paraissent aujourd'hui d'une bien misérable éloquence et d'un bien pauvre entraînement.

Il n'y a de vrai, voyez-vous, que le droit qu'ont certaines de dire: «Venez, j'ai besoin de vous voir.»—Cette raison dépourvue de raisons ou plutôt cet ordre voilé serait alors, pour vous, joyeux à exécuter; tous vos efforts y tendraient; mais ceci ne rentre pas dans mes droits amicaux.

Le malheur est que j'ai, sur cette pauvre amitié, les mêmes idées un peu enthousiastes qu'a Montaigne; vous vous en éloignez considérablement et, ce me semble, vous vous rapprochez d'Aristote disant à ses familiers: «O mes amis, il n'y a nul ami!»—Tandis que Montaigne pense: «En l'amitié de quoy je parle, les âmes se meslent et confondent l'une en l'autre d'un meslange si universel qu'elles effacent et ne retrouvent plus la cousture qui les a joinctes. Si on me presse de dire pourquoi je l'aymois, je sens que cela ne se peult exprimer qu'en répondant: parceque c'estait luy, parceque c'estait moy. Ceste parfaite amitié de quoy je parle est indivisible; chascun se donne si entier à son amy qu'il ne luy reste rien à despartir ailleurs; au rebours, il est marry qu'il ne soit double, triple ou quadruple, et qu'il n'ayt plusieurs âmes et plusieurs volontez pour les conférer toutes à ce subject... Rien n'est extrême qui a son pareil.»

Ici je clos mon cours sur l'amitié; aussi bien pourquoi vous le fais-je?

Je sais, par une lettre de Suzon à sa mère, que vous vous êtes amusé, distrait, pendant son court séjour à Paris et, quoi que vous en disiez à votre amie, le moral et les amours vont mieux.

Tout ceci me fait inférer que nous ne nous verrons pas aussi tôt que vous semblez le penser. Moquez-vous de moi autant qu'il vous plaira en m'appelant «petite sainte».—Vous vous rencontrez là en pensée avec Maupassant. Il m'écrivit un jour une délicieuse lettre commençant ainsi: «Ma chère sagesse.»—Il m'y reprochait de ne pas être *une princesse assez sédentaire.*—C'est une faute que je renouvelle avec vous bien contre mon gré, je vous jure. Fasse le ciel que cette petite cause ne m'induise pas à vous perdre.

Je vous serre affectueusement la main et j'ai bien envie de signer: une princesse extrême qui n'a *pas son pareil*—pour en revenir à Montaigne.

# CXXV

## Philippe à Denise.

11 juillet.

Chère Sagesse,

Ne devenez pas une princesse amère! Je prendrai bien décidément le train demain et serai à une heure du matin chez vous. J'évite ainsi l'épouvantable 14 juillet à Paris.

Mettez-vous bien dans la tête que mon vrai désir et mon plus grand plaisir eussent été de passer trois ou quatre semaines avec vous à Nimerck alors qu'il n'y avait personne, et que je regrette plutôt l'affluence de monde qui y est en ce moment. Je n'ai pas pu. Ne me taquinez pas.

A demain, ma chère, chère extrême.

# LIVRE IV

... *Or, une âme tendre se connaît à vingt-huit ans, elle sait que si pour elle il est encore du bonheur dans la vie, c'est à l'amour qu'il faut le demander; il s'établit dans ce pauvre cœur agité une lutte terrible.*

. . . . . . . . . . . . . . . . . . . . . .

*L'amour, même malheureux, donne à une âme tendre pour qui la chose* imaginée *est la chose existante, des trésors de jouissance de cette espèce: il y a des visions sublimes de bonheur et de beauté chez soi et chez ce qu'on aime.*

. . . . . . . . . . . . . . . . . . . . . .

STENDHAL.

*Le plaisir de l'amour est d'aimer, et l'on est plus heureux par la passion que l'on a que par celle que l'on inspire.*

LA ROCHEFOUCAULD.

# CXXVI

## Philippe à Denise.

15 août.

Je viens tout banalement vous remercier du mois délicieux que j'ai passé à Nimerck; j'y ai été heureux au delà de ce que je pouvais rêver.

La profondeur des émotions n'est souvent pas en rapport avec leurs causes. Si je vous disais qu'Hélène avec ses tendresses silencieuses, comme de me rejoindre en courant, de me regarder avec ses beaux yeux, de sourire avec ses lèvres de fleur, rose humide, et, sans dire un mot, de glisser doucement sa main dans la mienne, me mettait dans un état de béatitude pour le reste de notre promenade, vous diriez: il est fou.

Il y a eu pourtant des instants, madame, où j'ai senti vraiment en nous une âme unique pour nos trois corps.

Vous souvenez-vous de ce matin où je suis entré dans votre chambre pour vous demander des ciseaux, je crois? Vous étiez en peignoir, ce soyeux peignoir jaune ardent, cette nuance couleur de rais de soleil, tout garni de dentelles noires, qui vous fait plus pâle et rend vos cheveux plus sombres, ces cheveux bleus que j'aime. Vous aviez l'air d'une reine bohémienne. Vous glissiez dans la chambre lentement. Moi, je m'étais assis sur le bord de la fenêtre ouverte, et suivais des yeux vos graves mouvements et les serpentements de la traîne de votre robe sur le tapis. Hélène, installée à votre table, faisait sa page.

Vous me donnâtes les ciseaux sans un mot, et, continuant de surveiller tite-Lène ou de remuer avec des gestes délicats, sur votre toilette Louis XV, enguipurée et embaumante, de menus objets d'argent, d'ivoire moins pâle que vos mains, vous m'avez oublié. Je vous ai tout à mon aise regardées vivre, vous et elle. C'était, je vous jure, une chose exquise, une chose intraduisible qui m'emplissait de béatitude. Ces joies que j'ai prises en silence, au hasard de votre vie, m'ont rendu mille fois plus heureux que toutes celles dont votre cœur ingénieux s'est plu à m'entourer. Il n'est rien au monde qui vaille ces sensations innommables: on sent flotter son âme. L'amour n'est qu'une action brutale et vulgaire à côté de cette impression; je le dédaigne, le ramasse qui veut.

# CXXVII

## Denise à Philippe.

Nimerck, 17 août.

Vraiment? Quoique vous ne soyez guère poli pour les joies préparées par mon *cœur ingénieux*, je vous pardonne de les dédaigner au profit de celles que vous avez habilement su vous créer tout seul. Quel subtil vous êtes!

Savez-vous bien, ô mes jeunes contemporains, ce qui fait de vous des désespérés de la vulgarité de la vie, des incapables d'agir et d'aimer? ce sont les recherches bizarres de vos esprits; elles vous anémient moralement, vous énervent et finissent par l'emporter de beaucoup sur les joies simples, saines et fortes.

Vous aimez tant ces sensations, que vous leur consacrez vos belles virilités; le cerveau prend la place du cœur; l'amour n'est plus pour vous qu'un besoin vulgaire que vous apaisez vulgairement. Votre âme, troublée et douloureuse sous un perpétuel esprit d'analyse, finit par s'atrophier et devient vraiment incapable d'aimer.

Ah! mon ami, l'esprit n'est rien, le cœur seul est quelque chose. Ne tuez pas le vôtre à force de briser ses élans par vos mièvres recherches de plus fines sensations; laissez le sentiment sans raison, impérieux, égoïste, vous envahir. On vit de plus belles amours en unissant indissolublement ces trois forces: l'esprit, le cœur, la matière, qu'en leur faisant chanter leur air à tour de rôle.

Sentez vivement, puisque cela est dans vos facultés; mais ne vous en tenez pas à l'inachevé des sensations. Soyez plus naïf, plus vrai envers vous-même, plus simple devant les battements de votre cœur, et vous serez heureux. Je suis, moi, tout ahurie devant la complexité de votre nature.

Mon Dieu, comment m'aimiez-vous donc dans ce temps lointain où vous m'aimiez? Je vous en prie, soyez franc, dites-le-moi?

Je me souviens d'un vous respectueux mais un peu ardent et animé d'une volonté que je ne retrouve plus en vous; un Philippe qui m'a fait peur parfois et auquel je ne livrais pas le bout de mes doigts pour ses lèvres, sans craindre quelque morsure.

Je vous ai si bien redouté, ô analyste du vide, ô buveur de fumée, ô mangeur de rêve, que j'ai bravement fui quand vous m'avez dit: «Je vous aime.»

Et maintenant, ce mot vous le dites à tous les feuillets de vos lettres, vous le sonnez, doux grelot, à mes oreilles qui l'entendent, enchantées. Et je ne fuis plus et j'écoute, prise tout à coup d'une joie tourmentante et divine.

# CXXVIII

## Philippe à Denise.

19 août.

Chère,

Comme vous savez finement fouiller les âmes... Oui, vous avez deviné ce que j'ose à peine m'avouer à moi-même: je vous aimais *mal* autrefois, Denise.

Je vous en demande humblement pardon, un pardon auquel j'ai droit, car cet amour d'autrefois, s'adressant à vous, me paraît monstrueux, et je me repens d'avoir pu vous désirer ainsi.

# CXXIX

## Philippe à Denise.

29 août.

Eh bien, madame, pourquoi ce long silence? Il me souvient d'avoir fait amende honorable dans ma dernière lettre. J'en espérais une pleine d'indulgent pardon, une de ces lettres consolantes comme vous savez en écrire. Rien! un arrêt brutal que je ne comprends pas.

Seriez-vous fâchée contre moi, ma chère amie? Je suppose bien que vous n'avez pas l'intention de ne me pardonner jamais; alors pardonnez-moi tout de suite, et je me mettrai sans arrière-pensée en route pour Nimerck. Au moins vous n'êtes pas contrariée que je m'invite ainsi? Je resterai quatre à cinq jours si vous voulez de moi. Il faudrait, cette fois, des événements extraordinaires pour que je ne vinsse pas passer ces journées avec vous.

Envoyez vite un petit mot de bienvenue; mon sans-gêne, mon impolitesse, ma négligence, ne m'empêchent pas, vous le savez, de vous aimer très tendrement.

# CXXX

## Denise à Philippe.

30 août.

Je commence par vous dire: Vous serez le très bien venu. La maisonnée vous attend; j'ai fait tout à l'heure l'inspection de la chambre mauve qui devient décidément la chambre de «M'sieur Philippe», pour les serviteurs aussi bien que pour les maîtres.

Pourquoi j'ai gardé le silence? Ça, c'est plus compliqué.

Je reste devant vous une femme un peu étonnée; je ne comprends plus rien ni à vous, ni à moi. Il se dresse dans mon âme toutes sortes de petits problèmes sentimentaux dont je ne puis mener la solution à bien, et cela m'énerve, trouble mon calme que vous admirez, et me plonge dans une exaltation, puis dans un néant de pensées tout à fait contraires à ma santé morale et physique.

Car, si vous êtes très subtil, très correct et chercheur d'idéales sensations avec moi, il m'est apparu, par certaines confidences de Suzanne, que vous êtes très capable d'avoir des sensations beaucoup plus pratiques avec d'autres.

Cette petite duplicité, qui n'est rien et que je ne devrais pas m'aviser de surprendre, me rend nerveuse. C'est toujours un peu drôle, vous savez, de découvrir que le rêveur à la lune, chercheur de fin du fin avec une si parfaite conscience, peut, à l'occasion, marcher si allègrement dans la réalité.

Vous voyez, je deviens méchante. Venez vite me pardonner.

# CXXXI

## Philippe à Denise.

1<sup>er</sup> septembre.

Certainement je viens! Mais parce que vous avez dédaigné mon amour, et que j'ai philosophiquement pris mon parti de ne pas vous encenser de la fumée renaissante de mes désirs, trouvez-vous juste, madame, que je vive dorénavant en trappiste? J'ai fait envers vous vœu d'amitié. Je ne suppose pas qu'il entraîne à sa suite le vœu de chasteté? S'il vous faut cette preuve nouvelle de mon servage, en me pinçant un peu je vous la donnerai. Mais la folle du logis me paraît bien exigeante... Voyons, voyons, raisonnez-la un peu, madame mon amie; ce n'est guère charitable, ce qu'elle semble exiger là...

Je suis curieux de savoir ce qu'a pu vous raconter Suzanne d'une certaine conversation qu'elle a cru bon d'avoir avec moi, et dont j'ai jusqu'ici pensé qu'elle avait fait tous les frais. J'ai répondu comme je le devais pour ne pas la froisser, pour conserver sa confiance et jouir tout à mon aise de la contemplation d'une âme assez intrigante et fort pratique, curieuse et sèche, surtout extraordinairement orgueilleuse.

Peut-être tenais-je l'enfant par la taille lorsqu'elle marchait me contant ses petites hésitations sentimentales? peut-être, en nous quittant, ai-je avec négligence mis mes lèvres sur ses cheveux? pure politesse machinale envers l'effleurée. Ces choses un peu excessives n'équivalent à rien avec elle, et il y a bien plus de tendresse et d'amour dans le baiser que je dépose, à l'ordinaire, respectueux, sur vos mains, mon amie.

J'arriverai jeudi à une heure du matin; envoyez-moi chercher.

# CXXXII

## Denise à Philippe.

Nimerck, 2 septembre.

Mon cher fol, voulez-vous bien vous taire! J'alambique, et, brutalement, vous, vous mettez les choses au point. Ne parlons plus jamais de cela. Venez: c'est tout ce qu'on vous demande.

# CXXXIII

## Philippe à Denise.

Paris, 16 septembre.

Un séjour exquis—un voyage un peu triste—une rentrée pas gaie—une attente fébrile de vos nouvelles dans la lettre promise—et les mille et une tendresses de mon cœur pour vous et ma tite-Lène.—Voilà, madame, tout ce que peut vous dire ce jourd'hui votre ami.

# CXXXIV

## Denise à Philippe.

17 septembre.

Voici la lettre demandée. Et, je vous prie, qu'y vais-je mettre, vous ayant dit tant de choses avant-hier? Cette dernière soirée m'a été douce,—vous allez rire et vous moquer de moi,—parce que vous me l'avez sacrifiée spontanément. Vous ne vous souvenez même pas de cela, vous, je parie?

—«M. de Luzy, je vous accorde trois valses ce soir!» vous a jeté Suzanne d'un bout de la table à l'autre, pendant le dîner.

—Je vous remercie, mademoiselle, mais mon intention est de ne pas descendre au casino; pour ma dernière soirée, je demande à madame Trémors la permission de rester avec elle.

—C'est-à-dire que vous l'obligez à rester chez elle au lieu de venir avec nous?

—Tu te trompes, Suzanne; dès hier, j'avais dit que je ne sortirais pas ce soir; le landau seul est commandé...

J'ai fait ce mensonge avec honte et joie. Avez-vous vu avec quelle prestesse j'ai filé, au sortir de table, décommander le break?... passez, muscade!

Votre volonté de me garder, il fallait bien la dissimuler aux autres... Vous avez des manières impératives, parfois, qui me troublent et me ravissent. Moi, la volontaire de nous deux, je me sens tout humble devant ce caprice exprimé. Je feins comme je peux, et le petit danger couru n'est pas non plus pour me déplaire.

Du reste, vous avez ressenti la même impression; vous avez trop ri aux éclats de la répartie comique dite par Gérald, pour que je n'aie pas vu là que vous jetiez au vent votre gêne.

—Bon! me voilà six valses sur les bras, alors, car je vois bien, Suzanne, quel triomphe vous me préparez de me les offrir! et dire que le bon public va en conclure des choses exorbitantes! C'est ainsi qu'on écrit l'histoire.

Cette réplique avant la lettre pouvait faire sourire, mais non aussi joyeusement que vous l'avez fait, avouez-le? Au reste tout a été bien puisque votre gaieté a détourné l'attention d'un chacun.

Ah! la bonne soirée! Le gai départ de ma belle-sœur, de mère, de Suzanne, de Gérald dans la voiture... le bruit des graviers craquant sous les roues s'éloigne, se perd... Nous restons sur la terrasse, accoudés à la balustrade de pierre.

Des senteurs d'héliotropes, de roses, de résédas, venant jusqu'à nous des massifs de la grande pelouse, embaument l'air. Tite-Lène joue à courir autour des caisses d'orangers; elle serpente de l'une à l'autre dans un enlacement rythmique, tandis que la lune la baigne de sa lueur blanche et dessine son ombre, sa petite ombre falote, si fantastique et si grande... Ah! la bonne soirée! miss May emmène la fillette dormir, et nous restons seuls, sans parler, heureux, presque émus—de quoi, mon Dieu?

Et puis, une fenêtre s'ouvre et tite-Lène, mignonne, perdue dans sa robe de nuit flottante, nous lance des baisers avec ses deux mains et chante: «Bonsoir, mon Phillip, bonsoir, mère chérie... attrapez tous ces beaux baisers...» Le doux bruit de ses lèvres grésille, semble vraiment, pluie de tendresse, tomber sur nous en bénédiction...

Et vous alors, *pour jouer*, tendez les mains au ciel et votre voix mâle monte vers la voix cristalline:

—Je les ai tous vos jolis baisers, mon Hélène; mais rentrez vite, il fait humide, petit ange!

Ce mot-là emplit l'air de la nuit... il nous suit pendant notre promenade par les allées sombres, sous les grands arbres aux branches persillées de longs rayons de lune, baignant de lumière le sable des avenues.

Ah! la bonne soirée, où nous ne dîmes rien, où nous allions seulement si calmes dans le silence et la nuit!...

Que vous dire, maintenant?

J'ai bien songé a tout ce dont vous m'avez parlé; il me semble, vous devez persévérer dans ce projet de travail, effleuré seulement par vos pensées.

Mon frère qui a un grand sens critique, lui, vous trouve un esprit fin: au déjeuner, ce matin, il a dit sur vous des choses qui m'ont fait plaisir; je ne vous les redis pas, vous deviendriez fat.

Par amitié pour moi, essayez de condenser votre volonté sur ce point. Ne vous effrayez pas outre mesure des sujets à trouver; c'est un entraînement qu'on acquiert bien vite, m'ont dit tous mes amis littérateurs.

Ah! si je pouvais vous infiltrer mon *vouloir*! Cette transfusion morale est peut-être praticable; ce serait une sorte de lente pénétration des forces cérébrales. Je veux en essayer; mais ne vais-je pas bien vous ennuyer? Suis-je à une assez noble place dans votre pensée pour que votre nonchalance ne m'en précipite pas, au risque de me faire rompre le cou?

Je me sentirais plus forte si j'étais sûre de n'avoir pas pris d'assaut cette toute petite console, sur laquelle je me suis nichée dans votre cœur.

Il me paraît découvrir en moi tout un travail occulte qui s'est fait pour vous—un peu en dehors de votre consentement—quelque chose comme des avances morales tolérées par votre manque d'énergie, à cause que vous me sentez droite. En me demandant de nous revoir, en recherchant cette amitié, peut-être ne demandiez-vous pas tant d'attachement à votre personne?

Je ris, songeant que si nous continuons de nous analyser ainsi l'un et l'autre par rapport à l'un et à l'autre, nos lettres seront vraiment l'expression un peu étrange, mais curieuse en somme, des affinités latentes des contacts cérébraux que pourront avoir eus deux personnages mondains du XIXᵉ siècle. A nous, à nous, inimitable Paul Bourget!

Adieu; voici mes plus pimpants souvenirs, voici mes mains à baiser, voilà encore un peu de tendresse.

DENISE.

P.-S.—J'avais mis *for...* Mais je n'ai pas trouvé de conclusion; alors j'efface, car *ever* serait bien audacieux et vous n'y consentiriez peut-être point; c'est si long, *toujours*!

# CXXXVI

## Philippe à Denise.

Ma chère trop loin,

J'ai bien peur que cette transfusion ne soit un rêve de votre imagination jolie. Je me sens las de la vie et des efforts qu'il faut pour se garder une place dans le monde, si petite soit-elle.

Ma paresse naturelle m'entraîne au rêve et à l'inaction. Aussi suis-je parfaitement heureux à la campagne, surtout à Nimerck.

Tout mon mal est de ne pouvoir vouloir. Je me demande comment je m'y suis pris pour faire mon droit et pour être reçu docteur. Je me rebute au moindre accident de terrain rencontré sur ma route.

Ainsi, encore *empreint* de votre volonté, j'ai été trouver mon ami X..., le directeur d'une des innombrables revues de Paris, avec grand, moyen, petit R. Il a été fort aimable et m'a dit obligeamment:

«—Faites-moi quelque chose avec des souvenirs du second Empire; votre père était conseiller d'État; vous devez avoir des anecdotes vraies; ces racontars-là sont à la mode.»

Je n'ai pas voulu détromper et attrister cet homme du monde en lui disant que j'avais exactement dix ans en 1869; que mon père fut tué le 19 janvier 1870 aux portes de Paris, dans le dernier effort tenté sans succès par nos troupes sur Montretout, Garches et Buzenval; que de l'Empire et de sa chute le petit gosse que j'étais ne se rappelle que l'horrible événement qui le fit orphelin,—que ma mère, épuisée par le siège, était morte le 10 janvier de la même année en donnant naissance à mon frère Jacques,—et que ma famille a évité avec un soin jaloux (ce dont je lui sais gré) de me conter des anecdotes sur le second Empire.

Vous voyez, ce n'est pas ma faute. N'allez pas m'écrire: nonchalant!—Je me suis remué, pas excessivement, mais enfin un peu; l'effort en lui-même était noble; j'ai pris un fiacre, j'ai été à la Revue, j'ai parlé presque d'affaires—horreur!—je suis sorti de la Revue, je suis remonté dans mon fiacre et me voilà rompu d'un effort qui me remet chez moi Gros-Jean comme devant.

Que voulez-vous que j'y fasse?

# CXXXVII

## Denise à Philippe.

Vous êtes un grand mou et par-dessus le marché un gros oublieux. Ne vous souvenez-vous pas de la tante en zinc? La pauvre vieille chère tante, pour une fois, va vous servir à autre chose qu'à vous moquer d'elle. Vous êtes pris!

Voici un sujet pour délayer dessus un bel article; vous allez l'écrire immédiatement et le porterez ce soir même à l'aimable M. X...

Non, mais plaignez-vous! On vous dit: «Faites-moi quelque chose», et vous asseyez, du coup, un homme découragé sur les coussins d'un fiacre? Mais qu'est-ce qu'il vous fallait donc? C'est un directeur à faire encadrer qu'un directeur qui vous fait une commande.

Ah! mon pauvre vieux, comme on voit bien que vous avez de bonnes petites rentes!

Si vous saviez que de tourments, d'inquiétudes, de luttes, représente le moindre succès! Si ceux qui triomphent voulaient l'avouer, cela relèverait le courage des lutteurs. Mais chacun ne montre que le résultat, honteux de la lutte et orgueilleux de faire croire que le grand talent, seul, conquiert le monde.

Vous n'avez pas une âme d'artiste; ces âmes-là ne connaissent pas le découragement, elles demeurent éternellement combatives pour donner le jour aux idées qui dévorent leurs cerveaux et leurs cœurs, et c'est par coquetterie aussi bien que par orgueil qu'elles ne montrent pas les plaies que leur ont faites les ronces du chemin.—«Vous avez réussi, vous!»—«Mon idée était si belle!»—Hélas, l'idée c'est quelque chose, mais la persévérance lui est utile autant que la vie l'est au corps pour qu'il demeure dans l'humanité militante.

Vite, du papier, une plume et brodez sur ceci qui est vrai:

Le 2 décembre 1852 a lieu le coup d'État qui fait Louis-Napoléon, Empereur.

Le 7 décembre un dîner intime est offert aux Tuileries par l'Empereur, qui avait déjà quitte l'Elysée. Convives: madame de Montijo et sa fille Eugénie, madame Edouard Thayer, née de Padoue, petite cousine de l'Empereur par sa mère, madame de Padoue, cousine de Lætitia, mère de Napoléon I$^{er}$ (il avait même été question du mariage de Marie de Padoue avec Louis-

Napoléon, alors que la reine Hortense était en Suisse avec madame de Padoue), M. Edouard Thayer, directeur général des postes; M. Amédée Thayer son frère—tous deux fils de lady Thayer qui aima et protégea les artistes et se fit d'eux une petite cour où, au premier rang, brilla la Malibran—et madame Amédée-Hortense Thayer, née Bertrand, filleule de la reine Hortense et fille du fidèle général Bertrand qui suivit Napoléon à Sainte-Hélène; enfin M. et madame de Bassano.

En se mettant à table, chacune des femmes présentes à ce premier dîner aux Tuileries trouva sous sa serviette un souvenir; seule la jeune fille, mademoiselle de Montijo, n'eut rien. Marie Thayer, née de Padoue, reçut un médaillon; madame de Bassano, une bague; madame Amédée Thayer, née Hortense Bertrand, une croix en rubis, etc.

Madame Hortense Bertrand-Thayer, pendant le dîner, nommait l'Empereur *Sire*. L'Empereur lui dit: «Ma chère madame Thayer, vous êtes la seule qui m'appeliez Sire.» Elle répondit: «J'ai pris et conservé l'habitude d'appeler les Napoléon ainsi, alors que j'étais toute petite, auprès de votre oncle, à Sainte-Hélène». Napoléon répondit: «Monseigneur m'était mille fois plus harmonieux à entendre».

Au milieu du repas, on parla de la façon de composer un discours. L'Empereur dit: «Moi, toutes les fois qu'une pensée que je juge bonne me vient à l'esprit, je l'écris; ensuite je mets toutes ces notes en ordre.»

Le dîner achevé, l'Empereur entraîna ses convives dans son cabinet de travail et leur montra ces «brouillons de pensées». La porte de sa chambre était ouverte, la chambre, éclairée. L'habit qu'il avait quitté avant le dîner gisait sur un fauteuil; on apercevait le lit, surmonté d'un aigle immense qui soutenait les rideaux de soie rouge, et sur un guéridon une petite couronne impériale toute en violettes de Parme.

L'Empereur alla tout à coup prendre cette couronne, et comme madame Thayer, à qui mademoiselle de Montijo donnait le bras, s'avançait pour l'admirer, l'Empereur fit quelques pas vers elles, éleva la couronne au-dessus de la blonde tête de l'Espagnole, faisant le geste de l'y déposer; ce que voyant, mademoiselle de Montijo abandonna le bras de madame Bertrand-Thayer, fit une profonde révérence qui l'agenouilla presque devant l'Empereur et dit d'une voix émue:

«—O Sire, elle est trop grande pour moi!»

L'Empereur posa alors sur les cheveux d'or la couronne de violettes.

On rentra au salon. Dès ce soir-là, madame Bertrand-Thayer fut persuadée que ce dîner était la présentation *officieuse* de mademoiselle de Montijo comme future Impératrice.

Elle ne se trompait pas. En quelques semaines l'Empereur violenta l'opinion de ses conseillers et de ses intimes. Au mois de janvier avait lieu son mariage civil dans la salle des États (ou celle des Maréchaux); mademoiselle de Montijo y apparaissait très pâle et si troublée que M. de Tascher, qui devait l'introduire et lui tendait son bras à la porte de la salle, comme elle allait passer le sien dessous, fut obligé de lui dire:

«—Eh! non, madame, appuyez seulement votre main sur mon poing!»

Malgré son extrême pâleur et son extrême trouble, l'Impératrice était si belle, paraît-il, qu'elle fit sur tous une impression de grandeur vraiment impériale.

Voilà, monsieur, sur quoi vous allez vitement broder et prendre au mot cet admirable directeur. Liez, liez, allégez; ôtez-les: il dit, qu'elle dit, qui dit...; faites un peu de littérature, que diable, avec ce bon petit fonds; plongez-vous un peu dans l'œuvre des stylistes, imprégnez vos yeux de l'harmonie, de la richesse de leurs phrases et n'allez pas faire afficher à la quatrième page du *Figaro*: On demande du style, noble, si faire se peut, attrayant si possible, mâle ou femelle, suprêmement original; l'adresser contre bonne récompense, honnête ou malhonnête—au choix du demandeur et selon le porteur—4, avenue de Messine, à l'entresol.

N'ai-je pas tout prévu? Allons, courage, mon ami!

# CXXXVIII

## Philippe à Denise.

21 septembre.

L'histoire est charmante, mais elle est tombée dans mon plein écœurement et je l'ai gardée pour moi tout seul, ce qui vaut mieux que d'avoir livré au public ces choses intimes d'une femme maintenant si malheureuse et si accablée par les événements.

Enfin, voilà, je n'ai rien fait. J'ai fumé des cigarettes en rêvant là-dessus des choses philosophiques pour le moins sublimes. Cette occupation m'a été éminemment agréable.

Ne me grondez pas trop fort, je vous en prie?

# CXXXVIX

## Denise à Philippe.

Mon cher, si vous faites le sentimental et si vous vous mêlez d'avoir du cœur au moment de révéler quelque chose sur quelqu'un, vous n'écrirez jamais. Regardez autour de vous, même un peu plus en arrière: est-ce que Jean-Jacques s'embarrassait de cela? il n'a pas craint de nous livrer le nom de toutes les femmes qui ont été *charitables* envers lui. George Sand, non contente de raconter ses amours d'une façon fort sublime et à demi voilée, juste assez pour nous laisser la joie de trouver les noms des élus, nous dit, en outre, toutes les histoires de sa mère.

Musset? Mais année par année, mois par mois, nous suivons la liste de ses enchanteresses.

Ainsi font les plus grands talents; zuze un peu, mon bon, de ce que ce doit être avec les plus moyens!

Allez, petit malheureux, qui vouliez écrire et ne saviez pas quels tours de force il faut faire exécuter à son cœur pour cela!

Souvenez-vous que plus l'auteur livre de lui, de son cerveau, de ses pensées, de son âme, de ses douleurs ou de ses joies, ou des douleurs ou des joies qu'il coudoie ou qu'il engendre, plus il nous captive et nous intéresse. En dehors des conceptions philosophiques abstraites, que survit-il des lettrés disparus? *Adolphe, Manon Lescaut, Fanny; Lui et Elle* est une des œuvres de George Sand qui a le moins vieilli avec ses *Lettres d'un voyageur* et *l'histoire de sa vie*, parce que c'est son cœur blessé, palpitant, et le heurt des passions qui l'ont animée, que nous retrouvons dans ces pages.

*Dominique*, de Fromentin; *Sur l'eau, Notre cœur*, de Maupassant, voilà encore des œuvres vécues. Elles nous intéresseront toujours, parce que les auteurs ont beau nier, on sent, on touche le lambeau de cœur saignant encore qu'ils ont mis là.

C'est de la vraie dissection, c'est l'anatomie de l'écrivain *s'interprétant*, qu'il faut décrire pour passionner le lecteur: plus l'auteur s'y trouve écorché, plus nous voyons à nu ses nerfs, ses muscles, son sang, sa chair, son cerveau, son âme, plus nous sommes heureux, tous!

Ne dites pas que j'exagère. Je dis la vérité. Si vous viviez entourée d'écrivains comme je le fais, vous verriez que j'ai raison. C'est l'idée constante de ce *livrage* au public, cette espèce de défloration de leurs sensations les plus intimes, même de celles qu'ils créent, qui rend les grands si tristes:

> Ils laissent s'égayer ceux qui vivent un temps;
> Mais les festins humains qu'ils servent à leurs fêtes
> Ressemblent la plupart à ceux des pélicans.
> . . . . . . . . . . . . . . . .
> Leurs déclamations sont comme des épées:
> Elles tracent dans l'air un cercle éblouissant
> Mais il y pend toujours quelque goutte de sang.

C'est un sort mélancolique de se livrer à des inconnus, de se donner pour juges certaines gens avec lesquels on n'aurait pas le courage d'échanger deux mots, tant on les sent loin de soi.

On y gagne parfois des adeptes? c'est un cas si rare, cela! Alors quand quelque lecteur vient protester:

—Vous avez osé dire pareille chose? c'est un tel, une telle, que vous avez dépeints; c'est indiscret, indélicat, terrible!

Les interpellés sourient. Ils ont pris en ces gens, quoi? leur surface de marionnette se mouvant dans la vie; mais d'eux-mêmes, bourrant de pensées les gestes de ces marionnettes, ils ont révélé bien autre chose. Ils ont été pendant six mois les amants, les amis lâches ou braves des êtres qu'ils ont créés dans leur roman.

Ils ont vécu, dans une ubiquité tuante, leur vie à tous; ils ont dispersé sur chacun les troubles, les tendresses, les erreurs, les beautés, les sécheresses, les désespoirs, les souffrances, les joies, les bonheurs que leur être, se diversifiant, a imaginé ressentir. Ils les ont exagérés, atténués; ils ont poussé le vécu de leur imagination jusqu'à en souffrir d'une souffrance matérielle.

Un ami de génie, un jour qu'il me lisait un passage d'un de ses manuscrits et que je pleurais, vraiment empoignée par l'acuité des sensations dépeintes là, me dit: «Moi aussi j'ai pleuré en l'écrivant». Sublime et touchant aveu! Il avait pleuré... Avec quelle vérité faut-il décrire la souffrance pour arriver à donner une larme à la fiction que l'on crée! Il y en a qui meurent à force de mettre au monde des *passages* comme ceux-là. Et notez, mon ami, que celui qui m'a avoué cette larme versée était un sceptique, un ironique à qui la vie apparaissait grotesque et bouffonne.

Tous ont un but en écrivant: Les grands enseignent, cela les soutient; ils font des disciples, cela les encourage. Les autres, que pousse à écrire une moins noble pensée, eh bien! je crois qu'ils ont en eux un surplus de vie, dû à leur imagination, qui les force à la faire se mouvoir dans des fictions.

Cela n'empêche que je n'aurais jamais pu écrire, peut-être parce que je ne suis qu'une femme.

Montrer à nu son âme, ses pensées, son cœur, ses aspirations, même si par un tour de force cérébral elles ne font qu'émaner de nous sans être nous, n'est-ce pas une impudeur morale aussi blâmable que l'impudeur physique? montrer son âme à tout venant, au fond c'est pire... du moins j'éprouve cette sensation. Je souffrirais de cela si fort que j'aime mieux la complication, l'ardu des règles de l'harmonie auxquelles il faut se soumettre pour composer.

La pensée livrée n'est qu'une mélodie de mon âme qui pleure ou qui jouit, sans le dire. Dans ce chant, chacun peut trouver ce qu'il veut sans jamais saisir exactement ce que j'y ai mis. Les musiciens ne copient ni la nature ni l'humanité: ils créent. Avec les sept notes pour tout trésor et l'infini rêve pour horizon, ils tissent à leur gré des larmes ou des sourires et les font si mélodieux qu'ils grisent et parfois consolent.

Ah! la misérable petite chose que les mots pour exprimer: je souffre! Et quelles richesses les combinaisons harmoniques nous déversent pour chanter cette souffrance! Un peu abstraites dites-vous? Bien plus personnelle, bien plus unique, puisque nous n'avons pas de termes fixes pour dire cette souffrance. Si le public sent la douleur que nous avons mise dans nos chants il dit: «C'est beau, je suis ému.» Il ne dit pas: «C'est mon propre mal.» Non, je lui fais partager mon émoi sans qu'il le connaisse, sans qu'il en touche du doigt la plaie secrète. Ma souffrance est à Dieu et à moi; personne ne la profane ni ne m'en prend l'expression.

Quel petit tempérament jaloux et sauvage je fais, hein? Il ne faut pas oublier, monsieur mon ami, que je descends des Rurik.

Toute cette dissertation, que vous pouvez fourrer au panier, sans que je pense à m'en offenser, vient de ce que j'ai tremblé, ma lettre de l'autre jour partie, que vous ne fussiez pas content de votre article; il m'est apparu tout à coup que mettre du style autour d'un indifférent sujet n'était pas noble besogne; c'est signe d'esprit littéraire si vous y avez renâclé. Peignez vos troubles, vos hésitations, vos souffrances d'une manière personnelle et sous une forme inédite; comment l'amour vous fait mal et comment il vous rend joyeux; mêlez votre être avec ce que votre divination vous a livré de l'être adversaire, et alors ce sera et n'importe sous quelle forme vous le présenterez, de la bonne besogne.

Si votre cœur a souffert, qu'il propage, dédouble, triple, quintuple cette souffrance en la laissant vraie. Ciselez votre style, éblouissez-nous du scintillement de ses contours fins et aigus, ou alanguissez-nous avec une forme plus molle, perceptible à travers les nuages, les doutes d'un esprit insatisfait. Dans telle ou telle de ces formes, dans le développement de ce fond, quelques-uns se reconnaîtront, négligents ou moins doués que vous pour se dépeindre et s'écrieront: «J'ai ressenti cela, moi!»

Alors, vous serez un auteur aimé par ceux qui se seront ainsi découverts en vous, car vous ennoblissez leur souffrance, la leur montrez fine, délicate, inédite même, quoique déjà partagée avec la vôtre. Grâce à vous ils croiront leurs sensations rares. Vous rendrez là un hommage discret, non prévu, à la belle et intéressante nature de votre lecteur; la magie de votre plume l'aura fait sortir des limbes où se couvaient ses embryonnaires sensations.

Souvenez-vous aussi que, pour ceux qui écrivent, le contraire des principes du *Paradoxe sur le comédien* doit être leur loi, parce que plus l'émoi ressenti par l'artiste est jeté tout brutal sur le papier, meilleur il le retrouve plus tard, encore tout palpitant, vécu, et peut le reprendre, l'atténuer, le façonner à son aise avant que de le livrer au public.

Je suis donc contente que vous n'ayez pas fait cet article pour m'obéir. Voyez-vous mon désespoir si, votre ami l'ayant publié, vous en étiez mécontent et m'en vouliez de ce demi-succès?

Enfin, si vous voulez le fin mot de tout cela, c'est que j'ai tremblé à l'égal d'une mère qui, envoyant son fils au combat s'aviserait, lui parti, de songer qu'il n'était peut-être pas suffisamment armé pour se défendre.

Alors, cette fois, j'aime votre paresse, ô cher irrésolu! Quel résultat, bon Dieu, après tant d'efforts tentés pour vous encourager à entreprendre quelque chose!

La pensée et la réflexion ont été données à l'homme pour le faire souffrir...

Adieu, cher grand. Cette fois, ma lettre prend les proportions d'un in-quarto!

# CXL

## Philippe à Denise.

22 septembre.

Au panier? Ah bien ouiche! Je m'attendais à être saboulé, traité de propre à rien; mais je l'aime, votre lettre, je l'aime; elle m'a tiré d'une rude appréhension.

Vous me dites un tas de choses habilement trouvées; mais si vous croyez qu'elles vont m'encourager à écrire! C'est trop laborieux de vivre ses émotions doubles: sur soi, puis sur le papier. Pour ce qui est de composer, ce me serait bien impossible n'ayant de ma vie ouvert un traité d'harmonie. Je suis assez bon exécutant, j'adore la musique, j'en jouis très puissamment, mais c'est tout. Vous souvenez-vous de notre émotion si vivement partagée en écoutant la symphonie avec chœurs de Beethoven? L'ouïe a ses extases comme les autres sens.

Je me résous donc, mon amie, à profiter du génie des autres sans chercher en vain et douloureusement à m'en créer un propre. J'y pourrais échouer, tandis que rien ne m'empêche d'en rêver. Il y a une certaine saveur à se dire: peut-être aurais-je été cela? J'aime mieux résister à la faible tentative d'art, laquelle, mise à exécution, me prouverait que jamais je n'aurais été *cela*.

Adieu, je m'ennuie de vous, d'Hélène, de Nimerck, même de Gérald et de votre mère. Elle possède, la chère châtelaine aux cheveux blancs, une grâce créole que l'on retrouve chez tite-Lène et, à rares intervalles, chez vous. Enfin, que voulez-vous y faire? Je vous aime tous et vous demande des nouvelles pour vivre de votre vie.

# CXLI

## Denise à Philippe.

26 septembre.

Pourquoi ne venez-vous pas si vous vous ennuyez si fort de nous? Faut-il vous répéter: votre chambre vous attend toujours?

Les événements sont ici assez rares. Ces jours derniers, pourtant, j'en ai marqué un au livre d'or de la famille: Hélène a pris sa première leçon d'équitation. Gérald la lui donnait sur la pelouse. Nous regardions, mère et moi, assez émues, ce petit paquet si cher, secoué par le brave Darling.

Hélène en selle, ne me suis-je pas surprise à dire à l'animal: «Fais bien attention, Darling!»—Gérald en rit encore.

Tite-Lène est à croquer en habit de cheval; elle a attrapé si vite le trot à l'anglaise, qu'aujourd'hui l'oncle a dédaigné la piste ronde du pacage et est parti donner la leçon en se promenant, monté lui-même sur Moricaud. Voilà Hélène ravie; moi un peu nerveuse, bien que très sûre de la prudence de Gérald. Et puis, maman encore plus inquiète que moi, prévoyant mille malheurs:

—Pourvu que Darling ne s'anime pas... ça lui est arrivé avec toi et tu es bonne écuyère... pourvu qu'il ne butte pas, ne se cabre pas ou ne s'avise pas d'un tête à queue... pourvu qu'Hélène n'ait pas peur... A-t-on revu les sangles? il se gonfle quand on le harnache, ce cheval!

Ah! les: *pourvu* des mères! J'ai vraiment tremblé pendant l'heure qu'a duré cette promenade, comme si un malheur planait sur ma fille, d'autant que ma belle-mère, obligeamment, se souvenait tout à coup, en compagnie de ma pauvre maman, des pires accidents de cheval arrivés autour d'elles depuis leur tendre enfance. A elles deux, elles n'en laissaient pas échapper un!

Enfin, Hélène est rentrée triomphante; emportée dans un bon temps de galop, elle a fait trois fois le tour de la pelouse; Gérald, professeur, jubilait, galopant à ses côtés. Il prétend qu'en dix leçons elle saura monter et se tenir en selle aussi solidement que lui-même.

Autre guitare: Aprilopoulos est toujours amoureux de Suzette, toujours hésitante et qui guette un peu les événements. Je la crois éprise de vous, quoi qu'elle dise; cela n'est pas pour me surprendre; vous déployez un grand charme dans vos relations avec les femmes. Vous *avez l'air* de les prendre au sérieux et c'est une des choses qui nous séduisent le plus. Au reste, vous allez bientôt revoir ces dames; elles comptent ne plus rester ici que quelques jours.

L'infante s'ennuie depuis le casino désert; la vie de famille n'est pas son fort, à elle dont le petit cerveau est bourré d'histoires de chiffons, de plaisirs, de flirt. Elle vit d'apparence; c'est une chose bien creuse, c'est pourquoi il est tant besoin de s'agiter pour la combler.

Voilà les nouvelles. Adieu; la moraliste vous envoie sa bénédiction.

# CXLII

## Denise à Philippe.

1<sup>er</sup> octobre.

Mon ami,

Je suis un peu triste d'être depuis si longtemps sans nouvelles; cela m'ôte tout courage pour vous envoyer des nôtres.

Vous l'avez éprouvé vous-même: involontairement le silence entraîne à croire qu'on est oublié; la crainte d'être importune achève de couper les ailes à toute pensée désireuse de s'envoler vers l'ami, et on n'écrit pas, et on est triste, et tout cela pourtant n'est qu'un rêve méchant qui hante mal à propos l'esprit inquiet.

Voilà Suzanne revenue rue Murillo; Alice m'écrit qu'elle va reprendre mardi ses dîners hebdomadaires; elle m'annonce entre autres comme premiers convives les Dalvillers et vous. Cet événement, petit en somme, promet néanmoins une superbe confession, cher abbé. Ma nièce et moi l'avons prévue; nous avons ri en songeant à la mine discrète et alléchée que va prendre le curieux ami pour arriver à tout savoir. Si bien que vous sachiez deviner et arracher les petits secrets de nos cœurs, l'abbé, saurez-vous tout?

Hélas! nous sommes des petits cœurs en peine et en souci, des petits cœurs agités, avec mille recoins tout sombres où nous-mêmes voyons à peine goutte; si franches soyons-nous, ne pensez-vous pas que nous sommes de fameuses serrures pleines de secrets et que toutes les clefs ne savent pas ouvrir? Ces petits mystères sont notre force; par là nous vous tenons.

Oh! nos confessions vous seront faites, car vous êtes un habile homme, mais quelles? Voilà, voilà le point intéressant à éclaircir. Nous nous mentons si facilement à nous-mêmes et sommes si habiles à prendre la réalité pour le rêve et le rêve pour la réalité, selon les besoins de notre imagination!

Après que je vous livre ainsi notre petit état d'âme, me croirez-vous vraie si je vous dis: je vais chaque jour vous aimant un peu plus que la veille, et vous seriez un monsieur mon ami très suave si vous répondiez seulement de temps en temps à mes lettres.

Ah! le cher paresseux! Il faut l'ardeur de mon amitié pour résister à la tiédeur de la sienne!

# CXLIII

## Denise à Philippe.

Est-ce parce que Suzanne, rentrée à Paris, tient «d'emploi» que vous n'écrivez plus?

Je devrais me vexer d'être remplacée par cette petite légèreté faite femme, et ne vous plus écrire. Ainsi aurais-je fait si je n'avais besoin des vingt mélodies que je vous ai confiées; mon éditeur voulant les lire, il me faut les revoir avant de les lui livrer; ayez l'obligeance de me les envoyer.

Je voudrais bien avoir, tout de même, des nouvelles de vous, savoir si la grande combinaison dont vous m'avez parlé pendant votre séjour ici, progresse vers la conclusion favorable et attendue?

Vous êtes le plus négligent des amis.—«Puisqu'on m'aime comme ça...»— direz-vous?

Alors *continuez*, comme le nègre... Mais c'est égal, un petit mot de temps en temps ne serait pas pour gâter les choses. Adieu.

# CXLIV

## Philippe à Denise.

12 octobre.

Mon amie,

Je vous envoie les *Chants d'amour* par retour du courrier; cette brusque séparation me chagrine. Je comptais les emporter avec moi après-demain à la campagne pour les y relire tout à loisir. Mais si vous avez une combinaison avec l'éditeur, pas de temps à perdre. Cette combinaison m'a l'air d'une bonne nouvelle: vous savez tout le plaisir que cela me cause.

Il fait à Paris une chaleur d'automne orageuse, insupportable; je suis enthousiasmé de pouvoir m'échapper. Malheureusement je pars sans que mes affaires soient arrangées; rien de perdu, mais cela traîne et les affaires, comme les femmes, ne gagnent pas à traîner. Tout cela m'occupe, me préoccupe, et, avec la chaleur et les courses à bicyclette que j'ai entreprises avec ardeur, m'empêche de me livrer autant que je le voudrais au plaisir de la correspondance. Alors vous me reprochez d'être négligent... Mais vous qui n'avez rien à faire, qui ne montez pas à bicyclette, qui êtes à l'air frais, pourquoi n'écrivez-vous pas plus souvent? Est-ce parce que je n'ai pas répondu? Ce serait bien mesquin!

Dites-moi un peu ce qui se passe; Gérald est-il encore auprès de vous? Comment est tite-Lène? et votre mère? Écrivez-moi à Luzy, par Vire, Calvados; je pars demain.

Adieu. Vous ne pouvez vous figurer combien, tous, je vous aime.

# CXLV

## Denise à Philippe.

Vous implorez sans vous lasser: des lettres, des lettres! et me faites songer à Hélène, baby de dix-huit mois, qui, lorsqu'elle avait soif, demandait sans interruption, sans respirer semblait-il: «*à bar, à bar, à bar, à bar, à bar!*» jusqu'au moment où sa nurse lui fourrait la timbale dans le bec; alors, seulement, le *à boire* cessait, mais cette demande sans arrêt était une chose qui me rendait à moitié folle.

Que voulez-vous que je vous écrive, horrible paresseux? Enfin, voilà tout de même une lettre; vous ne la méritez guère! Une jolie petite lettre toute parfumée de l'air sain de ma belle Bretagne, toute pleine des senteurs du genêt, des longues plaintes du vent, du bruissement des feuilles mortes dispersées, trébuchantes, volant comme des âmes en peine qui cherchent à fuir la terre.

Que ne puis-je vous envoyer aussi le ronronnement terrible et monotone de la mer, le froissement, entre elles, des hautes branches des sapins, qui emplit de sifflements le calme des bois, et le soleil d'automne qui poudroie d'or le salon tandis que je vous écris; il glisse à travers les petits carreaux des fenêtres ses ardents rayons et illumine, avant de s'évanouir derrière la falaise, les vieilles tapisseries des murailles pleines de bêtes apocalyptiques trop grandes et de personnages trop petits.

Mon ami, je suis, malgré ma volonté, dans un état de langueur indescriptible. L'effet en est bizarre. Est-ce le calme et la solitude absolus dans lesquels nous vivons qui en sont la cause? Je n'ai jamais éprouvé cela, je constate en moi un vague regret de rien, un peu de malaise moral et d'ahurissement devant ce mal inconnu. Un désarroi physique me pousse à vagabonder dans la forêt et je m'y surprends tout à coup les yeux pleins de larmes.

Je me sens enivrée de l'odeur fine des fougères et des mousses, des bruyères sauvages et des feuilles de chêne. Je redeviens tzigane; mon amour endormi pour les choses se réveille, sauvage, et montre en moi un instinct bestial, païen, insoupçonné jusqu'ici. La femme que j'ai été n'est plus, chassée par celle que je deviens; la sylve m'attire; je lui chante, éperdue, les chants sauvages de Miarka, la merveilleuse fille de Richepin... Ma voix m'étonne et m'émeut... un peu de folie me gagne, l'écho que j'éveille me fait frissonner. J'arrive au bord de la falaise, je regarde le soleil se noyer dans la mer, empourprant le ciel, embrasant l'horizon, et je songe, triste, comme ce serait bon que vous fussiez là pour jouir de ce spectacle grandiose.

Seul, il me calme et met dans mon âme une indéfinie tristesse et me rend muette, languide, durant le retour par la lande grise. Adieu.

# CXLVI

## Philippe à Denise.

Luzy, 21 octobre.

Comme vous êtes sévère avec moi, chère amie, et quelle rigueur vous mettez à ce que nos lettres s'alternent régulièrement, moi faisant les demandes et vous les réponses comme au catéchisme, soit dit sans vous froisser. Cette manière-là est bien peu digne de vous. Il est cependant si agréable de recevoir des lettres à la campagne! La vôtre dernière m'inquiète un peu; que veut dire cette vague tristesse? Je n'aime pas savoir mon amie aux prises avec des rêves; cet état-là est toujours redoutable dans une nature comme la vôtre; j'aime la femme que vous êtes et je me méfie de celle qu'il vous semble devenir.

Ah! ma chère Gitane, vous vous diversifiez à chaque tournant du chemin... De quels merveilleux remuements d'âme et d'esprit vous agitez votre vie et celle des autres! Mais ne cultivez pas l'émoi qui vous gagne, j'ai peur de lui pour vous; ma chère Extrême, méfiez-vous de vous-même, craignez d'alimenter un faux rêve de bonheur. Ne dites plus orgueilleusement *sempre più*... ce *toujours plus* m'effraie. Prenez plutôt la sage devise des Luzy: *plus ne veult*. Je la partagerai volontiers avec vous.

Vous faites la moue? Votre pion vous assomme? parlons d'autre chose.

Donc, pour en revenir à mon premier sujet,—mon inquiétude est une digression pardonnable—je veux bien croire ce silence de huit jours dû au travail absorbant de la révision des mélodies; en ce cas, je vous pardonne.

Que deviennent-elles? J'aime à croire que vous avez bien reçu le manuscrit, quoique vous n'ayez pas jugé à propos de me le faire savoir. Est-il entre les mains de l'éditeur? qu'en dit-il? Voilà bien des questions qui m'intéressent et sur lesquelles j'aurais désiré être renseigné.

Que devient le redoutable homme de la mer? (Miss Suzanne m'a déclaré qu'elle redoutait Gérald—*per che signorina?*—) Ce sera pour vous un excellent exercice de me raconter ces choses terre à terre, et une grande satisfaction pour votre vieux pion de les apprendre.

Votre vieux pion a une passion et c'est ici que cela devient plaisant, cette passion est sa bicyclette. Si vous me voyiez peinant sur les raidillons dont abonde le pays, vous poufferiez de rire. J'en ris moi-même—aux descentes!—

Vous ne sauriez croire à quel point ce sport m'absorbe. Tout y est sacrifié; j'ai là devant moi quatre volumes de Renan, ils ne sont pas même coupés. Le flirt lui-même est à peu près complètement abandonné. Je ne pense plus, je pédale. Je m'en veux un peu de me laisser envahir à ce point et distraire par la vie trop agitée que je mène. Je tiens absolument à faire une retraite annuelle; j'ai besoin de silence et de réflexion, de promenades solitaires dans les bois, bien que les uns et les autres ne m'induisent pas, comme vous, à me sentir pousser des ailes ou à devenir sylvain: je me sens encore bien loin de votre poétique exaltation.

Je compte rester ici jusqu'au 29, je passerai par Paris et irai chasser en Sologne pendant une huitaine, puis je reprendrai ma vie habituelle.

J'aurais un bien grand besoin de vous voir; il y a si longtemps que nous n'avons causé. Que n'êtes-vous dans ces parages? Nous irions au Mont-Saint-Michel. J'y ai fait l'autre jour une très aimable excursion. Il y avait sur la grève de petits reflets bleus que je n'oublierai jamais. Ils vous auraient transportée, ma sainte artiste.

A bientôt, chère mie. Présentez mes hommages à madame de Nimerck; mes amitiés à Gérald: baisez pour moi les cheveux d'or de tite-Lène, et croyez-moi très affectueusement à vous.

# CXLVII

## Denise à Philippe.

Non, mon ami, ce n'est pas un si pauvre motif qui m'a fait garder le silence; je passe par une crise morale de moi à moi. Quand je suis comme ça, je deviens muette pour le plus grand profit de mes amis.

D'ailleurs, je n'avais rien à vous dire; notre vie est calme, Hélène et mère sont heureuses, c'est tout ce qu'il devrait falloir à mon propre bonheur.

Gérald est rentré à Paris; il y est seul et nous écrit que l'appartement du boulevard Malesherbes, vide, est une grande halle très triste à habiter. Il ne doit retourner à Cherbourg que dans quelques mois pour reprendre la mer; à cause de lui nous reviendrons plus tôt à Paris, je crois.

Je suis contente de vous voir cette passion saine, en somme, de la bicyclette; ici c'est une rage. Notre spirituel voisin Georges Granbaud appelle la sienne son «cygne aimé». Ce Lohengrin bien dans le train vient, grâce au cygne en question, nous voir souvent. Il anime notre solitude de fusées brillantes, d'apparitions astrales, puis s'éclipse toujours trop vite au gré de toute la maisonnée.

Moi qui n'ai pas de bicyclette, je lis. J'ai trouvé des choses exquises, intéressantes et si bien dites dans ce même Renan que vous ne lisez pas, vous! Ce sont des volumes débordants de pensées.

Vous allez encore vous moquer de moi; mais puis-je ne vous en rien dire? Je vais me subtilisant de plus en plus et j'en suis bien désolée, mais sans force pour réagir. Ce mal indéfinissable lentement me gagne; c'est une triste ivresse montante—je la trouve malsaine—au charme de laquelle je ne puis me dérober, j'ai dit: ivresse; cela explique que malgré moi j'y succombe.

Depuis ma dernière lettre, j'ai un besoin maladif de me retirer de ce qui vit. La solitude, la cellule, me deviennent souhaitables; je voudrais anéantir mon corps; il me préoccupe et me gêne. J'ai besoin de maîtriser mes pensées par le rêve. Ah! ces «petits reflets bleus sur la grève», vous les avez mis à point dans votre lettre pour me la faire relire et aimer. C'était la manne désirée pour enchanter mon malaise.

Tout ce qui vit, vibre, va joyeux et allègre, m'indispose et m'est souffrance. Pour vous en donner une idée, je ne compose plus dans la salle de l'orgue, exposée en plein midi: j'ai fait transporter ma table, mon piano, dans la chambre mauve, la vôtre. Là seulement je me sens bien. J'aime le jour du nord qui l'éclaire; à cette exposition seule, je puis maintenant penser, travailler, parce que ce jour triste, uni, ne contient que le reflet du soleil, non l'éclat du midi qui est la vie même de l'astre et met tout en sève, en émoi, en agitation autour de lui.

Pour une descendante de tziganes dont les aïeux ont fait Dieu le soleil, c'est vraiment signe de mal, cette désaffection de lui qui me prend.

Moquez-vous de votre amie déprimée, cette vieille femme de trente ans, assez sage jusqu'ici et qui s'avise tout à coup d'un mal étrange, le mal des *blue devils*, pauvres papillons importuns et aimés.

Que ne vous ai-je là pour raisonner de ceci avec vous, même pour me faire gronder par le cher vieux pion...

Je serais une écolière soumise, tenue en laisse, domptée par ce vague malaise contre lequel les efforts de ma volonté échouent. Ce que j'ai? je n'en sais rien, mais je sais que je l'ai et que parfois j'en pleure.

C'est si peu moi d'être ainsi! Moi que vous dites être droite et résolue comme un homme... Ah! les âmes ont un sexe... Malgré l'énergie employée à me vaincre, je me sens une femme, rien que cela; un pauvre petit bout de femme que vous devriez battre, je vous jure!

# CXLVIII

## Philippe à Denise.

24 octobre.

J'avais bien raison d'avoir peur. Que se passe-t-il? Vous vous révélez tout à coup défaillante, de quoi? Vous qui avez eu jusqu'ici si peu besoin de protection, vous implorez mon secours? D'où vous vient cette déroute morale?

Ma pauvre amie, vous m'allez faire croire à l'efficacité du mariage, qui place la femme sous la tutelle de l'homme.

Mettez-vous bien dans la tête ceci: le corps a des fonctions dont l'âme ne doit point s'embarrasser; divisez pour régner. Brisez votre corps par autre chose que des rêveries; montez à cheval, marchez; venez lutter à Paris contre la lenteur de votre éditeur à livrer au public les vingt mélodies.

Voilà bien le pire résultat des mariages de raison; l'homme et la femme unissent leurs lèvres sans amour, sans fondre en un leur cœur, leur intelligence. La femme subit la caresse sans désir, sans passion; on se sépare pour une cause d'incompatibilité d'humeur.

La femme vit sage, désenchantée, concentrant ses forces affectives sur l'enfant; mais l'enfant grandit, échappe aux caresses. Alors la mère se reprend, redevient femme. Elle se souvient, elle rêve à l'amour dont elle a eu seulement le simulacre; elle l'embellit de toutes les richesses de tendresses amassées en elle et le pare de toutes les illusions gardées inconsciemment en son âme, de tous les désirs sans but de son long veuvage. Elle se dit: «Ce qu'on m'a donné, ce n'était pas l'amour, sans quoi j'aurais aimé».

Mon amie, c'était bien de l'amour. Aimer, c'est associer deux corps; l'âme vient par-dessus le marché si l'on peut. Il y a un instant d'ivresse montante, il ne faut pas le nier; mais pour des êtres comme vous, analytiques et chercheurs, il ne surnage de l'acte qu'une joie assez médiocre et brutale qui s'entache, dans la faute, d'un peu de regret et de honte.

La grande peine de nos esprits vient toujours d'un malaise de notre cœur; aujourd'hui vous êtes malheureuse de votre vie sans amour, demain vous seriez malheureuse d'avoir aimé. Pour vous ce serait un pire malheur que l'autre.

Il y a des femmes qui naissent avec, en elles, l'impossibilité d'être heureuses. Vous êtes, entre toutes, de celles-là. Tâchez, ma pauvre amie chère, de vous y résigner.

Êtes-vous assez battue pour aujourd'hui?

# CXLIX

## Denise à Philippe.

Je vous écris: je souffre. Et vous, gaillardement, concluez: c'est d'amour.

Eh! mon cher, c'est possible; mais ce n'est pas une raison pour m'étaler sur ce sujet vos petites théories de viveur sceptique.

Je me suis confiée à vous dans une minute d'expansion, oubliez-le; c'est le mieux que vous puissiez faire. Moi aussi, du reste.

Adieu, bicyclez bien; je vais m'y mettre; ce doit être un excellent remède pour maintenir l'équilibre de l'âme.

# CL

## Philippe à Denise.

Mauvaise, méchante mauvaise! vous êtes un joli animal sauvage que j'aurais plaisir à maîtriser. Je n'ai pas souffert par vous, je ne suis pas ensuite devenu votre ami, pour voir placidement votre imagination vous égarer.

J'ai une volonté aussi, moi, toute sentimentale peut-être, mais elle aura la force de vous retenir et me laissera ainsi le temps de vous démontrer l'erreur où vous tentez de tomber.

Je vous défends d'aimer, entendez-vous?

Vraiment, ma chère Denise, je vous lance plaisamment cette objurgation et pourtant j'ai peur: ne vous laissez pas envahir par cette mélancolie, ce mal sans objet. Avec votre âme délicate tout est à craindre.

Adieu; je baise vos pâles mains avec une tendresse grandissante.

# CLI

## Denise à Philippe.

Vos rugissements contre mon mal m'amusent, petit lion jaloux du repos de mon *âme délicate*. Il y a ainsi dans les plus graves préoccupations qui nous agitent des coins entr'aperçus qui nous font sourire...

Mère a eu hier au soir un mot charmant. Je descendais de la chambre de tite-Lène à qui je venais de donner son baiser de la nuit. J'arrive au salon me traînant, épuisée du souci que je porte en moi, et vais m'affaler sur un fauteuil près du feu. Mère, sous la clarté de la lampe posée sur une petite table, à l'autre coin du foyer, tricotait pour les pauvres.

Au bout d'un instant elle me regarde et me dit, dans une triste intuition:

—Ma Denise, il manque à ta vie quelque chose, mais ce quelque chose n'est pas tant que tu crois; tu es bien incapable de te laisser envahir par de mauvaises pensées, tu y répugnerais. Eh bien, donne-toi l'illusion de l'amour, sans amour. *Il te faut une petite lueur* pour animer un peu tes jours, rien que cela. Rentrons bientôt à Paris; la solitude, cette année, ne t'est point bonne. Sois mondaine; va au bal, au théâtre; coquette un peu, donne des soirées; je donnerai, moi, des dîners en l'honneur de Gérald. Cela te distraira, te guérira, mon enfant.

»J'ai passé par une crise semblable étant mariée; tu sais quel amour avait pour moi ton père et comme tendrement je l'aimais. Je ne sais comment cette soif mauvaise, sans projet, sans but, cette crise de tourments était entrée en moi; ton père la pressentit.—Ainsi je pressens la tienne—il ne me méprisa pas de la subir, il m'en aima plus tendrement, je crois. Il m'entraîna dans le monde, laissa les hommes me faire la cour; puis, lorsqu'il me vit distraite, mieux, il s'arrangea pour que je devinsse jalouse... Seigneur! combien ce drame lointain de nos cœurs m'émeut encore!... Enfin, Denise, ton père m'a guérie. Je ne peux veiller ainsi sur toi, ma fille, mais commence au moins ce traitement par la distraction, il m'a réussi. Pour le reste, je suis bien tranquille; il y a un certain orgueil qui est l'estime de soi et qui n'est en rien une vanité: tu as cet orgueil. Tu as aussi Dieu.

Pauvre mère! j'ai été l'embrasser et lui ai promis de chercher à me guérir.

Le joli drame du cœur entr'aperçu dans cette confidence, et quel homme exquis, délicat, fin, était mon père! Un imbécile se fût blessé, fâché, aurait fait des scènes. Lui n'a rien de mieux imaginé que de rendre un peu libre sa femme, et, comptant sur son affection profonde, de la ramener à lui par un brin de jalousie. C'est touchant, n'est-ce pas?

Mon ami, je vous baptise ma *petite lueur*. Ne vous en étonnez pas outre mesure, et recevez ce baptême sans révolte; il ne vous entraînera à aucun effort, à aucune complication d'existence; vous aurez le droit d'être une petite lueur nonchalante, une petite lueur fuyante, une petite lueur vacillante. Pourvu que vous demeuriez simplement la petite lueur de madame Tanagrette, tout sera bien.

# CLII

## Philippe à Denise.

15 novembre.

Savez-vous bien, ma chère amie, qu'avec la manière que vous prenez vous finirez par m'oublier? Pas moins délicate que l'amour, l'amitié est une fleur ayant besoin de culture, surtout avec une nature comme la vôtre, où l'éclosion des sentiments est violente, sinon rapide.

En vérité, je me défie de vous; je crois votre âme un peu inquiète, chercheuse de nouveau, capable de s'attacher seulement où elle s'intéresse. Je crains de ne vous intéresser plus. Et cependant j'ai pour vous une vraie et profonde affection; je la verrais disparaître avec une grande tristesse: ce serait pour moi un vide et une désillusion amère. Croyez que vous y perdriez aussi.

Ces réflexions me viennent à la suite du silence gardé obstinément par vous à mon égard. Puisque vous restez encore un peu de temps loin de Paris, il faut vous résigner à m'écrire souvent. C'est le lien qui nous unit. Cela m'effraie de ne plus entendre parler de vous; vous n'avez pas l'excuse de la paresse, vous. Il y a donc quelque chose de plus grave?

Qu'est devenue cette crise dont vous me parliez et à propos de laquelle nous nous sommes un peu fâchés? Ne me tiendrez-vous plus au courant de ce qui se passe en votre âme? Rien ne m'intéresse davantage. J'ai aperçu Granbaud hier au cercle; il m'a dit que vous étiez bien. Est-ce vrai?

Je suis revenu à Paris depuis dimanche et m'y ennuie cruellement. Je vais m'arranger pour retourner à la chasse le plus tôt possible. Je suis retenu ici par ma grande affaire; elle traverse une phase palpitante. Tout va bien et mon espoir s'affermit de plus en plus. Je suis, par ce côté-là, assez heureux; mais je souffre de la solitude de votre éloignement. Je n'ai autour de moi aucun de mes amis, ni vous; de cela surtout je souffre.

Vous voyez qu'une lettre me serait d'un grand secours; ne me la faites pas trop attendre.

Au revoir; croyez à ma très grande et très sérieuse amitié.

# CLIII

## Denise à Philippe.

Mon ami,

Vous doutez-vous du bien que m'a fait votre lettre? Vous vous intéressez donc à moi? J'entre donc pour une parcelle de quelque chose dans votre vie?

Non, non, je ne vous oublierai jamais; mon malaise vient même de ce que je ne vous oublie pas assez, et vous méconnaissez étrangement mon caractère—ce qui est peu de chose—mais mon cœur—ce qui est plus grave—en m'accusant d'être «chercheuse de nouveau».

Mon ami, n'avez-vous donc pas senti à quel point je suis vôtre, uniquement, absolument? rien ne m'intéresse hors vous; toutes mes aspirations, toutes mes croyances, toute ma foi, tout mon être, sont en vous et à vous. La violence de ce sentiment me fait souffrir; il est en moi comme ma vie même. Hélas! rien ne m'en peut distraire; j'use mes forces et ma volonté dans une lutte perpétuelle contre moi-même, et je suis dévorée malgré tout d'une torture dont personne ne se doute, pas même vous.

Il y a des jours de lassitude infinie où je suis brisée, triste, malheureuse sans cause apparente, et où je voudrais mourir parce que ce serait la fin de tout.

Je viens d'être ainsi pendant des jours: hors du monde, hors de la douceur familiale, en tête à tête avec mon mal, en proie à une sorte d'hébétude au point que même le travail m'était impossible et odieux. C'est là toute l'histoire de mon malaise... et puis, j'étais restée un peu endolorie de la rudesse avec laquelle vous l'avez traité quand je vous l'ai laissé apercevoir. Je veux m'en guérir, je m'en guérirai; n'en parlons donc plus.

Je suis désolée de vous savoir aux prises avec les préoccupations et l'ennui. Vous ne pouvez vous imaginer quels vœux je forme pour la réussite de la grande affaire. Peut-être serez-vous alors plus loin de moi, nos vies séparées... l'argent est un tel dissolvant! Vous m'appartenez par vos soucis, les misères, les tristesses de votre cœur; riche, vous ne serez plus solitaire; la richesse nous donne tant d'amis! Je souhaite pourtant la réalisation de vos espoirs, ma tendresse étant faite d'entière abnégation; rien ne me coûte de souffrir pourvu que je vous sache heureux.

# CLIV

## Philippe à Denise.

Voici une lettre, ma chère vaillante, qui ne vous arrivera pas à temps; j'ai manqué l'heure du courrier et cela sans bonnes raisons, uniquement, je crois, parce que c'était l'heure et que je suis l'inexactitude même.

Je ne le regrette qu'à moitié: je n'ai de plaisir à vous écrire que quand je suis seul avec vous, de même, lorsque je suis auprès de vous, je souffre beaucoup de la présence d'un tiers dans notre conversation. Or, je suis ce soir bien tranquille dans mon «cabinet d'étude, murs tant de fois déserts», près de ma lampe fidèle, et je songe à vous, à notre amitié.

Comme je vous ai peu vue, somme toute, depuis—j'allais écrire: depuis que je vous connais—mais sans exagérer depuis un an. Cette volumineuse correspondance qui est la vôtre en est la preuve. Je viens de la relire, j'en demeure ému et rêveur. Si quelqu'un voulait savoir exactement ce qu'est l'amitié entre homme et femme, il l'apprendrait dans ces lettres en y joignant quelques-unes des miennes. Ne m'avez-vous pas proposé un jour de faire cette confrontation? Je m'en promets un plaisir délicieux.

Oui, notre amitié est dans ces lettres; on y voit les nuances, la gradation, et l'on sent combien ce sentiment est difficile à conserver, côtoyant ces deux abîmes: l'indifférence du cœur et l'amour, entre lesquels il n'est qu'un étroit passage.

Vraiment, si cette correspondance ne m'était pas adressée, si je pouvais en parler, surtout en penser avec une liberté que je n'ai pas, je crois que je ferais un chapitre intéressant avec les réflexions qu'elle me suggère. N'aurais-je pas bien des documents pour écrire un roman intitulé: *Amitié de femme*.

J'ajouterais à vos lettres quelques autres que je possède, des observations prises sur le vif et dont j'ai gardé le souvenir—malheureusement pas écrit— et enfin mes impressions personnelles. C'est là que la chose deviendrait difficile. Je ne sais si j'arriverais, non seulement à être sincère—ce qui me demanderait un grand effort—mais si, l'étant, j'arriverais à me débrouiller au milieu de la contradiction, de la complexité, de la fluidité de mes sentiments. Je me demande même s'il est des mots pour traduire certains états d'âme, et si ce n'est pas fausser certaines nuances de la pensée que de les évoquer seulement?

Vous voudrez bien me dire si vous avez compris ce dernier passage. J'ai peur d'être tombé dans un affreux galimatias. Aussi bien ce que je veux vous dire est-il très difficile à exprimer, et cet essai malheureux vous prouve-t-il que je n'écrirai jamais le roman en question. Au surplus, il me répugnerait infiniment de dévoiler devant le public ces côtés mystérieux et sacrés de mon cœur. Je n'ai pas l'impudeur nécessaire aux gens qui écrivent. Un instinct irrésistible me pousse, quand j'éprouve une émotion très forte, à la cacher. Par combien de gens cette préoccupation constante de dissimuler ne m'a-t-elle pas fait prendre pour sceptique ou moqueur!

Je ne suis rien de tout cela: je ne suis, au fond, qu'une vieille bête sensible.

Je vais m'endormir sur cette idée-là. Bonsoir, mon amie.

# CLV

## Denise à Philippe.

20 novembre.

Vous donnez à certaines heures des joies uniques; la jolie lettre! J'y sens entre chaque ligne la droiture et la ferveur du sentiment qui nous lie.

Amitié, vous dites? Ah! quelle merveilleuse et surabondante tendresse de cœur bien plutôt, qui fait qu'à mesure que nous nous connaissons, nous nous aimons davantage et sentons les liens impalpables qui nous unissent se resserrer et nous étreindre si étroitement... au moins il en est ainsi pour moi, mon ami.

Je voudrais vous voir faire ce livre. De grand cœur je vous abandonne mes lettres, d'autres encore à vous écrites et que je n'ai jamais envoyées, si, autour de ce maigre rameau, doivent et peuvent s'enlacer les lianes fortes et souples de vos pensées. Ce serait une œuvre intéressante et pleine de nuances. Je comprends toute la fluidité, toute la complexité que votre âme y pourrait mettre. A cause de cela l'œuvre serait humaine.

Que parlez-vous de l'impudeur des écrivains? Ceux-là seuls sont impudiques qui nous livrent leurs pensées vulgaires ou les recommencements de leurs petites amours. De ceux-là, Flaubert disait: «Ah! qu'ils sont tous embêtants avec leurs éternelles histoires de couchage!» Mais Saint-Victor, Renan, Michelet et tant d'autres grands, ont-ils jamais fait autre chose que de nous exciter à penser, à agir noblement?

Sérieusement, songez à cela, mon ami, vivez dans cette idée, remuez-la dans votre cerveau, attachez votre imagination à cette conception. Ainsi procédait Guy de Maupassant; il gardait un livre en projet, je dirais presque *en espérance*, pendant des mois, dans sa tête, et l'œuvre, tout à coup, se dressait faite et sortait de son esprit tout armée, comme Minerve.

C'est vrai... nous nous sommes peu vus depuis que nous nous connaissons. La faute en est plus à vous qu'à moi; ceci n'est pas un reproche et je vais vous confier une chose qui va vous étonner: je ne le regrette pas. Je pense mieux que je n'écris, j'écris mieux que je ne parle. En parlant, un regard, un sourire, une trop grande attention ou une distraction de mon auditeur, me trouble, me gêne, m'annihile, comme aussi la présence des gens qui remuent autour de nous. Ce que je sens de délicat, de fin dans ma pensée m'échappe avec les mots pour le rendre; au lieu d'exprimer ce dont mon esprit est hanté, je n'ai plus à mon service que des réparties, des phrases coupées, ahuries, qui ne deviennent rien. Mais si j'écris, nul ne m'intimide: vous êtes là, pas loin de mon papier, presque au bout de ma plume; votre regard est ce que je veux qu'il soit, bon, indulgent, plein de compréhension pour l'embrouillement de mes idées exprimées. C'est la vieille bête sensible que j'évoque, que j'ai. Alors, à tort, à travers, je jabote à loisir. Ah! je vous en dirais de ces choses, si je n'avais pas peur de vous ennuyer!

Votre muette amie, *madame Close*, comme vous avez dit si drôlement un soir, vit dans une perpétuelle exaltation de sentiment, dans un raffinement de tendresses pensées qui lui font trouver odieuses les réalités parlées.

Vous le dire? Non—vous l'écrire? pourquoi pas? Vous êtes «mes débauches d'esprit» et je puis bien vous faire confidence de ce dérèglement de ma pensée, puisqu'il ne s'entache d'aucune peine pour vous, d'aucune honte pour moi.

DENISE.

*P.-S.*—Je retouche ma partition. J'aurais besoin que vous fussiez là pour avoir de bonnes critiques et revoir avec vous ces épreuves dont le travail de correction m'est réellement une épreuve. Dès ce métier de manœuvre achevé, je m'occupe de mes chants hongrois. Voici le dernier pondu; que vous en semble? Rythmez-le bien en le lisant, sans quoi ça fait bouillie. Je vous traduirai l'esprit des paroles quand j'aurai plus de loisir, et vous me ferez des vers s'y rapportant. Moi, j'aime mon Hongrois; mais si peu de personnes entendent, à Paris, cette langue sonore... pour son «petit commerce», l'éditeur réclame du français.

# CLVI

## Philippe à Denise.

22 novembre.

Ma chère intellectuelle,

Un mot en hâte. Je suis ravi du chant hongrois. Il est plein de caractère, de couleur locale. Vous avez du talent, ma mie, et je vous aime.

Mais, vraiment, je vous intimide si fort? Je ne m'étais jamais aperçu de tant de déperdition de vos facultés lorsque vous me parlez.

En ce moment, j'ai près de moi un ami en visite et à la minute Jacques entre... c'est bien autrement troublant! Je ne veux pas manquer le courrier et ne laisse pas d'être inquiet sur la tournure que va prendre ma lettre. Alors je préfère vous quitter tout de suite.

Je vous aime, aimez-moi. Adieu.

# CLVII

## Denise à Philippe.

24 novembre.

Vous m'aimez? Ah! le bon billet que j'ai là, le bon billet!

Puis-je discrètement vous recommander—pour l'avenir—de ne pas précisément choisir l'instant où vous avez le plus de monde autour de vous pour m'écrire? Votre lettre de ce matin a une petite allure maritale tout à fait touchante; mais puisque je n'ai pas les corvées de cette situation ne m'en envoyez pas si sèchement les bénéfices!

Et puis qu'est-ce, ce ton? Vous me jetez: *intellectuelle* bien ironiquement au nez; serait-ce un monopole pour vous, messieurs, l'intellectualité? Quelques-uns d'entre vous le sont éminemment, intellectuels, sans perdre aucune de leurs séductions; mais, croyez-en l'opinion d'une pauvre petite femme, beaucoup plus pourraient l'être sans inconvénient.

Pourquoi ce domaine de l'esprit nous serait-il interdit?

Les femmes qui s'intéressent à ces choses sans effort, sans feinte, sans imitation, mais par instinct et noble besoin, ne sont déjà pas si nombreuses; on peut les trouver et les compter dans une charretée de foin! A celles qui le font, entraînées par la volonté d'être libres, par le besoin de gagner leur vie, ayant pour but d'être les vraies compagnes de l'homme dans ses travaux, ses aspirations, aussi bien que dans son amour, on devrait leur en savoir gré.

A moins d'être merveilleusement douées, il leur faut tant travailler, tant lutter pour arriver! et c'est si peu dans notre nature ce déploiement de volonté et de persévérance... Nos sentiments, nos réflexions, nos actes sont d'abord et uniquement des sensations. Voilà notre point faible. Nous sentons avant de penser et sommes presque toutes intuitives.

La première chose que nous tentons dans la vie, c'est d'y être heureuses. Être femme, seulement cela! Se laisser bercer, choyer, aimer, vivre d'espoirs et de tendresses, voilà notre unique aspiration. Celles de nous qui versent dans l'intellectualité, ce sont les échouées sur la rive, les malmenées par les événements, celles que le bonheur a fuies.

Pareilles aux autres, j'ai cherché à être heureuse; jusqu'à présent je l'ai mal pu; encore le suis-je comparativement à de certaines; j'ai mon adorable Hélène, et même vous, à me fourrer sous la dent, lorsque, rageuse, il me prend envie de mordre. Malgré elle et vous, j'ai pourtant un peu versé dans l'intellectualité avec ma composition, mais seulement pour m'occuper et me distraire.

Parce que la mission des femmes est de vous servir, de vous adorer sans discussion, d'écarter de vous la peine, le souci, l'ennui, ne le peuvent-elles plus faire quand elles pensent? Certaines de nous me semblent au contraire plus près de votre âme, justement parce qu'elles aspirent à autre chose qu'au rôle de comparses. Ne les sentez-vous pas plus capables de bien vous donner la réplique, et leur jeu ne se fond-il pas mieux dans votre jeu? Pour vous plaire, devons-nous nous contenter d'être passives et soumises? Nos actes ne se peuvent-ils accompagner d'une lueur de réflexion et d'esprit?

Pourquoi nous en vouloir d'essayer de devenir mieux que la compagne vulgaire, bonne aux seules joies de la vanité, aux seules voluptés de l'alcôve, mais l'étoile qui resplendit toute palpitante de sollicitude et d'amour sur votre vie, ne défaut ni ne pâlit, prête toujours à donner le feu qui féconde? Cet effort ne vous est-il pas un hommage discret?

La femme-poupée vous gâte et vous fait nous jeter l'anathème; vous la satisfaites si facilement dans ses appétits de luxe, de vanité, de plaisir, de libertinage! Soyez donc indulgent pour d'autres, noblement ambitieuses d'un vous plus parfait; ne les raillez pas de leur modeste intellectualité: elle vous force à cultiver «le coin divin qu'il y a dans l'homme».

Allez, toute la supériorité des mères sur les maîtresses, c'est de vous aimer en vous obligeant au développement de ce «divin», en le cultivant, en exigeant ce *plus* que l'homme peut donner.

Il ne faut donc pas en vouloir aux femmes qui cherchent en vous autre chose que le mâle aux appétits exploitables.

Les beaux germes s'atrophient assez vite, ô chercheurs de sensations! Vous appelez avec désinvolture des blagues de sentiment, ce que je baptise la grandeur des pensées, la pureté des actes, le dévouement, l'abnégation dans l'amour.

Non seulement cette question se pose, pour moi, dans les rapports d'homme à femme, mais dans l'humanité; un peu de noble amour pour les déshérités, un peu de souci de leur sort, quelques actes de générosité, la chaleur bienfaisante de cœurs compatissants, ramèneraient bien des cerveaux égarés par les utopies clamées par des indifférents ambitieux.

Si je crie: «Amour!» ainsi que Séverine crie: «Charité!» c'est que l'amour est l'essence même de la générosité; il renferme non la charité seule, mais l'espérance et la foi.

Avant toute autre doctrine, sachant bien qu'elle pouvait être à elle seule la grande philosophie des humains, le Christ a enseigné: «Aimez-vous les uns les autres.»

Bon Dieu! où vais-je? Allez, c'est très triste d'être une femme que ne satisfait pas le papotage des visites, la description d'une robe, la vue d'un chapeau, la lecture de son nom dans un journal à propos d'une réception quelconque, prête à crier: «Néant! néant!» si la certaine fibre un peu délicate qu'elle possède ne vibre de temps en temps sous l'attouchement de pensées hautes conçues par d'autres cœurs épris, comme elle, d'un certain idéal.

Je sens bien l'infériorité où me place cette recherche, et j'envie les heureuses futiles qui se donnent ces maigres buts de mondanité à atteindre et trouvent le moyen d'y étourdir, d'un semblant d'importance et d'activité, leur vide existence.

Oui, c'est triste de ne pouvoir regarder les feuilles tomber sans songer aux maux qu'apporte aux pauvres l'hiver; ni la flamme du foyer sans craindre que des misérables ne meurent de froid, ni se mettre à table sans penser qu'il en est qui meurent de faim. Toute joie matérielle en est gâtée; aussi ai-je recours aux joies morales... Celles-là frustent de plus riches que moi, et de si peu encore! Ce que je garde d'eux, en prenant contact, c'est un grain de mil.

Mon ami, la femme qui n'est pas chercheuse, pas curieuse, pas inquiète d'un peu de sublime est stupide, voilà mon sentiment.

Je sais... malgré leur supériorité, la plupart des hommes aiment les êtres inférieurs. Un Jean-Jacques fait ses délices d'une Thérèse, et avant et après lui combien d'autres! Le règne des servantes-maîtresses dure toujours.

Et quant à vous, qui n'êtes nullement Rousseauyen par ce côté, lorsque je pense de quel charme, de quelles vertus affectives il faut que nous soyons pourvues, moi et toutes celles qui vous aiment, pour vous garder comme ami, j'en demeure émerveillée, prête à vous sacrer grand homme de nous avoir animées d'un tel sublime effort! Quelle collaboration inconnue, laborieuse, décevante, de vous donner le meilleur de nos pensées, de nos âmes, enfin de vous aimer *à vide*, toutes!

Nouvelles Danaïdes, nous emplissons en vain ce cœur nonchalant et sans fond; la chute en lui de tant de douces choses ne l'émeut même pas. Combien vous en faut-il de ces âmes de femmes cueillies en passant, pour vous tresser un souvenir?

Vous vous récriez sur ce *toutes*? Eh! mais, m'sieur, Germaine, Suzanne, moi et tant d'autres que j'ignore et veux ignorer, le composons, ce *toutes*.

Adieu; je suis sombre. Voilà mon état d'âme. Je ne sais pas s'il est très intellectuel, je le sens plutôt vaguement désastreux. Avec cela, la campagne ne m'enchante plus; j'ai usé ma veine champêtre annuelle; fâcheux contretemps, pas vrai?

*Adio, caro mio.*

# CLVIII

## Philippe à Denise.

26 novembre.

*Well dear!* quelle lettre! prenez garde, on va perquisitionner chez vous... il y a sensation de socialisme là dedans; mon billet ne s'attendait pas à cette éloquente diatribe.

Je veux, répondant d'abord à votre précédente lettre, vous dire combien je me rends compte de l'exaspération où vous met la correction de vos épreuves. A relire plusieurs fois une de ses œuvres on est fatalement pris d'un grand doute et d'un grand dégoût. Tout vient sur le même plan, on ne distingue rien et le sens critique s'atrophie complètement; on arrive à détester ce que l'on a fait et comme c'est un sentiment contre nature de haïr ses enfants, on souffre.

C'est bien à peu près cela, n'est-ce pas, que vous devez éprouver? Je regrette de n'avoir pas été auprès de vous pour vous aider; j'aurais voulu quelques changements dans ces ballades. Je vous les avais indiqués en passant, quand nous les avons lues ensemble au piano. Mais, au fait, peut-être me trompe-je? Car si dans votre avant-dernière lettre vous voulez bien me décerner aimablement les qualités de critique, je me souviens que jadis vous m'avez reproché de manquer d'idées personnelles et d'originalité dans mes jugements.

J'adore toujours le chant hongrois. C'est un malheur pour votre art que vous n'ayez fait que cette ambassade; il y a là une couleur locale étonnante; mais croyez que je ne regrette votre carrière abandonnée que pour cela! Les paroles sont bien tirées des douze Magyars que vous m'avez autrefois lus et traduits? Il me faudra noter, chant par chant, votre traduction, pour m'approcher le plus possible des pensées exprimées par les vers du poète Szàvay.

Vous me semblez être, chère, dans un singulier état d'esprit et je crois, non pas d'après ce que me disent vos lettres, mais d'après ce qu'elles me font deviner, que vous avez un urgent besoin de changer de milieu. Tous ces brusques ressauts de votre esprit, tous ces alanguissements ne me paraissent pas bien clairs. Je ne reconnais pas là mon amie au jugement ferme, au caractère résolu et fort; je m'imagine plutôt une amie un peu hébétée par le grand soleil d'automne, énervée par l'inaction, chercheuse de moulins à vent contre lesquels elle s'efforce de dépenser son activité.

Voyez-vous, on ne se refait pas. Cette expression vulgaire traduit une pensée juste. A certains tempéraments comme le mien, un peu flous, enclins au rêve, réfractaires décidés à toute intervention dans les choses extérieures, peut convenir une vie comme celle que vous menez. A ceux-là suffisent, parce qu'ils ne cherchent pas au delà, l'hypnotisme que produit le perpétuel balancement de la mer, la douceur de l'air, la tranquillité bleue de l'horizon, la solitude somnolente des choses. Pour eux, c'est le bonheur, car pour eux le bonheur «ressemble à une envie de dormir». Mais vous, résolue, active, pratique, pour qui les rêves sont plutôt des projets, qui en même temps que les idées en voyez l'exécution, il est évident que cette solitude entre votre mère et votre fille finira par vous exaspérer.

Vous souffrez de la nostalgie de l'action, du besoin de changement. J'y ai réfléchi: c'est cela qui vous donne cette immense tristesse, ce malaise dont vous m'avez parlé, contre lequel ne peut prévaloir le travail le plus intéressant.

Donc, revenez; vingt-quatre heures de Paris vous remettront d'aplomb. Votre grande philosophie s'abaissera à parler d'un tas de petites choses qui vous détendront l'esprit; nous ferons des potins sur nos connaissances.

Je dîne ce soir rue Murillo. J'ai vu avant-hier miss Suzanne; elle m'a fait un accueil sournois. Je n'ai pas été très satisfait de cette entrevue.

Il se passe dans ce cerveau qui n'est après tout qu'un cerveau de petite fille, des choses que j'ignore et pour lesquelles on croit m'intriguer beaucoup en me les cachant. Aprilopoulos me semble avoir conquis une grande place dans cette petite vanité blessée. Je vous assure que, malgré ma réputation de curieux, je ferai mon possible pour éviter les confidences que l'on croira devoir me faire.

# CLIX

## Denise à Philippe.

Paris, 1<sup>er</sup> décembre.

Cher,

Nous voici arrivées. Je vous ramène une amie un peu douloureuse.

Je ne vous ai pas prié de venir me voir de peur de vous importuner, et sachant que demain nous dînons ensemble chez ma belle-mère avec les d'Aulnet; ne manquez pas de venir. Je voudrais avoir l'impression de mes *Lieder* hongrois murmurés et joués par vous.

En voici un nouveau, avec *le sens des paroles* que vous devez versifier sous mes notes.

Vous me ferez entendre mes fautes demain; je ne sais pas les découvrir; si je le savais, je commencerais par ne pas les faire (ceci n'est en rien une citation de M. de la Palisse, comme vous le pourriez croire!) J'ai toujours peur, quand je compose, de tenter plus que je ne peux. C'est une aspiration vers le mieux qui, parfois, m'entraîne dans une fâcheuse marmelade.

# CLX

## Philippe à Denise.

1<sup>er</sup> décembre.

Le dîner de demain boulevard Péreire ne me suffit pas; j'irai ce soir présenter mes devoirs et mes tendresses avenue Montaigne. J'avais promis cette soirée rue Murillo pour faire un poker. Je lâche Murillo street et poker.

Et quand elle pense que, sans votre mot porté—bien retardataire!—elle aurait pu, ce soir, apprendre par cette rue et ce boulevard que vous étiez revenue, *votre petite lueur* voit rouge, madame!

# CLXI

## Denise à Philippe.

Paris, 8 janvier 18...

Vous m'avez dit, hier, à l'Opéra, une chose qui m'a fait bondir le cœur; vous souvient-il seulement de vos paroles? Non, n'est-ce pas?

Les voici: «Je ne vous aime pas, ce soir, dans cette robe de velours cerise et ces fourrures, vous avez l'air d'une bohémienne; vous choquez mes instincts de civilisé et le gris où tendent mes facultés et mes besoins. Tout le monde vous regarde; un voisin de mon fauteuil vous a désignée à un de ses amis en disant: «Voyez cette femme qui entre dans la sixième loge à droite, elle est étrange». Et l'autre alors vous a appréciée toute, d'une façon qui m'a donné envie de le gifler. Tâchez donc, ma chère, qu'on ne vous remarque plus!»

Ma robe, ne vous en déplaise, mon cher, a été composée par Doucet et c'est un brevet de bon goût. Tant pis si vêtue ainsi je parais étrange à ceux qui ne me connaissent pas!

Après cette aimable leçon vous vous êtes tourné, sans avoir la politesse d'entendre ma réponse, et vous avez causé indéfiniment avec Suzanne, heureux de ses coquetteries, sans vous apercevoir qu'elle se servait de vous pour faire souffrir le brave Aprilo.

Nous avons souffert lui et moi, ce soir-là; moi jusqu'à en crier si j'avais osé, et sans pouvoir m'en aller, retenue là par ma belle-mère qui, vous ayant vu me parler sèchement, épiait mon attitude.

Votre amitié, depuis quelque temps, se fait lourde à porter: vous avez des allures de maître, injustifiées. Dans cet affichage de votre exclusivisme, il y a une prise de possession un peu bien maritale de ma manière d'être, de mes goûts, et qu'il ne me plaît plus de souffrir.

Je trouve lâche ce que vous avez fait, de me jeter au visage votre mauvaise humeur et de passer le reste de votre soirée à caqueter avec les jeunes femmes qui étaient dans la loge de madame Trémors. Je n'ai pas eu la force d'en faire autant avec les hommes de nos amis venus là pour nous saluer; cette soumission douloureuse, si peu dans ma nature, m'inquiète; j'aime mieux renoncer à votre amitié que, de nouveau, pareillement souffrir.

Adieu. J'ai seule donné mon cœur; je le reprends, sûre de ne pas troubler la quiétude et les demi-teintes du vôtre.

# CLXII

## Philippe à Denise.

8 janvier.

Votre lettre me cause un vrai chagrin. Je le reconnais, j'ai cédé à un mouvement de mauvaise humeur; je vous en expliquerai la cause, la petite cause, et vous verrez que tout cela n'est pas bien grave. Je vous en demande pardon... Mais que signifie entre nous un moment de mauvaise humeur? Soyez un peu indulgente, réfléchissez.

Quoi qu'il arrive, soyez persuadée que les sentiments de grande estime et de profonde affection que j'ai pour vous n'en seront pas changés.

Vous dites que vous êtes seule à avoir donné votre cœur? Eh bien, reprenez-le, le mien restera.

# CLXIII

## Philippe à Denise.

25 janvier.

Ma chère amie,

L'amitié que je vous ai vouée est trop profonde, trop vraie, pour être brisée par un simple malentendu, vous le savez bien.

J'ai été choqué, il y a quinze jours, d'entendre deux rastaquouères parler de vous avec irrévérence. Il m'a déplu de vous voir analysée par ces inconnus, dévêtue par eux, et traitée de «joli cadeau». Parbleu oui, vous seriez un joli cadeau! Mais pardonnez l'énervement que j'ai eu à l'entendre dire. Je m'en suis pris à votre robe, dans ma jalousie d'ami. Parce qu'un sentiment bête m'a fait divaguer, suis-je inexcusable?

Voyons, amie chère, vous n'avez rien de sérieux à me reprocher? Je vous crois un peu injuste envers moi. J'ai été brutal, je l'avoue; mais vouloir vous faire sciemment souffrir, voilà une chose dont je suis incapable pour bien des raisons, croyez-le.

J'attendais un mot de réponse à ma dépêche; je serais accouru vous demander pardon; ne recevant rien je me suis présenté avenue Montaigne.

—Madame est sortie, me répondit Jean.

Je ne vous dirai pas l'impression que m'a causé ce mot derrière lequel j'ai senti l'ordre donné. Je suis revenu le lendemain—«Madame est sortie»—me fut-il encore dit; mais devant l'air embarrassé du vieux Jean et sa timidité à me répondre, je me suis enhardi et j'ai demandé si miss May et mademoiselle Hélène étaient là. Visiblement gêné, le domestique m'a dit: «Non.»

Pourquoi ces mensonges et cette réclusion, mon amie? Au dîner du dimanche, chez votre mère, je comptais bien vous voir. J'arrive tout espérant chez madame de Nimerck, elle me reçoit avec sa bonté habituelle; les convives viennent; je m'informe de vous à Gérald:

—Denise? elle travaille; elle a déjeuné ce matin avec nous; je l'ai trouvée nerveuse et pâlie; je crois qu'elle se fatigue avec sa diable de composition.

Alors, j'ai respecté votre volonté bien évidente de me fuir, je ne me suis plus présenté chez vous. Mais hier votre belle-sœur m'a dit: «Elle est souffrante...» Denise, je deviens inquiet. A mon tour, je souffre; pourtant, dussiez-vous prolonger cette souffrance et ces inquiétudes, je tiens à vous le dire: je supporterai tout. J'aime mieux être malheureux, même vous sembler manquer de dignité, que renoncer à votre amitié. Descendez au fond de votre conscience, interrogez-la, et vous verrez lequel de nous deux aime maintenant le mieux, ce qui ne veut pas dire le plus.

Je ne vous en veux pas de me faire souffrir; depuis quinze jours je cherche à vous voir, j'attends un mot d'appel; si je vous ai blessée, c'est presque involontairement, mais vous!

Je n'ai jamais su garder un ressentiment contre personne; contre vous cela me serait impossible et insupportable. Je veux aujourd'hui rompre un silence qui me pèse, je l'avoue. Chère Denise, je viens vers vous les mains tendues et je vous demande de me rendre le baiser de paix que je vous envoie du vrai fond de mon cœur.

C'est donc bien peu de chose qu'une amitié, et voilà tout le cas que vous faites de la nôtre? Survienne une impulsion d'énervement, qu'une parole un peu vive échappe dans une discussion, et voilà le lent capital d'affection et d'estime, amassé pendant des années déjà d'une chère intimité, dissipé d'un seul coup... Et c'est vous... vous! En vérité quand je pense à cela, j'en suis navré.

Mon amie, depuis ces quinze jours une ombre épaisse s'est étendue entre nous. J'en suis douloureux et attendri et je viens tout uniment me blottir auprès de vous, chez qui je souffre de me sentir mal.

Voulez-vous m'écrire de venir? J'accourrai, soumis, repentant. Je désire que vous me parliez beaucoup de vous, de ce qui s'est passé dans cette méchante tête et ce grand cœur pendant ces longs derniers jours; vous me direz ce que vous avez fait et ce que vous avez pensé.

Je désire surtout retrouver sur vos lèvres quelques paroles d'affection dont vous m'avez si durement privé, et je baise vos mains tendrement.

# CLXIV

## Denise à Philippe.

26 janvier.

Venez aujourd'hui, à quatre heures, si vous voulez.

# CLXV

## Denise à Philippe.

26 janvier.

Est-ce bien moi qui ai été méchante? Je suis lasse à mourir, cahotée dans cette amitié, ne sachant plus si j'aime ou si je hais, un jour vous croyant bien à moi, puis, tout à coup, vous sentant à mille lieues de moi.

Que se passe-t-il en vous? pourquoi et jusqu'où m'aimez-vous? Pourquoi m'avoir flagellée de mots méchants parce que des inconnus indifférents ont dit n'importe quoi qui vous est bien égal?

Ah! vous me faites de la peine, une profonde peine. Si j'osais, je vous dirais: Même vos louanges, tantôt, m'ont été douloureuses à entendre. C'était encore cruel à vous de me dire: «J'aime mieux ne pas vous rencontrer dans le monde».

Tous les parce que allongeant et expliquant cette phrase ne la rendent pas plus douce à mon cœur. Je vous citerais volontiers ces vers de Voltaire:

> ... Aimez-moi, prince, au lieu de me louer,

Je ne sais plus qui je suis ni où je vais. J'ai cru mourir de détresse quand, tout à l'heure, en entrant au salon, vous vous êtes précipité à mes pieds et avez baisé mes mains en murmurant: «Ma chérie, ma chérie!» Je serais tombée évanouie si, ayant pu me lever du fauteuil où l'émotion m'avait affalée en vous voyant entrer, j'avais été debout.

Et quand vous avez dit: «Que me demandez-vous d'être? que voulez-vous de moi?...» Pourquoi n'ai-je pas eu la force de vous crier...

Quelles pauvres poupées nous sommes, imaginatives, insatiables, coquettes et tourmentées, sérieuses et légères, insatisfaites toujours! Notre amitié déjà vieille, quel vent de folie me fait l'agiter, l'animer d'un souffle qui ne peut la rendre ni plus solide ni plus durable?

Le fond de tout ceci n'est-il pas triste et décevant, et faut-il profaner par une tendresse plus familière cette délicieuse atmosphère d'amour qui m'enivre éperdument et dans laquelle il fait si bon vivre?

Ah! toute cette comédie de phrases vous fera-t-elle comprendre mon trouble et mes angoisses?

Mon ami, mon ami, ne me dites plus rien; ni vos jalousies amicales, ni vos paroles câlines, ni vos tendresses trop tendres... tout cela sort calme de votre âme et tombe sur l'embrasement de la mienne sans l'assagir ni l'apaiser; vous croyez distraire mes lèvres et tromper ma soif en me présentant le bord de la coupe, et, malgré toute sagesse, quitte à en mourir, je veux boire à longs traits.

Si vous saviez par quelles tortures me font passer vos paroles d'amitié empreintes d'amour!

Voyez la faiblesse de mon cœur, le désarroi de mon être: Philippe, j'en arrive à regretter de vous avoir rencontré. J'étais presque heureuse avant de vous connaître; le monde m'avait pardonné certaines de mes attitudes rebelles. Vous êtes venu, j'ai voulu vous fuir, et tout ceci maintenant tourne à ma confusion. Comme vous êtes vengé si, dans cet autrefois de nos vies, je vous ai fait souffrir...

Je ne peux plus m'absorber en Hélène; je n'ose plus invoquer le cher ange pour me soutenir dans cette lutte contre moi-même. J'ai pour elle cette tendresse lointaine qui fait que je pense à moi avant de penser à elle.

C'est à vous que je songeais en marchant dans la lande, cet automne; c'est votre nom que jetait sans cesse dans les airs la longue plainte de la mer. Il vole autour de moi, m'enveloppe, m'envoûte; je le vois en lettres flamboyantes écrit sur tout ce que je regarde. Je le murmure pour me calmer et me crucifier à la fois.

Depuis un an, je lutte contre l'envahissement de cet amour, et cette lutte semble fortifier mon désespoir, exalter mes désirs. J'ai pleuré, j'ai prié... rien ne m'a soulagée.

Par pitié, Philippe, secourez-moi, préservez-moi de moi-même! Hélas! cher, la faute serait plus ignominieuse, plus torturante pour moi que pour toute autre puisqu'on ne m'aime pas.

Je vous avoue loyalement ma détresse, aidez-moi à ne pas faillir; ayez pitié, ayez pitié!

# CLXVI

## Philippe à Denise.

27 janvier.

Ma pauvre chérie, votre lettre m'a bouleversé et fait mal. Quoi vous dire? Vous êtes la plus chère et la plus douce habitude de ma vie, tout m'est amertume hors vous et Hélène... Dois-je vous perdre?

Je pense avec terreur que ma tendresse fraternelle a éveillé cet amour parce que vous êtes privée dans la force de votre âge des soins affectueux dont vous avez à votre insu besoin. Je me sens bien coupable... Que puis-je faire? que puis-je dire? Voulez-vous que je m'éloigne? Ordonnez, mon amie.

# CLXVII

## Denise à Philippe.

28 janvier.

Ah! ne partez pas, ne partez pas! que deviendrais-je alors? Je vivrais dans mon rêve jusqu'à en mourir. Écoutez-moi plutôt avec indulgence. L'heure était venue de vous dire toutes mes pensées, de vous montrer tout mon cœur, sinon ne vous seriez-vous pas lassé un jour de mes apparents caprices?

Je ne veux pas que vous m'aimiez; je ne veux pas être privée de l'ami sûr qu'un mal étrange me fait trop chérir. Il me semble que si j'avais continué à me taire, notre amitié y aurait perdu sa franchise et que vous vous expliqueriez mal certains coins de moi, telles ces tristesses dont vous vous inquiétez souvent. Je ne vous fais pas cette confession de gaieté de cœur. J'ai l'âme déchirée et une si profonde humilité me pénètre... mon ami, je pleure en vous écrivant.

Mais, de tout ceci, il ressortira pour moi une grande force, j'espère: vous m'aimerez, vous m'estimerez davantage, me connaissant toute; vous serez indulgent pour ces apparentes froideurs que je ne peux m'empêcher de manifester, hélas! souvent à l'instant même où je vous aime le plus follement; donnez-moi votre aide, je guérirai. Oui, je vous aime. Cela est fou, mais cela est. La fréquence de nos rencontres, la lente pénétration de votre charme, le rêve irréalisable d'une amitié pure, voilà ce qui m'a entraînée. Mon seul espoir est que l'hallucination où je suis s'évaporera dans une larme tiède; elle me sera douce à pleurer, si elle tombe sur votre cœur et s'y ensevelit.

Ce n'est pas seulement une douleur morale, cet amour, c'est aussi un étrange mal physique. Il me faut déployer une force presque surhumaine pour vaincre mon corps misérable. Ne croyez pas, au moins, que cette lettre vous soit envoyée pour vous attendrir ou implorer la charité de vos caresses. Jamais, mon bien-aimé, vos lèvres n'effleureront mes lèvres; mais j'ai bien le droit, n'est-ce pas, de vous aimer dans la solitude de mon cœur? J'ai bien le droit aussi de vous le dire, afin que vous sachiez toute la loyauté de mon être et qu'au moins, par ce point-là, vous m'estimiez et me mettiez un peu à part des autres... Cette pensée soutiendra mes résolutions, surtout me rendra si heureuse...

Là-bas, loin de vous, j'ai essayé de vous oublier; je ne peux pas. Je vous ai si bien donné mon cœur! Jamais je ne pourrai le reprendre. Comme dans la naïve prière enfantine balbutiée par Hélène: «Aucune créature ne le possédera que vous seul».

Comment cela est-il arrivé? je n'en sais rien; ce que je sais c'est que j'aime tout en vous, tout de vous. Vos regards me semblent une caresse lorsqu'ils se posent sur moi; la façon dont vous prononcez certains mots m'est une joie... Et puisque jamais nous ne parlerons de ces choses, laissez-moi vous écrire éperdûment: je vous aime, je vous aime!

# CLXVIII

## Philippe à Denise.

29 janvier.

Je suis bouleversé; je me sens si coupable envers vous... comme cette petite de l'Été de la Saint-Martin: «J'en ai trop mis.»

Les qualités d'excessive finesse de votre nature sont seules vos ennemies; cette passion qui se révèle, et que vous vous croyez la force d'étouffer, m'épouvante. Il me faut la dure expérience que j'ai acquise de la vie pour conclure: cette tourmente passera.

Ma pauvre enfant, j'ai sur vous une influence d'amour; c'est en ce moment votre maladie morale; mais comme vous m'avez autrefois jugé plus digne de votre amitié que de votre amour, ce mal d'aimer se guérissant, j'espère qu'il arrivera à vous quitter d'une manière complète sans pour cela briser l'amitié précieuse qui nous lie.

Je suis profondément malheureux d'avoir produit ce mal; j'en voudrais seul souffrir les effets, en étant la cause involontaire. Je me sens coupable d'une trop ardente amitié, d'une étreinte trop complète de nos intelligences, de nos cœurs. Vous êtes suprêmement, ma chérie, de ces grandes âmes «propres à l'amour» et «qui demandent une vie d'action...» «Les grandes âmes ne sont pas celles qui aiment le plus souvent; c'est d'un amour violent que je parle: il faut une inondation de passion pour les ébranler et pour les remplir[2]».

Avec mon apparence d'amour j'ai amené cette inondation de passion. Pardonnez-moi!

Je vous aime d'une amitié amoureuse. J'ai voulu bien des fois l'arracher de mon cœur, sans jamais le pouvoir. J'arrivais à vous, ma chaste amie, les sens repus, désireux seulement de l'esprit du cœur qu'en égoïste je me faisais donner par vous. Je m'enivrais de l'artiste vibrante que vous êtes, aussi bien que de vos cheveux sombres, de vos yeux d'or, de la ligne fine de vos sourcils noirs, de vos longs cils rehaussant la pâleur de votre teint, aussi des lents mouvements de votre corps souple et gracile. Votre esprit s'accordait si bien avec la mélodie, le velouté de votre voix et les belles clartés de vos regards, que je ressentais de votre présence des enchantements inouïs, amoureux de cette débauche pure et retenue.

J'ai tenté d'avoir avec vous un amour de rêve que ne pouvait me donner, sans danger pour lui, qu'un corps malade. C'est l'équilibre admirable du vôtre qui est cause de la catastrophe. L'âme, en s'embrasant, a embrasé le corps.

Je ne vous désirais plus, guéri de mon amour, plein de respect dans ce culte de votre joli Vous. Toujours sous le charme, je vous ai voulue à moi seul, dans une amitié fabuleuse, unique, où personne ne pouvait prétendre.

J'ai voulu que vous fussiez mienne ainsi que l'œuvre d'un artiste est sienne; j'ai animé ma Galathée d'une vie de tendresse intellectuelle que je ne n'ai pas vue se transformer pour elle en vie d'amour.

Vous avez été le bibelot rare dont s'éprend jalousement l'amateur et vers lequel il reporte ses plus fines sensations.

J'ai été dilettante et cruel: je vous dispensais la tristesse ou la joie selon que je me sentais le besoin de voir vos yeux noyés de larmes, ou vos lèvres de sang s'ouvrir et montrer l'éclat nacré de vos dents.

J'ai aimé de vous votre maternité suave, vos élans passionnés pour les choses, vos retenues et vos pudeurs en face des êtres, vos tristesses, vos joies, et la solitude, et la pureté de votre vie. J'ai oublié l'époux: je vous ai faite vierge et mère comme Marie, sage comme Marthe, passionnée comme Magdeleine.

Denise, parce que je m'accuse et montre la plaie de mon âme, la recherche cruelle de mon cerveau, ne m'en veuillez pas! Nous sommes ainsi beaucoup de jeunes, torturés, insatisfaits des joies de la vie, chercheurs involontaires de sensations inéprouvées par d'autres. Cet «au rebours» vécu par moi, d'abord avec inconscience, puis compris et savouré ainsi qu'un sentiment superficiel exquis, peut-être introuvable hors en nous, a amené le désastre de votre vie. Ah! Denise, Denise, pardonnez-moi! Ce qui m'avait un peu rassuré—faible excuse, hélas!—c'était le souvenir de votre sage défense et de votre fuite quand, autrefois, je vous ai dit: «Je vous aime.»

Je vous aimais troublée par moi de mille manières, assaillie d'impressions vagues dépassant votre puissance réceptive, heureux de la force de réaction qui vous faisait vous dérober, et, malgré ces reprises, vous sentant bien mienne,—et si purement—assujettie à ma volonté.

Voir votre âme pleine de trouble et la sentir luttant, héroïque et victorieuse de ses tentations, m'était une sensation délectable.

Vous étiez la fleur fragile, délicate, qui seule m'intéresse à la vie. Réellement je vivais de vous, de la répercussion de mes émotions en vous. Quelle joie coupable j'ai eue à voir votre personnalité, jusque-là si forte, vous échapper! Vos grands yeux limpides parfois me touchaient; pris de remords, je vous fuyais; mais pouvais-je vivre longtemps loin de ma chère pâleur? Il me fallait revoir les nuances fines de sa chair, les imperceptibles veines bleues sur la matité des tempes, le cerne des chers yeux; il me fallait sentir palpiter ce cœur; il me fallait surprendre les fuites, les élans de la fragile amie qui s'offrait à moi, énigme obscure et divine, à moi amoureux d'elle si bizarrement, sans jamais vouloir altérer sa pureté.

J'ai nourri mon cerveau de ces ivresses malsaines, et c'est vous qui délirez et criez de douleur...

Voilà ma confession. Vais-je vous perdre?

Ah! chère, guérissez, car vous m'êtes devenue de jour en jour plus chère, comme un morceau de moi-même, et je perdrais de ma vie en vous perdant.

# CLXIX

## Denise à Philippe.

30 janvier.

Que vous êtes coupable! Il y a des gens qui tuent; en vérité ils sont moins cruels.

Dans quel état je suis, dans quel calme vous êtes! vous raisonnez de mon mal et dites: «il passera» et vous vous complaisez dans l'analyse du vôtre, le trouvant bien supérieur, très subtil, moins banal, créateur de sensations rares invécues.

Je devrais vous haïr. Depuis des ans je suis le pantin que vous vous êtes choisi pour sortir votre vie nonchalante et vide du banal où se complaisent les hommes de plaisir, vos amis.

Je me sens devenir folle...

Vous pensiez: «Chante!» et je chantais. «Pleure!» et je pleurais. «Donne ton âme!» je la donnais. «Ton esprit!» je le donnais. Vous auriez dit: «Ta vie!» Mon Dieu, pardonnez-moi, je l'aurais peut-être donnée...

Et vous n'avez rien vu, rien compris de mes souffrances! pas une minute vous n'avez songé à moi, et, à l'heure qu'il est, vous attendez avec tranquillité ma lettre, encore confiant dans les bons ressorts de la marionnette pas assez brisée pour que vous la rejetiez de vos jeux. Vous n'aviez ni pensé, ni prévu cette agonie? Ah! j'agonise bien, jouissez-en fort!

Hélas! vous avez raison de compter sur ma défaillance, puisque je vous aime. Allons, reprenez les ficelles. Que deviendrais-je sans cette main cruelle qui les tient?

Ce n'est pas vous que je fuyais quand vous m'avez dit «Je vous aime.» C'était l'amour, la faute, la honte, le remords.

Mais vous? qui vous fait me fuir quand, à mon tour, je vous dis: «Je vous aime?» Quel mobile vous pousse à cette austérité? de quelle force de résistance s'arme tout à coup votre nonchalance?

Je suis jeune; vous avez dit vous-même souvent: charmante, jolie. Je suis désirable, en somme, puisque d'autres me désirent et que des litanies d'amour,—dont je n'ai pas embarrassé la pudeur de notre amitié par d'importunes confidences,—s'adressent à moi.

Un soir, si proche encore, vous m'avez dit: «Je vous aime dans cette robe soyeuse d'un ton si pâle et le fouillis savant de ces dentelles...» Et ce même soir, venant auprès de moi, vous dites encore avec l'autorité d'un mari: «Allons, partons-nous? Je commence à avoir assez de cette réception; tous ces hommes qui vous accaparent m'assomment.» Et comme je souriais de cet ordre impérieusement donné, amusée d'être un peu à vous, vous avez murmuré: «J'adore votre sourire et vos mouvements de tête mutins et la souplesse de votre cou de cygne.»

Dans la voiture, frileusement, nous étions bien près l'un de l'autre... vous avez posé votre tête sur mon épaule, disant comme les enfants: «Là... maintenant je suis bien...»

Ah! c'était trop tenter mes forces que de me jeter à tout moment ces bribes de tendresse! Vous ne savez pas le courage qu'il m'a fallu pour ne pas incliner un peu ma tête et poser ma joue sur vos cheveux dont le parfum d'iris, mon parfum, me grisait.

Et tandis que je défaillais vous saviez, vous, que tout cela était un jeu, rien qu'un jeu, une dînette d'enfants où les grands, impérieux, tendent aux petits les plats vides disant: «Mangez!» et exigent le simulacre.

Pauvre bête que j'étais! la tête troublée, le corps ravagé de désirs, comment aurais-je pu remarquer alors la froideur du baiser d'adieu mis sur les gants au moment où je franchissais le seuil de ma maison? Pourquoi ai-je oublié que pour la plupart des hommes: «L'amour fait tout au plus, aujourd'hui, bien monter à cheval ou bien choisir son tailleur[3].»

Mon Dieu! quand je suis auprès de vous, mon corps et mon âme veillent toujours; les vôtres pleins d'une joie quiète, calmes, repus, rêvent et s'endorment. Le vertige d'une amitié unique, idéale, vous grise de pureté, de respect, et moi je succombe à tous ces contacts de votre esprit et presque aussi de votre corps.

N'avez-vous pas vu, n'avez-vous pas compris quel amour insensé est en moi? Je suis éprise de votre allure, de la forme de votre main, de celle de vos pieds; quand je vous vois entrer, l'harmonie de votre corps élégant m'éblouit et m'attire. Vos cheveux me semblent d'une nuance jamais vue, j'aime la courbe qu'ils affectent. Vos yeux me font frissonner quand ils se posent de loin sur moi dans le monde; leur fixité m'effleure ainsi qu'une caresse, vos yeux me possèdent. Le mouvement de vos lèvres, quand vous parlez, semble attirer mes lèvres.

Ah! je suis folle, folle! éprise de vous tout entier, jusque dans vos imperfections, prête à défaillir d'amour à la seule évocation de votre image.

Par cette affreuse possession morale que vous avez prise de moi, je ne suis plus moi, mais une molécule échappée de vous, attirée éternellement vers vous.

Le lendemain de mon arrivée de Nimerck, vous m'avez dit, à cette soirée de ma belle-mère: «Vous avez chanté en grande artiste.» Pourquoi ai-je bien chanté? parce que vous m'en aviez donné l'ordre avec une sorte d'orgueil de ma voix; j'ai senti que vous vouliez montrer le talent de celle que vous vous êtes choisie pour amie, aux hommes nouveaux venus que vous présentiez ce soir-là, surtout parce que vous êtes resté auprès de moi, si près que mon épaule nue était presque appuyée sur votre poitrine; si près que mon corps frôlait votre corps... et j'ai mis dans mon chant toute la passion, tout le tressaillement plein d'ivresse éperdue où me jetait ce furtif et inaperçu contact.

Philippe, je vous aime, je vous aime, et ce m'est une joie tourmentante et divine.

# CLXX

## Philippe à Denise.

31 janvier.

Vous me désolez... Pauvre chère, j'ai votre pardon, n'est-ce pas?

Je n'ose plus aller vous voir, j'ai peur, auprès de vous, de sentir les forces me manquer. Je voulais vous posséder quand, vous connaissant d'une façon superficielle, je ne savais pas quelle vie j'allais gâcher, perdre et troubler à jamais; car vous n'êtes pas de celles qui prendriez avec calme et placidité la faute. Ce soin que j'ai de votre honneur, m'entraîne à vous faire souffrir; mais cette douleur épure votre amour. Denise, il faut qu'il demeure immatériel, autrement vous me haïriez...

Que vous dire? Voulez-vous me recevoir demain soir? Je ne vis plus depuis que je sais votre pensée et votre âme en déroute.

# CLXXI

## Denise à Philippe.

1<sup>er</sup> février.

Non, ne venez pas. Dans cette déroute il me reste des instants de grande lucidité où je juge le danger proche et où j'ai la volonté de l'éloigner. Le soin qu'il me faut déployer pour ne pas m'abandonner à cette douleur, pour que ceux qui m'entourent n'en soupçonnent pas la cause, me donne une force factice sur moi-même; je ne veux pas la perdre.

Cette force maîtrise l'exaltation où je suis à certaines heures. En tête à tête avec vous, qu'adviendrait-il de moi? L'emportement d'une passion vraie, unique, d'une tendresse si profonde est peut-être contagieux? Vous avez beau être de séniles jeunes hommes et vivre par curiosité, sais-je si le feu qui me dévore ne vous échaufferait pas? J'ai peur de faiblir sous la pression de vos lèvres sur mes mains... Ah! quelles voluptés vos baisers coulent dans mes veines et de quelle ivresse ils m'emplissent toute!

Mais je puis vous voir dans le monde; j'irai après-demain à l'Opéra. Je sais que ma belle-sœur vous a offert une place dans la loge. Venez. Je me fais une joie et un martyre à l'idée d'être auprès de vous durant ces heures.

# CLXXII

## Denise à Philippe.

Samedi, 4 février.

Philippe, mon Philippe, je ne peux plus! Je ne peux plus vous voir, vous entendre, vous coudoyer. J'ai des frissons, des flux de sang au cœur à m'en évanouir quand vous me regardez; ma chair crie vers vous, affamée de vous, folle de votre chair.

On me trouve changée; je ne change pas, je meurs d'amour... Qu'importe le monde, qu'importe la faute, qu'importe tout, je vous aime! Dussé-je en mourir, prenez-moi. Mon âme, mes pensées sont tumultueuses, je ne sais plus qui je suis ni ce que je deviens... je n'ai plus de pudeur, je ne suis plus qu'une hallucinée de tendresse.

Je vis, à côté de ma vie, une vie factice d'amour; elle me brise et m'affole. Vous êtes le rêve de mes jours et de mes nuits; ce rêve mystérieux et réel me tue. Je ne sais plus si c'est vous que j'aime ou l'idéal d'un amour que je cherche en vous.

Votre charme m'enveloppe comme un halo. Je pourrais, misérable, chanter—non, cela se pleure:—«Il y a un secret, Valérian, que je veux te dire: j'ai pour amant un ange de Dieu qui, avec une extrême jalousie veille sur mon corps[4].»

Je vis poursuivie d'imaginaires baisers, ils me crucifient... et je connais l'épouvantable misère de ceux qui aiment et doivent vivre sans amour.

Ayez pitié de ce mal! il broie ma chair et m'ensanglante le cœur.

# CLXXIII

## Philippe à Denise.

Écoutez-moi, ma Denise, et pardonnez à l'ami qui a le courage de penser pour vous. Penser, c'est voir. Voir, c'est juger la vie pour ce qu'elle est, et l'amour, ce pivot de la vie, pour ce qu'il vaut.

L'amour, pour vous, ne représente autre chose que la poésie des sens. Mon amie, pour moi, il n'existe pas: c'est une nécessité malheureuse qui s'empreint parfois d'une certaine recherche, d'une apparence de sentiment. Quand je vous aurai possédée, que l'ivresse sera tombée, vous souffrirez par tous les points où la douleur et la honte ont prise sur la pensée. Je contenterai les instincts, les appétits, toute la matière dont vous êtes faite; je serai le maître de votre corps, mais vous y perdrez l'époux de votre âme, parce que la matière est soumise à d'inévitables saturations. Les plus grandes joies ont un lendemain; c'est ce lendemain que je redoute pour nous.

Je vous vois avec terreur, ma chérie, spiritualiser la chair, lui demander ce qu'elle ne peut donner. Il y aurait après l'acte, pour une nature droite et haute comme la vôtre, une détresse effroyable que toute l'ardeur de mes baisers ne pourrait dissiper; elle vous solliciterait à tout rompre, à ne plus me voir; un abîme serait creusé entre nous; croyez-moi: malgré la fougue de votre amour, vous aimez mystiquement.

Allez, les voluptés de la matière ne sont rien auprès de celles qu'enfante votre esprit!

Le bonheur, c'est la volonté d'être heureux. Je n'ai eu cette volonté ni aucune autre. Qu'apporterai-je donc dans cette vie d'amour demandée? Rien que vous n'ayez déjà, s'il s'agit des sentiments nobles et respectueux de l'homme, rien pour vous griser, vous entraîner, vous étourdir et faire s'apaiser, dans l'enivrement d'une passion partagée, le trouble de votre conscience.

Oubliez ce rêve, Denise, un apaisement se fera. Le tumulte où vous êtes entrave, annihile votre force d'âme, mais j'ai l'intime croyance que la virilité de votre caractère reviendra quand vous aurez la sagesse de ne plus compter chaque battement de votre cœur.

L'émoi profond où me mettent vos appels, la sublime et touchante lâcheté de votre grand amour, me donnent la force de vous parler comme je le fais.

Chère, chère, laissez-moi habiter votre cœur, seulement cela!

# CLXXIV

## Denise à Philippe.

5 février.

Au lieu de me faire de la rhétorique et des phrases, dites donc tout simplement que vous m'avez aimée quand je ne vous aimais pas, que je vous aime quand vous ne m'aimez plus; là est la raison de vos raisons.

Vous avez peur aussi que je trouble la quiétude égoïste de votre vie; ma passion vous effraie parce qu'elle est grande et que votre âme, vos joies, vos désirs, sont mièvres et lilliputiens.

Je ne suis bonne qu'à distraire, mouvementer votre esprit en me diversifiant. Voilà la mission que vous m'avez assignée, la part très noble, en vérité, m'échéant dans votre existence; vous ne m'aimez qu'en vue de ce rôle.

Oui, oui, l'amour est une fatale exception à vos lois mondaines correctes et prudentes. Parlez-moi des caprices légers, à la bonne heure! Vous vous créez habilement un calme petit bonheur individuel, pris avec adresse aux dépens des autres... Vous me mangiez l'âme avec délicatesse, à la cuiller; quand, toute blessée, je vous la tends et vous dis: «achève!» vous vous reculez, effrayé de la voir tant saignante, traversée de désirs, inassouvie. Elle tombe tout à coup au beau milieu de votre tranquillité et vous êtes bien las de l'énergie qui surabonde en elle.

Mais comprenez donc: j'aime!—Une émotion inconnue m'entraîne, m'emporte; d'exaspérants désirs me foudroient: j'aime!... Et j'ai la lâcheté—vous l'avez dit—d'implorer la relativité de votre amour, pourvu qu'il soit: votre amour.

# CLXXV

## Philippe à Denise.

Mardi, 7 février.

L'amour est dans l'ordre moral un mal comparable aux maux physiques; vous injuriez en moi le médecin qui vous fait souffrir ayant l'espoir de vous sauver. O ma chère, chère Denise, pauvre torturée, écoutez encore ma voix dont la douceur finira par vous calmer; l'amour éclate rarement tout à coup, il vient lentement, progresse, dévaste l'âme à l'apogée de sa puissance. Si l'on n'en meurt pas, il décroît, nous laisse convalescents, puis guéris. Guéris? non; je ne suis pas bien sûr que le cœur ne reste à jamais infirme, à jamais brisé.

Ainsi en a-t-il été pour moi.

Tous, nous savons cela; tous, nous voulons aimer, pourtant, parce que c'est un état merveilleux de vivre dans ce remuement d'émotions fortes quand on est jeune, pour vivre de souvenirs quand arrive l'âge des réflexions fortes. Il faut donc vous laisser souffrir avec philosophie et ne pas maudire cette souffrance puisqu'elle est inévitable et que la race entière des humains la supporte; c'est le destin de l'homme d'aimer pour souffrir ou de souffrir pour aimer.

Mais puisque le mal passe, les guéris ne sont pas coupables de préserver ceux qu'ils aiment de succomber, et par suite de s'amoindrir; car troquer l'infortune du rêve contre l'infortune réelle, vivre dans le mensonge, le désenchantement de l'acte commis, sans compter la désagrégation morale qu'on met en soi et autour de soi, c'est la pire des souffrances.

Nous sommes des êtres de sentiment chétif; le roman que chacun de nous bâtit est si vite fini, le souffle qui l'anime si vite épuisé, qu'il vaut mieux ne pas le vivre et le garder à l'état de rêve.

Je vous semble bien raisonneur et bien raisonnable, ma Denise, et vous me le dites durement. Je voudrais simplement, mon amie, vous préserver d'un mal qui passe, d'une chute banale dont vous aurez à rougir—ne fût-ce que vis-à-vis de moi—d'une honte intime que toute la tendresse dont je pourrais vous envelopper ne vous empêchera pas de ressentir.

Il ne s'agit pas pour nous de tromper un mari; il s'agit de vous leurrer d'un amour que je n'éprouve pas; il s'agit de mentir à Hélène et—ceci vous semblera peut-être puéril—je ne pense pas sans un malaise au rôle de dupe que nous lui ferions jouer et à la gêne que vous auriez, sortant de mes bras, chaude encore de mes baisers, à baiser la chère pureté qu'elle est. Je sais que, du jour où je serai votre amant, ma vie se disjoindra de la vôtre en raison directe de ces mensonges et de ces hontes.

Il faut une grande fatuité à l'homme—et bien peu de vrai amour en somme—pour qu'il songe sans remords à posséder une honnête femme. Si je sentais mon moi sublime, capable d'une fidélité absolue ou si je vous aimais moins, peut-être ne résisterais-je pas à ce grand amour qui s'offre.

Vous m'avez jugé autrefois avoir «une intelligence mâle et froide, un cœur hésitant...» Oui, voilà ce que je suis, je sens vivement la vérité de votre antérieure divination...

Denise, Denise, comprenez ce qui se passe en moi; par pitié pour vous, pour Hélène, réfléchissez avant que cette vulgaire et irréparable chose soit entre nous.

Ce rôle un peu ridicule assumé par moi de me refuser à votre tendresse, il me coûte; mais faire de vous, de vous que je respecte, que j'aime; vous ma sœur, la compagne, l'amie entre toutes choisie, sentant en elle les plus hautes vertus et l'honneur, la loyauté d'un homme, faire de vous ce que j'ai fait des autres!...

Denise, chère âme fine, cher esprit d'élite, ayez conscience de la probité qui me fait vous dire: N'aimez pas.

Je vous écris navré; je donnerais tout au monde, afin que dans un éclair de sagesse vous comprissiez ce que je vous dis.

Je vous dicte une loi de douleur; j'en suis malheureux. Mais c'est mon devoir, il me faut l'accomplir.

Ah! pauvre, pauvre délicate amie, comme je vous aime fort pour avoir le courage de vous faire souffrir.

# CLXXVI

## Denise à Philippe.

Oh! ces lettres, ces lettres! froides, raisonneuses, prévoyantes de tout le mal, de toute la honte, de tous les désenchantements de l'amour... Je les hais... et je vous aime plus fort, plus cruellement que jamais.

Vous avez beau jeter du mépris sur ma tendresse qui s'offre, j'en suis orgueilleuse ainsi qu'une martyre est orgueilleuse de sa foi.

Avez-vous donc vu des fleurs s'arrêter de s'épanouir et fermer leurs corolles afin de retenir l'exhalaison parfumée de leur âme de fleurs? Aussi involontairement je vous aime.

Ah! vous n'avez jamais aimé pour oser flétrir ainsi l'amour. Je ne sais quoi m'emporte vers vous, malgré tout, si puissamment! Je n'ai même pas la pudeur de ne plus vous dire: «Je vous aime!» et c'est en vous adorant à genoux que je vous le murmure, mon bien-aimé.

Il y a dans ma tendresse des nuances divines; refusez-moi les folles heures d'extase, mais prenez de mon âme son adoration et vivez indifférent dans l'enveloppement de cet amour. Il n'y a pas dans ma passion que cette violence qui me donne le vertige et me fait frissonner, il y a toutes les tendresses fécondes et douces en savantes trouvailles pour le bonheur de l'aimé.

Ah! aimez-moi! aimez-moi! ce cri je le jette, douloureux, vers vous qui ne m'aimez pas. Philippe, mon bien-aimé, donnez-moi la vie d'amour... je l'implore à vos pieds, défaillante.

# CLXXVII

## Philippe à Denise.

9 février.

Mon amie, vos plaintifs accents, vos tendresses passionnées me touchent profondément. Ces cris s'exhalant de votre corps enivré, ces intimes convulsions de votre cœur, emplissent le mien de curiosité, de désir, d'amour. Je me suis fait plus sceptique et plus fort que je ne suis. La passion n'a pas d'honnêteté, l'amour, pas de pudeur.

Eh bien, ne résistons plus; venez, je vous attends; vous êtes belle, je vous aime, j'ai pitié de votre souffrance. Venez, ma bien-aimée.

# CLXXVIII

## Denise à Philippe.

10 février.

Philippe, vous aviez raison, j'étais folle. Je voulais votre amour, un amour égal au mien, mais pas votre pitié.

Je ne suis pas guérie, mais je suis calme; la crise est passée. Je n'en mourrai pas s'il me reste votre amitié.

J'ai reçu votre dépêche à une heure. Je l'ai ouverte avec un tel désir d'y trouver ce que j'implorais que j'ai failli m'évanouir après l'avoir lue. Je me suis vite remise. Très calme, puisque l'avenir de mon amour dépendait de moi, j'ai préparé ma sortie.

A cinq heures, je suis montée en voiture; par prudence, j'ai donné au cocher le numéro de la maison d'en face la vôtre; arrivée là, je ne sais quelle étrange pudeur m'a prise, quelle faiblesse m'a empêchée de descendre tout de suite du fiacre; baissant la glace du devant j'ai dit au cocher: «C'est là, mais j'attends quelqu'un».—Il m'a répondu: «Bien, ma petite dame». Quelques minutes après il dormait sur son siège.

Ah oui! *petite dame*, je n'étais plus que cela: une pauvre chose étourdie de son action, peureuse, hésitante, troublée comme si elle avait commis un crime, tremblante, et bien, bien misérable.

L'heure passait dans cet affolement d'irrésolution, de désir, de honte... J'ai vu vos fenêtres s'éclairer, j'ai vu votre main soulever un rideau; puis les minutes passaient et j'avais la tête vide et je broyais dans ma main votre dépêche dont certains mots semblaient sortir, se dresser devant moi: *Venez— ne résistons plus—ma chérie*. Oui, seulement ceux-là, toujours les mêmes. Je pensai: il y en a d'autres... d'autres... m'obstinant à les retrouver... Je n'étais plus rien, rien qu'un mince paquet de chair, d'os, de muscles, comme mis là en tas, séparés les uns des autres, n'obéissant plus à l'esprit de volonté qui anime les corps; je n'aurais pu ni parler, ni marcher, ni penser. Je me suis dit à un moment: «Il pleut... le cocher dort... j'ai froid... l'heure?... il attend... il est là... j'irai... il attend...» Mais c'étaient mots dits au hasard, mots sans liens, involontaires, vides, sans pensée. Je ne vivais plus, j'étais paralysée.

Les lumières de la rue me semblaient des feux éblouissants. Je crois bien avoir entendu vaguement sonner six heures, puis sept, puis huit... Alors vous êtes apparu... vous vous êtes arrêté sous la porte cochère; vous boutonniez tranquillement vos gants; le sol brillant d'humidité, vous vous êtes baissé et avez relevé le bas de votre pantalon; j'ai vu des reflets de lumière luire sur vos souliers vernis; vous avez ajusté votre pardessus avec soin pour ne pas écraser les fleurs pâles passées à la boutonnière de votre habit, puis, les mains dans les poches, avec votre canne dressée le long de votre bras droit ainsi qu'un fusil, vous êtes parti d'un pas rythmé, allègre, avec une allure d'homme heureux, libre...

Alors, je me suis mise à pleurer si fort, secouée de si grands sanglots nerveux, que le cocher s'est réveillé. Il est descendu de son siège, a ouvert la portière et m'a consolée.

Quelle chose triste et grotesque que la vie!

Il m'appelait; «Ma petite dame...» de plus belle et disait: «Allez, j'en ai vu d'autres! des p'tites belles comme vous qui s'morfondaient... elles étaient aussi *démâtées* qu'vous... Y n'est pas v'nu?... Allez, marchez, ça passera.» *Ça passera!* il a dit ça comme vous...

Alors, j'ai ri aux éclats, prise de folie... c'était vraiment si drôle d'être consolée par ce gros cocher! J'ai tant ri, qu'il a eu peur; son effarement m'a calmée. Ne voulant pas revenir dans cet état chez moi, je lui ai dit: «Vous avez raison, mon brave homme, ça passera; mais j'ai besoin de me calmer, menez-moi au Bois.» Et, pour qu'il ne me crût pas tout à fait folle, j'ai ajouté: «Prenez ce louis, vous avez été poli et complaisant, il est juste que vous soyez récompensé. Je vous paierai les heures à part; allez.» Et nous voilà partis.

Ah! les douleurs, les drames qui se passent dans les fiacres! Les yeux qu'ils voient pleurer, les têtes qu'ils soutiennent, ballottantes sur leurs durs capitons! Quelle nomenclature bizarre, à la fois comique et lugubre on en pourrait faire...

Je crois bien qu'il était onze heures quand je suis rentrée chez moi. Miss May m'attendait; elle me dit tout de suite qu'Hélène s'était couchée désolée et qu'elle m'avait écrit. J'ai couru à ma chambre. Sur mon oreiller l'enveloppe rose se détachait avec cette inscription en grosses lettres d'une écriture bien appliquée: «A madame maman chérie».—J'ai ouvert et j'ai lu «Maman aimée, où êtes-vous? pourquoi donc tu n'as pas dit à ta petite où tu allais? J'ai dîné toute seule, bien triste, pourtant, il y avait des huîtres et de l'ananas; après j'ai pleuré, j'ai voulu aller voir chez grand'mère, mais miss May n'a pas voulu me conduire.»

«Alors j'ai bien pleuré, je pensais que vous étiez écrasée ou bien morte. Ah! maman Nisette comme j'ai peur! j'ai peur aussi que quelqu'un t'a pris, volée comme des méchants volent des petites filles, pourquoi ne viens-tu pas me consoler? Quand tu reviendras viens vite m'embrasser bien fort, que je me réveille pour n'être pas triste dans mon rêve. Je t'aime maman, ma maman chérie à moi toute seule.»

Pauvre ange! je l'avais oubliée pendant ces heures noires. J'ai été l'embrasser, elle s'est réveillée et m'a dit d'une voix défaillante: «Ah! c'est toi, toi; te revoilà!» Et puis s'est rendormie sous mes baisers, les bras serrés fort autour de mon cou. Alors, liée à elle ainsi je l'ai emportée dans mon lit; j'ai passé la nuit à pleurer, à lui demander pardon de mon égarement. Je murmurais en une litanie: «Mon enfant! mon enfant! mon enfant!» Sans pouvoir m'arrêter ni trouver autre chose, j'embrassais ses mains, ses bras, affamée d'elle, malheureuse de ce que je lui avais fait souffrir...

Ah! Philippe, comme votre souvenir était déjà loin dans ce court passé!...

Enfin, la douce chaleur de son petit corps, la quiétude de son paisible sommeil, m'ont calmée. J'ai dormi ainsi qu'une brute, rompue moralement et physiquement.

Voilà; maintenant c'est fini.

Je ne vous en veux pas, mais je suis encore si faible, si troublée que je ne sais pas si je suis complètement guérie. Je le suis, certes, de la crise où j'étais. Vous aviez raison, je le sens. Je vous pardonne le mal que m'a fait votre sagesse. Mais tous ces raisonnements, tous ces faits n'ont pu encore déraciner un si grand amour tant ses fibres entourent et tiennent fort mon pauvre cœur.

# CLXXIX

## Philippe à Denise.

11 février.

Que vous étiez touchante et jolie, pauvre mie, ce tantôt... toute courbaturée, toute alanguie, si noblement contusionnée à la lutte du devoir, avec vos beaux yeux cernés... j'aurais voulu pouvoir les baiser.

Vous avez eu un petit rire sceptique quand, à genoux à vos pieds et entourant votre taille de mon bras, j'ai tenu si longuement, si amoureusement votre main dans ma main. Ah! Nisette, chérie d'Hélène, si vous saviez comme j'aime votre droiture, votre martyre! mais ne riez plus ainsi; ce rire m'a fait mal. J'y ai senti un détachement ironique de moi et j'ai si peur d'avoir perdu votre tendresse dans cette rude crise... j'ai si peur de vous perdre, mon amie.

Je viendrai encore demain, n'est-ce pas? J'ai un besoin maladif, plein d'anxiété, de suivre de près cette convalescence...

# CLXXX

## Denise à Philippe.

12 février.

Venez si vous voulez. Ah! c'est un beau dressage en liberté, pas vrai? Vous m'amusez...

Vous dites: «Aimez-moi... là, très bien... pas tant... allons, un peu plus...»

J'ai une vague peur de ressembler à la pauvre grenouille implorant:

«Est-assez? dites-moi; n'y suis-je point encore?

»Nenni.—M'y voici donc?—Point du tout.—M'y voilà?

»Vous n'en approchez point»...

J'espère n'en pas crever ainsi qu'a fait la chétive pécore... encore n'en suis-je pas bien sûre.

Pour ce qui est de notre amitié, soyez rassuré: je ne sais pas ménager ce que je méprise, mais je ne vous méprise pas, je vous aime presque; je saurai donc rester l'amie que vous vous êtes rêvée.

# CLXXXI

## Philippe à Denise.

19 février.

Mon amie, vous nous inquiétez, Gérald et moi. Nous avons causé comme deux frères hier au soir en vous quittant. Ces syncopes fréquentes, survenues depuis trois jours, nous préoccupent. Nous avons décidé que, pour vous distraire sans fatigue, pour vous tirer de la prostration où vous êtes, il fallait partir pour le Midi.

Ne vous récriez pas; vos deux frères ont combiné ainsi le voyage: nous partons tous pour Cannes, madame de Nimerck, Gérald, tite-Lène, vous et moi—si vous me voulez—pour vous installer et demeurer quinze jours près de vous.

Gérald va vous avertir de ce projet en allant déjeuner ce matin avec vous; mais j'ai voulu qu'avant de l'entendre vous sachiez que votre ami inquiet, torturé, vous supplie à genoux de ne pas dire: non.

# CLXXXII

## Denise à Philippe.

Ce 19.

Faites de moi, tous les deux, ce que vous voudrez; je suis désemparée, lasse de vivre. Je voudrais dormir, dormir longtemps, dormir toujours, seule avec ma chère petite...

Le reste?... Je ne sais plus et ça m'est égal...

> Terre, il est des vivants dont la vie est passée,
> Tombeaux, vous n'avez pas tout le peuple des morts.

# CLXXXIII

## Denise à Philippe.

Les Ravenelles, Cannes. 8 mars.

Cette lettre va vous surprendre. Pourquoi vous écrire, puisque nous passons nos journées ensemble?

J'aurai la force d'écrire; je n'aurais pas celle de vous dire: «Éloignez-vous!»

Quand vous êtes auprès de moi, la douceur de votre présence m'alanguit, me rend lâche; mon ami, quittez-nous, rentrez à Paris, abandonnez-moi à ma solitude, au calme de ma vie entre Hélène et mère.

Attendre l'heure de votre arrivée au chalet, voir votre cher regard se poser sur moi, triste, inquiet; suivre de la fenêtre de ma chambre vos ébats dans le jardin avec tite-Lène, entendre, immobilisée sur ma chaise longue, votre voix mâle se mêler à la voix argentine de la mignonne, c'est encore fondre trop mes sensations aux vôtres; tout cela me met dans l'âme des troubles, des découragements atroces dont pourtant je vis. Ces choses charmantes, tendres, bizarres, cruelles aussi—qui sont notre amitié—font la joie et la douleur de votre amie. Laissez-moi tâcher de reconquérir le calme dans mes habitudes pensives...

Philippe, que ne vous ai-je aimé quand vous m'aimiez! la possession ne m'eût pas permis d'atteindre au délire d'amour où j'ai été, et vous ne seriez pas devenu l'âme de ma vie comme vous l'êtes... La réalité aurait tué l'exaltation du rêve, tandis que mon rêve demeure, en dépit de mes efforts pour l'anéantir.

La vertu ne m'est plus qu'une habitude sans joie, stérile à tout bonheur; la froideur de votre raison a brisé toute chaude émotion dans mon cœur; tout mon être fait silence. Je n'ai plus qu'une aspiration: l'oubli.

Partez, cher. Tant que vous êtes auprès de moi j'oublie mal.

# CLXXXIV

## Philippe à Denise.

Splendid Hôtel, Cannes, 8 mars.

Je trouve votre lettre en revenant de vous conduire tite-Lène; c'est donc pour cela que, lorsque j'ai demandé à monter vous saluer dans votre chambre, le domestique m'a dit: «Madame repose.»

Nous nous hâtions Hélène, miss May et moi, de revenir aux Ravenelles pour vous conter notre belle promenade et vous parer de nos fleurs; nous voulions admirer avec la «chérie» le coucher du soleil... J'étais fier aussi du rose pâle que notre marche dans la montagne avait mis aux joues de «la chérie de la chérie...»

Je suis triste de cette décision, mais elle est sage. Ce va m'être un déchirement de vous quitter encore si malade et si faible. Je me sens malheureux à cette idée; j'ai bien envie de ne pas venir dîner ce soir aux Ravenelles; je vous fais porter ce billet pendant que je passe mon habit: faites dire par le chasseur si vous voulez de moi; sinon, je dîne à l'hôtel.

# CLXXXV

## Denise à Philippe.

Les Ravenelles.

Venez, au contraire; mère ne comprendrait rien à cette abstention et s'en étonnerait.

Vous annoncerez ce soir même votre rappel à Paris, cela sera plausible... et puis, je suis un peu lâche et veux jouir des heures qui me restent à vous voir.

Mon Dieu, comme tite-Lène aussi vous aime!

# CLXXXVI

## Philippe à Denise.

Paris, ce mardi 14 mars.

Je suis arrivé avant-hier matin à Paris; la dépêche d'Hélène m'a fait plaisir; mon dimanche a été supportable, grâce à ce mieux signalé dans votre état.

Cette promesse de ne plus nous écrire, j'ai essayé de la tenir en envoyant des dépêches à madame de Nimerck; mais le laconisme des siennes me désespère; pour me les faire supporter si courtes, il faudrait qu'elles fussent signées de vous. Ce *Denise*, je l'aime syllabe par syllabe, lettre par lettre, jusque dans sa forme. Ce nom seul me serait un calmant, une détente dans mes inquiétudes.

Donc, je romps le traité—c'est le sort habituel des traités d'être rompus, d'ailleurs.—Je vous écrirai et serai bien heureux si vous voulez, si vous pouvez me répondre; si courtes que soient vos lettres, elles m'apporteront la manne dont j'ai besoin pour vivre calme loin de vous.

Je baise tendrement vos mains, mon amie.

# CLXXXVII

## Philippe à Denise.

15 mars.

Pas de dépêche hier ni aujourd'hui; qu'est-ce que cela veut dire? Je suis inquiet... Ah! je n'aurais pas dû partir.

J'ai beau penser que les apprêts pour la matinée d'enfants chez lady Lewsings sont la cause de ce silence, je ne vis pas.

Madame Trémors, madame d'Aulnet, que je vais voir le plus souvent possible pour avoir des nouvelles, n'ont rien reçu... Je viens de télégraphier longuement à Gérald; qu'est-ce qu'il fiche donc à Cannes qu'il n'écrit pas? Faites répondre à mes lettres par miss May, alors. Il me faut des nouvelles.

Je suis douloureusement tout entier à vous.

# CLXXXVIII

## Denise à Philippe.

Aux Ravenelles, 18 mars.

Gérald n'est plus auprès de nous; il rentre vers Paris en visitant Aigues-Mortes, Arles; il était parti quand est arrivée votre dépêche. Mais quelles que soient vos inquiétudes, quelle que soit votre souffrance, elle n'est rien auprès de la mienne...

O mon ami, passez-vous les nuits à pleurer votre rêve, à regretter la splendeur de votre tendresse méconnue, et à vous dire: je ne saurais plus être heureux?

Je suis toujours faible; mon sang, il me semble, n'alimente que mon cœur et mon cerveau et s'est retiré de ma chair. Je ne peux manger: j'avale avec une répulsion grandissante un peu de lait. Je deviens diaphane, et ces trois lignes écrites pour vous rassurer, dans un grand effort de volonté, m'ont une première fois épuisée jusqu'à l'évanouissement.

Je m'arrête, n'en pouvant plus. Adieu, Philippe.

# CLXXXIX

## Philippe à Denise.

20 mars.

Ma chérie, votre faiblesse m'inquiète; ce mot-là toujours répété dans les télégrammes, m'angoisse.

Pauvre petite! cette lettre qui vous a coûté un évanouissement, mes yeux ne s'en peuvent détacher.

Je vous en prie, ayez la volonté de réagir. Vous guérie, nous pourrons être si heureux! Toute ma tendresse pour vous, tout votre amour, ont cahoté un peu notre amitié; mais elle demeurera plus noble, plus belle, plus douce aussi... Ah! ayez la force de vivre!

Cette amitié représentera un grand effort d'honnêteté de ma part; de la vôtre une droiture sublime, rare à rencontrer. Les joies intimes qu'elle nous a déjà données, c'est un peu de bonheur, croyez-moi.

Adieu, mon amie. Je suis triste. Je ne sais plus si j'ai fait bien ou mal quand je songe à l'état affreux où vous êtes... par pitié, guérissez!

# CXC

## Denise à Philippe.

Les Ravenelles, 23 mars.

C'est peut-être me guérir que de ne plus savoir ce que sont mes regrets ni ce qu'ils regrettent; mes heures se traînent, mes grands désirs sont morts, j'en reste abattue et tremblante.

Mes jours, mes nuits sont singulièrement mélancoliques. Je cherche à suicider mes souvenirs. Ne me trouvez pas faible de ne pas vous cacher ces souffrances: j'ai le cœur plein de larmes.

Mais vous? pourquoi être triste? qu'avez-vous?

# CXCI

## Philippe à Denise.

26 mars.

J'ai votre tristesse, et c'est assez pour que j'y succombe. Je me sens criminel; j'en arrive à trouver ridicules, imbéciles, mes scrupules et notre honnêteté. Je vous aime bien plus que je ne croyais. Quelle force m'a animé et fait lutter contre cet amour?...

Vous êtes née pour aimer; rien ne vous sollicite dans la vie, hors l'amour; il vous a embellie, électrisée; maintenant, il vous tue.

Eh bien, aimons-nous. Je me sens pénétré, à mon insu, d'un tel orgueil d'être celui que vous avez choisi...

Nous avons, ma Denise, de belles heures à vivre, j'attendrai qu'elles sonnent pour vous, j'attendrai que les fleurs de cet amour éclosent encore une fois sous vos pas pour les cueillir. Je promets de vous guérir, ma bien-aimée, dans l'apaisement de mes baisers passionnés. Je viens, n'est-ce pas?

*Yours for ever.*

# CXCII

## Denise à Philippe.

Les Ravenelles, 29 mars.

Non, non; j'ai trop pensé, j'ai trop pleuré, j'ai trop souffert.

J'ai vécu longtemps avec délices dans l'incohérence de mes sensations; mais tant de secousses ont épuisé mon amour.

J'en arrive à ne plus savoir si je désire ou non que vous vous souveniez d'avoir été, par moi, immensément aimé.

Quels arriérés de tendresse inemployée je vous ai donnés pourtant! c'est une douleur de prendre, ainsi que je le fais, toute chose et tout sentiment à l'extrême... Mais maintenant c'est fini. Le rêve, resté rêve, s'efface lentement sans s'imprégner d'aucun souvenir, d'aucun frisson de réalité l'attachant à ma vie.

Ma fille m'a reprise tout entière. Je ne supporte avec joie ses tendresses qu'à la condition de valoir quelque chose. Ce quelque chose c'est la pureté de mon corps à défaut du calme de mon cœur.

Je ne pourrais, maintenant que j'ai réfléchi, vivre auprès de mon enfant dans le mensonge. Je l'ai senti d'une manière violente, cette nuit lointaine déjà qui m'a brisée et où j'ai tant souffert.

Mon ami j'aime Hélène plus que vous, plus que moi, plus que mon amour.

Ne venez pas. Allez, je guérirai... on ne meurt pas d'amour.

# CXCIII

## Philippe à Denise.

31 mars.

C'est bien. Cette lettre m'a fait peine. Ce n'est pas la pitié qui m'entraîne vers vous, Denise. Votre tendresse ardente m'a pénétré au point que, de toute mon âme je vous désire...

Mais je respecte la sagesse, la pudeur maternelle qui vous font m'écrire ce dernier, ce suprême renoncement.

Et je vous pleure, et je vous aime, et je vous bénis.

# CXCIV

## Denise à Philippe.

Les Ravenelles, 2 avril.

Moi aussi, je vous ai bien aimé; cet instant-là a contenu une éternité de souffrances et de joies...

Je vous offrais toutes les belles illusions gardées dans mon cœur, toute la force de ma jeune vie, les plus pures, les plus nobles aspirations de mon être...

Vous m'avez donné la déception. La force de mon amour était si grande que j'ai pu, sans révolte, sans rancune, sans haine, vous obéir quand vous m'avez ordonné le renoncement. Je vous aimais jusqu'à l'abnégation, jusqu'au sacrifice.

Me voilà armée pour aller désormais l'âme froide et libre. Cette armure est, après tout, un riche présent que vous m'avez fait. Nous sommes quittes: je vous l'ai payée de la souffrance causée par mon misérable amour.

# CXCV

## Philippe à Denise.

4 avril.

Votre ironie m'a fait mal. Je désire ardemment votre retour. J'ai peur de vous perdre. Cette lettre un peu cruelle est si loin de votre cœur! Il me semble qu'il y a des siècles que nous sommes séparés. Quand pourrez-vous revenir? Je ne m'habitue pas à vivre loin de vous.

Je baise vos mains dévotement.

# CXCVI

## Philippe à Denise.

4 avril.

Je vous écris ce deuxième mot du cercle où je viens de dîner avec Gérald; on est venu le chercher tout à l'heure de chez madame de Giraucourt; votre tante a eu une attaque. Gérald a couru chez elle, me chargeant de vous prévenir afin que vous prépariez madame votre mère à cette triste nouvelle.

J'espère que ce mot vous arrivera à temps; je le fais porter par le chasseur, au train rapide de huit heures quinze.

Je suis malheureux à la pensée de l'émoi qu'il va vous causer, vous si faible; c'est au moment même où je voudrais le plus grand calme pour vous, qu'arrive ce cruel accident. Madame de Nimerck aimait-elle tendrement sa sœur?

Ma pauvre Denise, quel chaos que nos vies!

# CXCVII

## Denise à Philippe.

Dépêche.—6 avril.

Avons reçu télégramme Gérald. Tante très mal, partons; mère désolée; serons Paris demain. Triste nouvelle m'a secouée; suis presque mieux et forte devant ce réel malheur.

# LIVRE V

*L'amour qui s'éteint tombe rapidement et rarement se ranime.*

. . . . . . . . . . . . . . . . . . . . . . .

*Quant au courage moral, si supérieur à l'autre, la fermeté d'une femme qui résiste à son amour est seulement la chose la plus admirable qui puisse exister sur la terre. Toutes les autres marques possibles de courage sont des bagatelles auprès d'une chose si fort contre nature et si pénible. Peut-être trouvent-elles des forces dans cette habitude des sacrifices que la pudeur fait contracter... les preuves de ce courage restent toujours secrètes... presque indivulgables.*

. . . . . . . . . . . . . . . . . . . . . . .

*Le saut de Leucade était une belle image dans l'antiquité. En effet, le remède à l'amour est presque impossible. Il faut le danger qui rappelle fortement l'attention de l'homme au soin de sa propre conservation.*

STENDHAL

# CXCVIII

## Denise à Philippe.

J'ai dit «oui», tout à l'heure, quand aux Acacias, au milieu de ces messieurs et de leurs pimpantes caillettes, vous organisiez le déjeuner chez Ledoyen; mais l'ouverture du Salon des Champs-Élysées, demain, se passera de moi. Pourquoi n'ai-je pas dit: «non», tout de suite? Vous savez la théorie? *Non* se discute, *non* se combat, et met les amis au désespoir. *Oui*, au contraire, s'accepte d'emblée, ne suscite aucun conflit, n'éveille pas les *tolle* obligeants de ceux qui veulent s'amuser et qui, par politesse excessive, prétendent ne le pouvoir sans vous.

Mon grand deuil s'accommoderait mal de cette partie fine, le crêpe n'étant guère de mode en cabinet particulier. Cette sortie mondaine pourrait choquer mère: trois semaines de recueillement sont à peine suffisantes au gré de son cœur pour que je reprenne une vie active. Elle aimait beaucoup sa sœur; c'était une seconde mère pour elle, à cause de leur différence d'âge.

Je ne dois pas oublier non plus, mon cher Philippe, que je dois à la secousse que m'a causée cette mort, d'avoir été tirée de mon propre chagrin. La douleur réelle qui nous frappait a éloigné la douleur imaginaire où volontairement et avec volupté se plongeait, s'engourdissait mon âme.

Perdre un être qu'on aime, m'est apparu la suprême souffrance. J'ai frémi à la pensée de la consomption où je me laissais aller pour un mal que je pouvais combattre, que j'oublierais, que j'avais déjà un peu oublié, en songeant qu'au lieu de ma tante, ma fille, ma mère, auraient pu m'être ainsi violemment arrachées. Voilà le seul, l'unique malheur qui puisse atteindre une vie; les autres ne sont rien.

Pour consoler maman de cette perte cruelle, j'ai repris ma santé. C'est donc en pieux souvenir et hommage à notre pauvre morte, plus encore que par peur de choquer le monde, que je m'abstiendrai demain.

N'allez pas conclure méchamment à un petit lâchage; jamais, mon ami, dans la solitude où me met mon deuil, je n'ai senti mieux *le cher* de notre amitié.

Je vous aime toujours, mais d'autre sorte; je vous aime avec le besoin de vous rendre heureux, c'est donc avec maternité—malgré vos ans de plus que moi—avec le désintéressement d'une vie sentimentale active: votre bonheur m'est nécessaire pour que j'en aie un. Je vous sens heureux d'être aimé ainsi; donc, malgré quelques vagues et fugitives peines secrètes, je suis heureuse.

Quel auteur a dit: «La douleur est le creuset où l'amour s'épure.»

# CXCIX

## Philippe à Denise.

1<sup>er</sup> mai.

Mon cher bonheur,

Vous êtes exquise et je vous aime. Je comprends ce scrupule et l'approuve. J'ai bêtement organisé ce déjeuner, je ne sais pourquoi. N'avez-vous pas éprouvé de ces choses? on entraîne les gens dans une partie de plaisir quelconque; on déploie une éloquence vertigineuse à combiner, à vaincre les obstacles, les hésitations de ceux-ci, de ceux-là; puis, quand tout est bien résolu, convenu, le rendez-vous pris, une réaction se fait; on s'appelle imbécile, on se reproche d'avoir mis en branle cette troupe qui va vous accaparer, vous assommer pendant des heures; les amis eux-mêmes sont au regret d'avoir promis; chacun nous envoyons les autres au diable, in-petto... ce qui n'empêche la foule, regardant passer les réunis malgré eux, sortes de forçats du plaisir, de murmurer: «C'est la bande des Luzy et autres, des fêtards!»

Lâchez-moi donc, je l'ai bien mérité; mais puisque je ne vous fais pas de scène, récompensez-moi en me recevant à dîner?

Sauf dépêche contre-ordre trouvée chez moi vers six heures et demie, au moment où je rentrerai passer mon habit, je viendrai.

*Your loving friend.*

# CC

## Philippe à Denise.

12 mai.

Ma chère amie,

Je ne sais trop ce que mademoiselle de Lespinasse va penser de moi; voilà deux fois que je l'oublie.

Voulez-vous être assez bonne pour me l'apporter ce soir chez les d'Aulnet?

Vers dix heures n'est-ce pas? J'aime vous voir entrer.

Tendrement à vous.

# CCI

## Denise à Philippe.

12 mai.

Votre dépêche m'est arrivée à deux heures; j'ai téléphoné au cercle, vous n'y étiez pas; j'envoie cette lettre chez vous, par un fiacre.

Faites-moi un plaisir, mon ami, venez prendre mademoiselle de Lespinasse avant de vous rendre chez ma belle-sœur. C'est le moins que vous puissiez faire pour la tendre fille après votre oublieux abandon. Encore qu'elle soit aimante et habituée au sacrifice, je crains qu'elle ne vous en veuille de tant de négligence...

Quittons ce ton badin et revenons à nos moutons: J'ai un mal de tête fou—non, sans plaisanter—je vous jure, je n'en puis plus; je n'irai donc pas chez Alice ce soir,—j'y rate mon entrée—gros bête, allez!

Depuis que je vous ai dit mon idée de composition, je suis en gestation; je porte dans mon pauvre petit cerveau une grosse pensée touffue, diffuse... elle me fait très souffrir; je crois qu'elle sort, je veux la noter... frrrr: elle s'enfuit. Ce sera en trois parties... j'accouche, j'accouche... Ah! c'est un mâle!... Fasse le ciel que c'en soit un.

En attendant, sans la plus petite blague mignonne, c'est un mal et très douloureux.

Il faut que je vous aime comme je vous aime, c'est-à-dire infiniment, pour vous permettre de venir, car tous les grands malaises sont horribles à voir. Mon front éclate, il ne supporte rien qui voile sa nudité... Vous connaissez mon âme, non mon front; je suis tout bonnement affreuse coiffée à la chinoise.

Cela, petite lueur, n'a entre nous aucune importance. J'ai l'intuition que vous aimez l'inachevé dans les sensations; nous en avons exploité beaucoup, nous n'irons jamais plus loin qu'où nous sommes. Donc, faisant abstraction de mon moi humain, de la médiocre, de la mince silhouette que je suis, je puis consentir à vous voir sans bandeaux; cela ne vous empêchera pas de vous écrier: «Je vous aime!» comme vous le faites précisément depuis que vous ne m'aimez plus. Cette gigantomachie (moi tout petit géant, vous dieu) que nous nous jouons m'intéresse, en somme... tout est faux dans notre manière d'être; il n'y a de vrai que ce qui, l'un après l'autre, nous a agités.

Ce tantôt pourtant, je ne sais si c'est ce rayon de soleil se jouant sur mon papier et dans lequel s'agite ma plume, ou le souvenir de trois doux mots dits par vous avant-hier soir, mais j'ai besoin de chanter à votre indifférence la tendresse, plaintive un peu, de mes vagues et éternels: je vous aime.

Ah! que du *rien* que vous me donnez je sais faire un peu de bonheur, pas vrai?

# CCII

## Philippe à Denise.

Lundi, 15 mai.

La nièce de madame Ravelles vient de mourir. Il est peu probable que nous soyons reçus chez elle, même intimement, mardi. Dans ces conditions que décidez-vous? Allons-nous quelque part ou faisons-nous un tranquille at home?

*Yours most devotedly.*

# CCIII

## Denise à Philippe.

Je choisis le tranquille at home. J'ai été gênée, l'autre jour, de rencontrer les Villeréal au Pavillon Henri IV. Bien qu'Hélène et miss May fussent avec nous, j'étais contrariée que ces gens nous surprissent en escapade. Et puis, où irions-nous? Nous finirions par afficher Saint-Germain et sa forêt en y retournant si souvent.

Mieux vaut le dîner dans le jardin d'hiver embaumé des fleurs de mai, et ensuite la causerie dans le petit salon.

# CCIV

## Denise à Philippe.

Mercredi, 17 mai.

Cette fois vous l'aurez la lettre écrite le lendemain de nos soirs, et que d'habitude je déchire sans vous l'envoyer. Tant pis si elle vous ennuie; au moins, après cette expérience vous ne les réclamerez plus. D'ailleurs vous avez dit: «A samedi»—mon excuse est là: je trouve cela long sans vous voir... Pouffez pas, mon ami chéri; ce n'est pas ma faute si j'ai le cœur tendre et si l'imbécile s'est attaché à vous; c'est un coup auquel je ne m'attendais pas; on ne saurait s'aviser de tout en ce monde misérable!

Notre amitié sans mensonges ni petites ruses, bien noble et bien droite est une chose rare dont je m'enorgueillis. Pourquoi cette intimité exquise n'a-t-elle pas suffi à ma vie? Je suis furieuse après monsieur mon cœur qui a eu des soifs folles, inattendues, qu'une telle intimité n'étanche pas. S'il est encore un peu alangui, c'est bien de votre faute: vous êtes le seul homme dans le tête-à-tête duquel je ne me sois jamais ennuyée.

D'où vient cela? pourquoi sont-ce parfois les improductifs qui donnent au plus haut point une sensation d'art et de suprême intellectualité? Ils sont la source où l'on s'abreuve; toute leur force rejaillit sur les autres. Cela explique les enthousiasmes pour des inconnus de la foule, insoupçonnés hors un cercle restreint d'hommes de valeur.

Vous êtes pour moi cette force, cet aliment utile à ma tête, à mon âme, à mon cœur et que, par faiblesse féminine, j'ai cru une minute indispensable à mon corps. Pourtant lorsque j'analyse par le menu les sentiments que j'ai eus pour vous, je me demande si tout cela était de l'amour? De ce que je souhaitais vous posséder tout entier et que nos vies ne se séparassent pour rien, unies dans les plus intimes choses, faut-il conclure: j'étais facile à entraîner au mal? Je me souviens de ces heures de scrupule, dans ce fiacre; je n'avais qu'à descendre... pourquoi ne suis-je pas descendue? Qu'avais-je donc peur de ne pas trouver en vous?

J'ai la vague crainte que ce soit justement parce que *vous ne m'aimez pas* que je vous aime, et cela me semble un sentiment si peu sain, entaché d'un tel décadentisme!... J'éprouve un peu de honte à le sentir en moi.

Hier, tite-Lène, jouant à cache-tampon avec vous, me dit: «Maman, Phillip triche; mettez-lui votre mouchoir en bandeau bien serré sur les yeux!» Je me suis levée et, passant derrière le petit canapé sur lequel vous étiez assis, j'ai voulu nouer mon mouchoir autour de votre tête; il était trop court et joignait à peine. Alors, la chérie s'écria: «Cachez-lui les yeux avec vos mains puisque le mouchoir ne va pas.» Vous avez eu une révolte pour rire, une comique exclamation: «C'est pas de jeu!» qui m'a fait oublier que j'allais vous toucher; vous vous êtes rebellé... mes mains errantes sur vos cheveux, sur votre front, ont immobilisé votre tête, elles se sont glissées jusqu'à vos yeux. Ils se sont clos sous mes doigts... j'ai senti l'impression de douceur de la chair fine de vos paupières; vos yeux palpitaient faiblement au léger contact de mes doigts... votre tête emprisonnée s'est renversée; vos lèvres closes avaient l'air de se tendre vers moi... J'ai regardé votre visage avec un calme dont j'ai été toute surprise; elles me semblent encore si près les heures où une telle chose m'eût fait défaillir!

Malgré l'air que j'en ai serais-je donc froide? à quel besoin de mon être répondez-vous? hélas! mon imagination, je crois, a fait toute l'autre besogne... Je n'ai pas senti, hier, ces furtives caresses me troubler comme lorsque l'on aime, par le contre-coup du plaisir qu'elles doivent causer.

Ce qui ressemble à de la passion, chez moi, ne serait-ce qu'un élan de l'esprit? et toutes les formules où nous réduit sans cérémonie cet insolent Champfort ont-elles tué les sentiments simples? A force de nier une chose vraie, finit-on par ne pouvoir y croire ni la ressentir? Répondez à tout cela, mon tendre ami.

L'état où je suis doit être celui des hommes que les douleurs, les soucis de la vie ont meurtris, et que les plus grandes preuves d'amour n'arrivent plus à faire croire à l'amour.

Sentez-vous ce que je veux dire et me comprendrez-vous si, malgré tous ces retournements de mes sensations, je vous dis pourtant: «Je vous aime?»

Bizarre chose que les relations humaines dans lesquelles les plus fins, les meilleurs sentiments sont souvent inexplicables et, ce qui est vrai, impossible. Comme Bettina d'Arnim je dis: «Ce que d'autres appellent extravagance est compréhensible pour moi et fait partie d'un savoir intérieur que je ne puis exprimer.»

Une pensée que je vais formuler sans la crainte que vous ne soyez de mon avis c'est que: pour n'être pas amants nous n'en demeurons pas moins d'étonnants amis.

Quelle douleur de n'avoir pas eu pour me consoler et m'affermir au moment où j'ai tant souffert, la vanité de cette douleur! Mon bon sens fait fi de la poésie du mal moral comme mon bon goût en fait mystère.

Nous serons, décidément, un couple bizarre à l'intimité duquel le monde insultera dans d'aimables et faciles plaisanteries; nous aimant sans nous aimer, mélange curieux et extravagant d'expansion, de retenue; influencés malgré nous par la morale étroite du monde; transformant en habitudes correctes, froides, ce que dans un élan naturel les vrais sentiments, les vraies attirances ont de plus involontaire.

Tout cela n'est peut-être rien d'autre aussi qu'une douloureuse pauvreté d'âme et de sens, une moitié de misère morale, une moitié de misère physique, marchant de front dans la vie pratique que les événements nous forcent de mener? Je commence à croire que je traîne en moi une immense tristesse animée.

# CCV

## Philippe à Denise.

Jeudi 18 mai.

Quelle bouffonnerie, la vie! tandis que vous ne sentiez rien d'attirant vers moi dans ce jeu de vos mains sur mon visage, moi, ému de la tête aux pieds, j'ai dû comprimer un élan plein de griserie subite, inexpliquable...

Ah! si cette toute petite chose se fût produite il y a trois mois, ah! petite silhouette, ah! quel amant déplorable vous auriez acquis, bon gré, mal gré.

Ma chère, nous nous serions consolés vous et moi, en formulant dans le genre de l'autre: «Ce ne sont pas toujours les fautes qui nous perdent, c'est la manière de se conduire après les avoir faites.» Nous aurions tâché honnêtement de faire de notre *après* quelque chose de sublime, et les inévitables saturations ne nous eussent point saisis, parce que entre un sphinx fantasque comme vous et un animal hésitant, biscornu, traversé de désirs comme moi, l'amour eût été une fantaisie perpétuelle dont nous ne nous serions jamais avisés de nous lasser. Regrettez-vous, Silhouette chérie? Moi, je commence.

# CCVI

## Denise à Philippe.

19 mai.

Blagueur, allez! et dire que c'est précisément l'animal féroce que vous êtes que j'aime en vous... mais quelle aberration, ô mon empereur! quelle triste clownerie, ô mes aïeux!

J'espère, petite lueur, que vous avez reçu le mot de mère vous invitant à dîner demain, triste dîner d'adieu de Gérald. Il part sans rémission après-demain et s'embarquera dans quelques jours.

Pourquoi n'avez-vous pas répondu à la madre, malhonnête? Nous accompagnons toutes les trois le fils, le frère, l'oncle chéri, jusqu'à Cherbourg.

Ne manquez pas ce dîner représentant l'adieu général.

# CCVII

## Philippe à Denise.

J'ai répondu oui, madame, et viendrai, certes. Je suis très *encharibotté* d'ennuis gros. Si j'allais aussi faire la conduite à Gerald? Madame de Nimerck acceptera-t-elle ce nouveau voyageur? Miss May, la rigoriste charmante, ne trouvera-t-elle pas que: «jé souise encombrante, vraiment une insioupportèble little monkey». Je promets de ne plus la singer, de ne plus l'appeler, miss turtle-dove, d'être grave comme un pasteur anglican, sage et aussi peu encombrant qu'un swan-cap. Tout cela me sera d'ailleurs facile parce que je serai très triste de me séparer du cher Gérald.

*Friendly shake hands.*

# CCVIII

## Denise à Philippe.

Je voudrais que des tendresses,—celles que j'ignore et que vous aimeriez,—tombassent du bout de ma plume à chaque goutte d'encre qui s'en échappe, pour vous remercier des tristes et délicieux huit jours passés.— Pauvre Gérald, il vous aime aussi!—Je voudrais que les rêves ne fussent pas des rêves. Je voudrais savoir vivre sans qu'un cœur batte contre le mien...

Mais, sans vous figurer que tout ceci soit une chose qui doive vous préoccuper, comment voulez-vous que j'arrive à la sagesse, étant donné vous et moi?

Je me croyais guérie; hélas! la moindre joie venue de vous a un tel retentissement en mon cœur... j'en ai des extases de pensée.

Si je pouvais vous communiquer ce que je sens, vous seriez heureux, mon cher grand; car, en cela, vous m'êtes inférieur; vous êtes l'usufruitier, moi le possesseur; vous goûtez le bonheur d'une amitié comme la nôtre; seule, j'ai le secret de ce bonheur; il est en moi, je l'engendre.

Or, ainsi que tous les créateurs, je puis prodiguer le bien dont la source est en moi. Je vous l'offre; prenez-le, animez-vous de ma force aimante, fût-ce pour d'autres; mais donnez à jamais à votre amie le pouvoir de fournir votre âme de cette tendresse spéciale qui a demeuré entre nous pendant ce court voyage.

Ce que je suis, ce que je serai après cela? heureuse à la façon d'un poisson au milieu d'une prairie; mais trouvez-moi toujours très droite et très bonne, c'est la seule ambition de votre Denise.

# CCIX

## Philippe à Denise.

15 juin.

Vous avez été un peu méchante aux courses pour votre ami; votre cher dernier petit billet ne me faisait pas prévoir cette nouvelle attitude... Vous m'avez très spirituellement blagué; les autres riaient; j'aurais bien ri de bon cœur comme eux, si, au fond de tout cela, je ne sentais vaguement que vous m'en voulez. Ne dites pas non, je le vois, j'en suis sûr. Vous avez des manières de clore à demi les yeux en me regardant, une façon de sourire, de vous taire, qui me font bien souffrir.

Croyez-le, ma chérie, je sais parfaitement la bêtise que j'ai faite en résistant à l'élan de votre cœur; mais croyez aussi que *je vous aime trop pour rien regretter.* Hier, toute la soirée, vous avez écouté avec une complaisance marquée les déclarations de ce grand viveur de Chevrignies. Ne niez pas que c'en fussent: je l'ai senti dans vos yeux qui me narguaient, dans votre sourire fixe de sphinx heureux de prendre une revanche, d'imposer une petite vengeance, le tout dégusté goulûment. Germaine elle-même s'en est aperçue et m'a jeté un: «Vous n'êtes donc plus une lueur suffisante?»

Parbleu, il m'est surabondamment prouvé que vous êtes une femme exquise, une désirable maîtresse; je m'étonne seulement de votre obstination à ne pas comprendre le pourquoi infiniment supérieur qui m'a retenu.

Laissez-moi donc vous mettre en garde contre Chevrignies et consorts; il vous a trop suivie aux expositions, aux Acacias, ailleurs. On commence à murmurer un peu partout qu'il est amoureux de vous. C'est un affichant. En ami sincère je vous crie: «Casse-cou.» Du reste, je pourrais aussi vous le crier à propos de Bernard.

# CCX

## Denise à Philippe.

16 juin.

Eh! là-bas, l'ami très sincère, avez-vous pas bientôt fini de me crosser? Pour qui qu'vous m'prenez donc? Je me fiche de Chevrignies, de Bernard, des autres; ils ont de l'esprit (de temps en temps), ils sont amusants, ils sont drôles, ils me distraient, un point, c'est tout.

En voilà un état, de marquer les coups et de me signaler les pavillons des barques qui s'avancent!

Est-ce que vous croyez que c'est pour vous rendre jaloux que?... Gros bête, allez! Ne sais-je pas bien que mon honneur et le vôtre sont un fonds commun?

«Va! je t'ai pardonné...» Ça se chante à l'Opéra... ça se chante aussi tout bas dans le cœur de votre mie, mon Philippe. Seulement, dame! de temps en temps un peu d'étourdissement m'est encore nécessaire; ces messieurs sont mes eaux. C'est une petite cure morale pour mener à bien, sans rechute, la grande guérison. Chevrignies m'amuse plus que les autres parce que, ma parole, il a l'air de se prendre au sérieux.

Venez me voir ce soir, grand jaloux, je vous ferai rire en vous contant que Germaine, l'autre jour, comme il me tournait des phrases suaves, s'est écriée: «Dites donc, Chevrignies, ne vous y trompez pas avec son grand deuil et son crêpe: elle n'est pas veuve, vous savez... Mon pauvre ami, c'est seulement sa tante qu'elle pleure!» J'ai pouffé; lui, non. Depuis, ayant senti qu'il avait échoué dans ses déclarations légères, il a tout à coup changé de tactique et timidement, de peur d'être pris au mot, je crois, balbutié des paroles vagues sur le divorce.

Pauvre tante de Giraucourt! Son joli héritage est bien sûr pour quelque petite chose dans ce balbutiement... on le dit un peu à la côte, le beau Chevrignies?

Adieu, vieux pion. Je vous aime; mais plus gaiement, j'en conviens... mettons: genre opérette.

# CCXI

## Denise à Philippe.

18 juin.

Pourquoi avez-vous eu cet air, quand je vous ai dit hier: je ne vous aime plus?

Certainement je ne vous aime plus. J'en mourais; m'étant avisée de m'arrêter d'en mourir, la plus simple des logiques m'a amenée à conclure ceci: Vous avez été pour moi une espèce de maladie d'imagination. J'avais, latent, le besoin d'aimer; je vous ai choisi; vous vous êtes récusé avec toutes sortes de raisons qui m'ont paru très mesquines au moment psychologique, je les juge maintenant très sages; il ne faut pas m'en vouloir de *votre* sagesse, voyons?

Je ris de tout cela depuis que je me gouverne, mais je puis me vanter d'avoir connu, en ce temps-là, toutes les profondeurs de la souffrance. J'ai passé de terribles heures; elles me semblent inouïes, inexplicables. Vous ai-je donc aimé si follement? J'étais ridicule, insensée. Ce moi-là n'existe plus; a-t-il jamais été moi?

C'est bien ça la passion: de grands élans, de grands mots, de grands cris passant en ouragan et... qu'on oublie.

L'orage a tout emporté dans la tourmente. Je suis une amie toute neuve, propre et nette, vertueuse et calme, prête à dire: «Pauvres femmes!» aux douloureuses égarées, sans me souvenir que je souffris comme elles et fus aussi folle que les plus folles.

Et quand je pense que sans votre belle résistance,—elle l'a été, mon cher Joseph, ne vous fâchez pas si madame Putiphar ose l'avouer!—j'aurais pu m'imaginer et croire qu'avant moi vous n'aviez jamais aimé, que j'étais la *grande première* de votre vie d'amour... car vous m'auriez bercée de tous ces cantiques et, si absurdes qu'ils eussent pu être, je m'en serais persuadée, j'aurais cru en eux, naïve, et... j'aurais été heureuse d'y croire.

Voilà l'amour: c'est une aberration, c'est une chimère; mais, mais, mais... ce doit être tout de même bien bon de le connaître et c'est parfois un peu triste de se dire: «des lauriers sont coupés!»

# CCXII

## Philippe à Denise.

19 juin.

Il faut me pardonner, ma chère amie, si j'insiste, si j'ai l'air jaloux, si je veille sur vous avec le souci d'un époux; mais vous allez si vite dans cette guérison que je n'y comprends plus rien.

Je connais la vie, je suis un jeune vieillard de trente-six ans se méfiant un peu de soi et des autres; Chevrignies vous aime: il devient discret et vous a de ces phrases révélatrices si on l'interroge:

«—Hein? Quoi? Madame Trémors? un siècle que je ne l'ai vue.»—Alors que vous venez de me dire:—«Chevrignies sort d'ici.»

Madame Nisette, les lauriers sont coupés mais on peut les ramasser, et Michel Chevrignies ne demanderait pas mieux que de se dévouer à cette besogne.

Vous êtes une passionnée qu'anime et brûle une flamme dévorante pour vous, vivifiante pour les autres... Prenez garde.

# CCXIII

## Denise à Philippe.

19 juin.

Mon petit Philippe vous m'ennuyez; prenez garde aussi: si vous continuez, vous finirez par me blesser. Parce que je ne renais pas à votre gré avec une sage lenteur, cela vous cause vraiment trop de souci. Si je me console de vous avoir aimé en songeant qu'on peut gagner le ciel par l'amour, c'est, sur la terre, une assez maigre consolation, je ne vous le cache pas! Où voyez-vous si grand mal a ce que j'enjolive mon existence par une distraction de coquetterie non recherchée mais prise parce qu'elle s'offre? et si peu prise, au fond! plutôt tolérée, vous le savez bien.

Voulez-vous que je vous dise? Eh bien, je vous aime; il faut me pardonner et me plaindre d'en être encore là; notre vie n'est qu'une succession d'inconséquences, ne le prouvai-je pas bien? Se trouver toujours d'accord avec soi-même est une chose impossible; le moi d'aujourd'hui n'est pas le moi d'hier ni celui de demain, et le vôtre, qui m'aimait, courait les champs quand il vint au mien l'idée de l'accueillir. Ah! ne me reprochez pas l'existence un peu mondaine que je me crée; je la recherche pour me distraire de mon amour; je fais du bruit pour m'étourdir et ne pas entendre les derniers spasmes de mon cœur. Tout me semble bon pour arriver à cette complète guérison. Jusqu'ici je frôle le bonheur des autres sans m'en faire un propre; je suis une âme douloureuse et gaie, je succombe et renais sans cesse, je suis sage et déraisonnable, j'ai des croyances ferventes et des déceptions folles; je souffre toujours et par tout: art, amitié, maternité, amour, rien ne m'est un sentiment modéré; trois femmes pourraient vivre du surplus de vibrations que dégage la force de mon imagination. J'emploie une patience surhumaine à me modérer, à refouler mon existence débordante, et vous ne savez pas quels efforts représente mon *au point*.

Vous allez dire, mon chaste et sportique ami: elle est folle... Bah! qu'importe! Des fous? j'en connais d'autres que moi, par le monde, que l'on ne songe pas à enfermer et qui sont pourtant fous au plus haut degré; la seule différence entre eux et les emprisonnés, c'est qu'ils divaguent et déraisonnent sur des points divers et nombreux. Ils ne se croient pas seulement rois ou présidents d'une république, mais génies, dieux, tables, cuvettes.

Philippe, acceptez ma guérison comme elle se présente; le point important est que je sois guérie. Je sens déjà en moi un grand mieux. Prenez-moi comme je suis, sans méchante humeur.

Il est des jours où mon esprit est grave et semble engourdi de pensées douloureuses latentes; vous m'aimez ces jours-là... d'autres, où il est gai; je m'aime ces jours-là... les jours où il est dominé par l'âme, les jours où il est sous la dépendance du corps jeune, en somme, et qui tient à cette misérable vie. Aujourd'hui est un jour d'influence *corps*; aussi je vous pardonne votre lettre. Les jours de *l'âme*, elle m'eût fait pleurer. Vous avoir tant aimé et être si mal connue de vous! Aujourd'hui j'ai reçu des fleurs comme en reçoivent, seules, les courtisanes—et des vers d'amour pas mal troussés, ma foi; je marque plein beau. Je ne veux pas songer: «que la pensée de ceux qui nous aiment le mieux succombe indéfiniment».

*Adio, caro mio.*

# CCXIV

## Philippe à Denise.

24 juin.

Vous avez été délicieuse pour moi à ce dîner d'Armenonville et pendant cette mélancolique ballade à travers la fête de Neuilly. Il y a des jours où l'on sent votre cœur, votre esprit, brûler comme une torche superbe. Cette lueur d'incendie arrive à animer, à pénétrer certains de ceux qui vous approchent et vous aiment; ce rayonnement leur venant de vous, vous les fait distinguer. Méfiez-vous; c'est le reflet de la flamme émanant de vous qui les illumine; ne prenez pas l'ombre pour la proie.

# CCXV

## Denise à Philippe.

25 juin.

Mais qu'est-ce que vous avez? Vous voilà positivement jaloux? C'est une faiblesse de votre part; je la dédaigne un peu. Quoi: vous, prenable à cela? il y a dans ce mouvement de votre âme, pareil et commun à tant d'autres hommes, une vulgarité affligeante.

Allez, cher, Chevrignies n'est pas à craindre, ni aucun autre, du reste. De l'intérêt, de la vanité, beaucoup de forme, un peu de désir, voilà à quoi se réduit l'amour moderne, le vôtre, le leur, et ce n'est pas celui-là qui soulèvera les montagnes. Ne parlons plus jamais de ces choses; j'aime mieux vous dire: je vous écris du petit salon Louis XV, le jour baisse, tout est silencieux, immobile autour de moi. Seule, une rose en se mourant laisse tomber ses pétales; elle s'effeuille dans le fin vase de Venise... cette agonie d'une fleur met une faible sensation de vie, de mouvement muet dans la chambre... cela est suave, lent, moelleux... j'en ai le cœur impressionné. Quelle délicate mort que celle des fleurs!

# CCXVI

## Denise à Philippe.

28 juin.

En attendant le départ pour Royat, je travaille à force. Pourquoi venir si peu avenue Montaigne? Vous aurez, demain, quatre jours d'invisibilité sur la conscience; est-ce une conduite?

Germaine sort d'ici; elle m'a dit vous avoir eu à dîner hier. Paul, après le repas, voulait venir passer la soirée avec moi; vous avez refusé de sortir. C'est pas très gentil, vous savez?

# CCXVII

## Philippe à Denise.

C'est votre faute, ma chère, si vous ne m'avez pas vu; j'arrivais chez vous avant-hier et vis Chevrignies s'engouffrer sous la porte cochère. Arriver bon second, non; alors je vous ai laissé Chevrignies et suis retourné bêtement au cercle où j'ai pris une de ces culottes... ça m'a un peu consolé, étant donné le proverbe.

# CCXVIII

## Denise à Philippe.

29 juin.

Eh! l'homme aux rubans verts, vous êtes insupportable. En voilà un genre?

Mon cher héros parfaitement élevé, vous persécutez avec une politesse et une habileté rares une pauvre femme, pourquoi? parce qu'elle vous a aimé? c'est touchant!

Vous êtes comme celui de la légende italienne à qui on criait: «Aime, animal, et que cela finisse!» et qui répondait en se grattant l'oreille perplexement: «*Povero! Vorrei e non vorrei*[5]!»

Je vous ai envié à toutes et n'ai point été jalouse; imitez-moi.

Pour Chevrignies, ne m'en cassez plus le tympan; que n'êtes-vous entré l'autre jour! Nous nous expliquions; il est sorti de chez moi, j'en suis sûre, en déplorant: «l'aveuglement de la malheureuse qui renonce au bonheur de le posséder». Voilà où nous en sommes, mon prince Grognon!

# CCXIX

## Philippe à Denise.

30 juin.

Moquez-vous de moi tant qu'il vous plaira; l'homme aux rubans verts n'était point un sot, sa seule erreur fut de s'attacher à Célimène. Vous n'êtes pas si banalement coquette, mais bien autrement tourmentante.

Voulez-vous savoir ce qui m'agite et me navre? c'est l'insouciance avec laquelle vous traitez cette affaire Chevrignies quand je vous en parle, et le sérieux et le grave dont il s'entoure, lui. Il a quitté la Manon chargée d'agrémenter sa vie. La liquidation s'est faite avec accompagnement de larmes de la part de la pauvrette; les cocottes, quand elles se croient une peine de cœur en mènent grand tapage; c'est ainsi que personne n'ignore cette rupture.

Vous ne m'ôterez pas de l'idée que Michel Chevrignies songe à prendre dans votre vie une place prépondérante. J'en suis prescient; les événements ultérieurs me donneront raison, vous verrez. Votre esprit peut s'habituer à la pensée d'un divorce... Je perdrais alors une amie chère, une amitié introuvable.

Michel me bat froid; il sent mes prérogatives; une inimitié sourde, inconsciente, grandit entre lui et moi, bien que nous fassions tout pour nous maintenir dans la cordialité de nos rapports d'autrefois.

Comment voulez-vous que, songeant à ces choses, je sois calme et indifférent?

Mon amie, si je vous perds, je suis désemparé, perdu.

Je vous baise les mains de toute mon âme.

# CCXX

## Denise à Philippe.

Quel enfant vous êtes; ne vous souvenez-vous pas de mes théories subversives sur le divorce? Ne voulez-vous pas comprendre surtout que ce grand élan d'amour par lequel j'ai passé, qui m'a portée des jours et des nuits sur les ailes du rêve dans un idéal de pensées de joie, m'a laissée bien sceptique, bien meurtrie, lorsque j'ai repris terre?

Allez, je pourrais, comme l'amoureuse Iroquoise, dire à Chevrignies: «L'ami que j'ai devant les yeux m'empêche de te voir.»

Tout ce petit remuement de diplomatie de Michel Chevrignies, s'il existe, et que vous vous plaisez à voir à la loupe pour vous faire l'illusion d'un tremblement de terre, m'émeut juste autant que de lire dans les échos mondains des journaux: «Grande réception chez madame de Z... On a soupé par petites tables.» Oh! ces petites tables! oh! ce Michel! oh! vous, attachant encore de l'importance à ça!

Je vis en moi et de moins en moins dans le monde, ayant pris dans mon amour l'habitude du recueillement. Je rêve loin, bien loin des vilenies de la vie, heureuse seulement de sentir la main d'Hélène toujours blottie dans la mienne, et vous, et mère, et Gérald, dans mon air, cette atmosphère de spéciale, de latente et constante tendresse dans laquelle j'aime vivre. Qu'importent les distractions cueillies au dehors? Il ne faut pas me singulariser trop en vivant solitaire; Hélène grandit; je conserve pour elle ma place dans le monde. Encore suis-je si peu mondaine!

Il faut être vous pour arriver à me faire des algarades comme en contiennent vos lettres.

Allons, prince Grognon, venez ce soir passer deux heures avec votre amie. Elle vous chantera un *Lied* tout frais composé et pas trop mauvais. Songez que vers le 12 nous partons chez les Danans. Profitez de ce court temps qui me reste, avant d'être des mois séparés, et voyons-nous beaucoup.

Yours Denise.

# CCXXI

## Philippe à Denise.

1<sup>er</sup> juillet.

Impossible ce soir, mon amie; j'ai promis ma soirée. Voulez-vous que je vienne dîner demain? Envoyez-moi un gros oui sur un petit bleu.

Adieu, chère sagesse.

# CCXXII

## Denise à Philippe.

2 juillet.

Mon cher Philippe, voici une lettre pour vous bien prouver que votre amie vous est à jamais acquise; les choses ambiantes ne peuvent rien, désormais, contre vous et moi.

Hier, à cinq heures, Alice me téléphone; son mari avait pris une loge pour lui faire entendre Yvette Guilbert; elle m'y offrait une place. J'accepte, ma belle-mère emmenant, de son côté, Suzanne et tite-Lène au cirque, et vous m'ayant télégraphié que vous ne pouviez venir. Nous étions installés à nos places depuis dix minutes, lorsque Chevrignies vint nous saluer; mon beau-frère, au cercle, lui avait dit qu'il nous emmenait entendre la divette. J'accueille froidement Chevrignies; mais la douce Alice, créée et mise au monde pour ne rien comprendre et ne rien voir, lui offre un siège et le prie de rester. Je commence à croire qu'il est amoureux, car malgré mon froid accueil et bien que, pendant le simulacre de discret combat entre lui et Alice, je m'obstine à lorgner dans la salle, il accepte la place et reste.

Or, à peine était-il installé que, toujours lorgnant, je suis attentivement l'emplissage d'une loge en face de nous et dis à Alice: «Voilà des danseurs à votre fille: Bernard, Maurice de Laurois; une jolie femme avec eux et...»

Et vous, mon cher, cher grand... J'avais devant moi *la soirée promise.*

Ah! mon ami, maintenant, je suis sûre de vous aimer purement, saintement. A peine ai-je senti un cœur un peu battant, une petite secousse, un frisson, puis, plus rien.

Alors, sans quitter une minute votre loge des yeux et sans avoir l'air d'y regarder pourtant, j'ai suivi tous vos mouvements, tous.

Comme vous l'avez bien installée, cette petite; quel soin de son manteau, de ses gants,—vous les avez tirés de votre poche.—Quel remuement de son fauteuil pour qu'elle voie bien la scène, et comme vous étiez assis près d'elle, tout près, si près...

Philippe, accordez-moi cela; je n'ai affecté dans ma tenue, ni dédain, ni curiosité; j'ai été froide avec Chevrignies, nullement coquette, j'ai peu parlé, peu vu le spectacle, mais combien j'ai pensé!

J'ai été—le loin passé, mon Dieu!—un instant bête et malade; j'ai désiré vous voir apporter dans ma vie un complément qui lui a manqué; je vous ai aimé en vue d'une joie que je voulais me créer, où il fallait votre individualité pour qu'elle fût complète. Maintenant je suis guérie et sage; je ne vous aime plus *pour moi*; ce n'est plus mon désir que je caresse en vous; j'ai cessé d'être égoïste, je suis devenue calme; vous ne me représentez plus une réciprocité cherchée... Philippe, je vous aime parce que vous êtes le réceptacle de choses bonnes, tendre, sûres, douces, éternellement accessibles. J'ai en vous une foi irréductible.

Je vous remercie de l'air malheureux, gêné, que vous avez eu en nous découvrant dans la salle; il venait de la crainte de me faire du chagrin, pas vrai? Non, je n'en ai pas eu, presque pas eu, et j'ai compris pourquoi vous ne m'avez pas aimée: cette femme est blonde comme Ève, blonde comme Vénus, comme Marie-Magdeleine, comme toutes les grandes amoureuses, comme toutes les aimées...

Voyez, cher vieux pion, à quoi peut tenir l'honneur d'une femme: à une nuance de cheveux! ô fragilité... le pâle petit pruneau que je suis ne vous en veut pas; il pense seulement un peu triste: ainsi s'envole l'amour...

Votre

DENISE.

*P.-S.*—Il y a toujours une face grotesque aux choses humaines; avez-vous remarqué la tête de Michel lorsqu'il vous regardait? Votre jolie blondine en riait même, je crois. Chevrignies avait l'air furieux et enchanté; quel mélange! par quelle bizarrerie furieux, puisqu'il pouvait penser que j'allais recevoir une désillusion en plein cœur?

Je ne sais pourquoi son air et son allure m'ont horripilée et fait presque le haïr. Je n'aime pas les gens qui prennent ainsi pour eux, sans y être autorisés, une part d'un émoi qu'ils n'ont même pas le droit de soupçonner. Au reste, je le lui ai fait un peu méchamment sentir.

Et puis, me croiriez-vous aussi bête? Quand à un entr'acte il est sorti de notre loge et vous de la vôtre, j'ai imaginé je ne sais quoi d'idiot, d'absurde, et mon cœur s'est serré. Ah! ces cœurs de femme tout pleins d'imaginations, quels ennemis d'elles-mêmes! Avez-vous entendu le concert, vous? Moi, pas un son ni un mot. Ils auraient tous pu parler japonais sans que je m'en aperçusse. Douce joie mondaine! Sainte Yvette, pardonnez-moi!

Je vous attends impatiemment ce soir. Il est dix heures du matin, l'heure du dîner me paraît devoir venir dans un siècle.

# CCXXIII

## Denise à Philippe.

3 juillet.

Mon grand,

Pourquoi avoir eu, toute la soirée, hier, cet air préoccupé? Que vous arrive-t-il encore? Hélène l'a remarqué comme moi; elle m'a dit: «Maman, les yeux de Philippe étaient pleins de larmes quand vous avez eu fini de chanter l'Adieu de Schubert...» Nous étions si heureux tous les trois ensemble... par quels papillons noirs vous êtes-vous laissé envahir?

Ne manquez pas le dîner du dimanche, demain chez mère. Nous y fêtons l'anniversaire de la naissance de tite-Lène. Sa joie serait incomplète si vous ne veniez pas.

# CCXXIV

## Denise à Philippe.

Dimanche 4 juillet.

Mon ami, je suis bien émue... je lis dans le journal qu'une rencontre à l'épée a eu lieu hier matin samedi entre deux clubmen connus MM. M. Ch. et P. de L. et qu'après la deuxième reprise M. de L., a été touché à l'avant-bras, ce qui a mis fin au duel.

C'est vous, c'est vous! Ah! mon Philippe, voilà donc la raison de votre air préoccupé? Je suis bouleversée; ma première pensée a été de courir chez vous; mais j'ai eu peur de m'y rencontrer avec votre blonde amie; alors, je me résous à vous faire porter cette lettre par mon vieux François. Ah! permettez-lui d'entrer auprès de vous pour qu'il me dise qu'il vous a vu et comment vous êtes.

Avez-vous quelqu'un pour vous soigner? Voulez-vous que je vienne? Je suis folle d'inquiétude. Ah! mon grand, mon cher, cher grand... quand je pense qu'il pouvait vous tuer!... Mais pourquoi ce duel?

Tenez, je pleure comme une bête!

# CCXXV

## Philippe à Denise.

Ma chère amie,

Je dicte cette lettre à mon frère; ma blessure est douloureuse mais peu grave; j'ai le dessus de l'avant-bras balafré et percé en séton. Le docteur ne paraît pas inquiet; je suis un peu fiévreux; mon bras est engourdi et me semble lourd; par prudence on me fait garder le lit aujourd'hui.

François m'a vu; ce brave garçon m'a serré la main (la gauche), avec une émotion qui m'a gagné. Je vous enverrai mon frère ce soir, chez madame de Nimerck, il vous donnera plus de détails.

Adieu, je vous aime de tout mon cœur; j'embrasse avec tendresse ma petite Hélène; j'espère que les fleurs et les épingles de perles fines lui auront fait plaisir.

PHILIPPE.

P.-S.—Le secrétaire se permet, chère madame, de vous saluer ici respectueusement et de tout son cœur en attendant ce soir.

JACQUES DE LUZY.

# CCXXVI

## Denise à Philippe.

Lundi 5.

Votre frère m'a tout raconté, hors le pourquoi de ce duel et je n'ai pas osé l'interroger... Ma seule inquiétude d'ailleurs c'était, c'est vous. Vivre seul avec un domestique lorsqu'on est blessé, ce n'est pas vivre. Je me morfonds à l'idée qu'il m'est interdit d'aller vous voir; j'enrage contre les conventions mondaines qui n'empêchent pas la réalisation du mal et interdisent la manifestation du bien. J'aurais tant de plaisir à vous rendre des soins capables de vous distraire!

Laissez-vous toujours voir par François; il bourre ses yeux de souvenirs qui nous intéressent, même nous amusent, Hélène et moi. Il dépeint l'emmaillotement de la gouttière soutenant le bras... nous voilà émues. Il saute de là pour dire: «Il y a sur la cheminée le portrait de notre petite mademoiselle à côté d'un petit chien qu'on dirait en sucre verni et peint.»—Mon Hélène, joyeuse, s'écrie: «C'est mon beau petit chien en saxe que j'ai donné *à mon grand toutou de Phillip*, quand j'étais petite(!) et il l'a encore? bon Phil! il ne l'a pas encore cassé *en jouant avec...*» Et, devenant sérieuse et grave: «Vois-tu François, il m'a promis de garder son portrait toute sa vie:»—François, ahuri, ne comprend plus rien, les adjectifs de tite-Lène s'accordant, dans la conversation, comme ils peuvent.

Adieu, cher malade; nous pensons à vous, trop.

# CCXXVII

## Philippe à Denise.

8 juillet.

Il mio fratello me prête encore sa main, ma chère amie. Je vois que François, en vous rendant quotidiennement compte de mon état, est d'une grande discrétion malgré tous les détails qu'il vous donne. Ce serait mal à moi d'abuser de votre pitié au moins en ce qui concerne mon abandon; j'aime mieux m'en fier à votre indulgence et à votre discrétion et vous avouer que depuis dimanche soir, me voyant privé de l'usage de mon bras, j'ai été pris de l'ennui de rester dans la solitude et j'ai gardé la blonde petite qui m'offrait ses mains blanches pour me soigner. Je suis entouré de sympathie... ne me plaignez donc pas trop. Vous vous imaginez bien, en effet, que si les choses ne s'étaient pas passées ainsi j'aurais eu recours à vous et prié votre dévouement de s'asseoir à mon chevet; mais cela n'aurait pas été aussi sage, quoiqu'il n'y eût pas eu là de quoi alarmer M. Béranger lui-même, que notre histoire réconforterait plutôt.

C'est pour moi le regret de l'hospitalité que j'ai offerte, de ne pouvoir vous convier à venir...

J'espère bien, du reste, être vite remis; on doit me permettre de sortir jeudi prochain. J'irai vous voir; on me rendra d'ici là mon bras moins impotent avec des bandages plus menus.

Adieu, mon amie; je vous remercie de vos lettres et je profite des privilèges que donne la maladie pour vous embrasser très tendrement vous et Hélène.

# CCXXVIII

## Denise à Philippe.

Vendredi 9 juillet.

Mon cœur s'est une dernière fois un peu convulsé... C'était l'agonie finale, ne vous en attristez pas outre mesure. Je m'aheurtais à une pensée, à un sentiment qui doivent mourir; ils sont morts... que leur souvenir vous soit léger!

Si vous devez sortir le 15, je ne vous verrai donc pas avant notre départ pour Royat? c'est triste. Il n'y a pas moyen de reculer ce voyage—croyez que j'y ai bien pensé—pour ces raisons: Marie-Anne Danans nous a invitées, Hélène et moi, non à Royat, mais dans sa terre de Fontana, proche de Royat. Elle nous attend sans faute le 13, date fixée antérieurement entre nous; mère, ma belle-mère, s'expliqueraient mal le retard que j'apporterais à partir, d'autant que mesdames Trémors, d'Aulnet et miss Suzanne, doivent voyager avec nous et qu'un compartiment est retenu.

Non seulement aussi, la terrible chaleur qu'il fait explique qu'on ne veuille pas traîner à Paris mais, de plus, Chevrignies à dû tenir au cercle de vagues et absurdes propos que s'est empressé de redire, dans la famille, mon imbécile de beau-frère. Voici la scène qui s'est passée hier chez Alice et dont l'ironie m'a frappée: Aprilopoulos, avec naïveté, nous raconte que Chevrignies est parti pour Bade le surlendemain du duel.

—Du reste, vous devez le savoir aussi bien que moi, mesdames, il n'a pu s'en aller sans prendre congé de vous; n'était-il pas dans votre loge le soir de la provocation?

MOI.—Ah! c'est au concert que ces messieurs?...

APRILO.—Mais oui; il paraît que Luzy console une amie de Michel; elle était en face de lui avec son nouveau protecteur. Michel, énervé de les voir là, a quitté un moment votre loge; Philippe, voyant cela, n'aurait pas dû sortir de la sienne dans les conditions où il se trouvait, si rapide successeur de Chevrignies. C'est alors qu'ils se rencontrèrent dans le couloir; ils échangèrent des propos blessants; le lendemain, Luzy envoyait des témoins à Chevrignies et vous savez le reste. Quelle sotte aventure! pour une petite dame... c'est tout un roman.

SUZANNE.—Oh! le vrai roman n'est pas seulement là; le vrai roman, mon cher, c'est autre chose...

ALICE.—Suzanne, tu devrais les ignorer ces choses; je regrette, monsieur Aprilopoulos, que vous ayez parlé devant ma fille...

SUZANNE.—Maman, je vous en prie, ne soyez pas si correcte; j'ai vingt-quatre ans, je ne suis pas une enfant. L'âge de ne pas ignorer *ces choses*, à moins d'être une sotte, est venu pour moi.

Alice a répliqué je ne sais quoi à sa fille, sans la faire taire d'ailleurs. La discussion a bifurqué; je ne me suis pas avisée de la remettre sur le chemin du duel; j'étais troublée un peu, ayant encore eu là une belle occasion de ne pas annihiler mes inquiètes palpitations.

Étant donnés ces événements, je ne puis pas rester à Paris et y attendre votre convalescence; ce serait sujet à interprétation malveillante, et puisque vous avez fait de moi une honnête femme, encore est-il d'une certaine utilité que je paraisse telle au public... Ah! quel mal on a à garder une chère amitié fervente!

Ma belle-mère, ma sœur Alice, Suzanne, descendent à Royat chez Servan, au Grand-Hôtel. Pourquoi n'y viendriez-vous pas en convalescence? C'est à deux pas de Fontana. J'irai chaque matin faire mon traitement et plonger tite-Lène dans la piscine; nous nous rencontrerions. L'après-midi vous monteriez chez les Danans, vous psychologueriez avec le beau Paul. Enfin, voyez à arranger cela...

Je ris, songeant à ces combinaisons proposées, si lointaines de vos propres combinaisons, peut-être? Ah! pauvre moi!

# CCXXIX

## Philippe à Denise.

11 juillet.

Mon amie,

Avant votre départ, je veux vous envoyer un mot; pardonnez cette écriture difforme; je me suis souvenu avec joie tout à l'heure que, dans mon enfance, j'étais gaucher et, bien qu'assez stupidement on ne m'ait pas appris à me servir de mes deux mains, vous bénéficierez de quelques beaux restes d'instinct.

Je ne me suis battu, ma chérie, ni pour vous, ni pour *elle*, voilà la vraie vérité. Je me suis battu égoïstement pour moi, parce que ce monsieur m'agaçait. Je m'en suis aperçu tout à coup, et ça m'a fait du bien de détendre mes nerfs dans l'échange de ce coup d'épée.

Voilà une psychologie à cent lieues de celle de l'aimable effleurée Suzanne; elle la surprendrait bien.

Ce duel s'est dressé inopinément entre nous; il a surgi sans raison. Ce n'en est pas une que de succéder à un ami de cercle, dans la vie de ces demoiselles; nous nous les repassons ainsi, plus ou moins; Michel avait là une part d'actionnaire que j'ai rachetée temporairement, et c'est tout. La funeste imagination des âmes sensibles découvre, dans ce simple fait, trop de choses qui n'y sont pas.

Si j'ai, par nonchalance, laissé croire à cette charmante horizontale qu'elle valait quelques gouttes de mon sang, c'est galanterie pure. La pauvrette s'en est fait honneur. J'ai eu la charité de lui laisser ses illusions. Dans ce monde-là elles croient que ça les pose, un duel...

Mais vous, mon amie, il faut que vous sachiez la vérité; elle est tout entière dans ce que je vous ai dit: je me suis battu pour moi.

Ne me demandez pas de vous analyser ce sentiment plein d'égotisme en somme. Mon pococurantisme s'est secoué une seconde; Michel était sous ma main; avant qu'il ait eu le temps de s'ébrouer il avait reçu l'algarade. Et voilà.

J'irai vous voir non à Royat, mais à Nimerck. Sachez tout: j'ai promis d'emmener en Suisse la jeune femme en question; la vue de mon sang pur lui a fait rêver la neige des glaciers.

J'espère vaguement qu'elle me sera soufflée là-bas par un riche touriste anglais; elle a le tête-à-tête un peu lourd et je suis habitué à plus de finesse de compréhension à mon ordinaire. Au travers d'elle, Chevrignies me poursuit et m'embête encore.

La rupture me sera facile; elle s'annonce déjà bien, la mignonne m'ayant dit ce matin—à propos de bottes—: «Eh bien, *vrai!* et moi qui t'croyais plus riche que Che-che... en voilà une histoire!»—Pardonnez l'horreur de cette citation, mais elle me paraît, dans la forme et le fond, devoir éclairer d'un jour tout nouveau pour vous l'état d'âme où nous sommes, l'ange du mal et moi. *Che-che*, vous savez, c'est Chevrignies.

Adieu; prenez des forces à vos eaux, ma chère brune aimée; ma main gauche est rompue; adieu encore... Écrivez-moi et attendez sans impatience mes réponses, maintenant que vous savez ce qui s'est passé, ce qui se passe au fond de mon cœur; les intermédiaires entre vous et moi m'assomment, et puis je ne sais pas dicter.

Adieu; baisers à Hélène et à vos mains pâles, mon cher bonheur.

# CCXXX

## Denise à Philippe.

Adieu à vous aussi. Mère part dans peu de jours pour Nimerck; si votre cure d'amour est finie avant ma cure d'eau, elle vous y recevra et vous m'y attendrez. Adieu. Hélène vous rend vos baisers.

Miss May prépare, en vraie Anglaise, et sur ma table qui bouge, les douze colis qu'elle tient à emporter *à la main.*

Adieu. *Dear child, I love you.*—Ah! vous n'êtes plus que cela: mon cher, cher enfant!

# CCXXXI

## Denise à Philippe.

15 juillet.

Nous avons fait un bon voyage, moi tourmentée de vous et un peu triste, Hélène, heureuse de traverser des pays nouveaux; miss May ravie d'être en *miouvemente*; Marie-Anne était venue au-devant de nous à la gare de Clermont-Ferrand. Nous avons abandonné là nos compagnes de route et sommes parties immédiatement pour Fontana.

Le château des Danans est une grande maison Louis XVI Auvergnat, sans finesse, mais avec de belles lignes simples. Le parc est superbe; à plat d'un côté, en terrasse de l'autre, avec une dégringolade d'arbres centenaires sur un versant de colline jusqu'à un ravin au bas duquel coule un fou petit cours d'eau: la Tiretaine. A l'horizon, à gauche, le puy de Dôme; à droite, Royat, sa vieille église, les ruines de son château, et, tout au loin, les plaines immenses de la Limagne avec Clermont posé sur une petite montagne plate, sa cathédrale dominant tout et mise au milieu des maisons sur ce monticule comme sur un tabouret. Le lettré grand seigneur Paul Danans a été charmant pour nous; il s'est extasié sur la beauté de ma fille, ce qui me flatte toujours.

Il m'a conduite lui-même à ma chambre et m'a dit: «C'était celle qu'habitait notre chère Magda.» J'ai eu un frisson. Magda Leprince-Mirbel était une grande amie de Marie-Anne et la maîtresse du beau Philippe Montmaur qu'elle aima follement.

La vie est triste, mon ami; me voilà assise à la table où cette femme supérieure, entrevue dans le monde par moi alors qu'elle s'apprêtait à en sortir si tragiquement, et que j'y promenais triomphante mes jeunes débuts, venait s'accouder et penser, et écrire à son amant. Pauvre ombre de grande amoureuse, si vous errez par la chambre, que vous devez sourire de la fugitive flamme qui m'a un si court instant embrasée, puis s'est éteinte...

Cher grand, ne sentez-vous pas ainsi que moi? J'ai souvent l'impression que le temps nous presse de vivre: il groupe et hâte les événements de nos vies, comme s'il avait souci de nous tirer du charme tentateur déversé par les situations latentes. Cette coïncidence de notre rencontre au concert, ce duel, ces nouvelles explications entre nous, cette nouvelle séparation, voilà encore une étape franchie par notre amitié; nous voilà proches du dénouement, bien près d'avoir conquis le calme dans lequel nous vivrons désormais, après tous ces ressauts de nos cœurs. Nous avons épuisé toutes les sensations que comporte l'amitié amoureuse. Jouissons de ce repos et vivons décidément en honnêteté, en douceur, en beauté, tout comme les héros d'Ibsen.

Adieu; le premier coup de cloche du dîner sonne; il faut m'habiller. Marie-Anne m'a conseillé, si je veux séduire son mari, d'attacher quelque importance à cette toilette: «Montre un peu la peau blanche de ton cou Paul adore tant se croire à Londres.» Elle souriait, détachée de ces choses, elle, mais indulgente... Vous êtes nonchalant... il est Londonnien... «Chacun il a son faute...» comme déclare miss May dans son imagé jargon soi-disant français.

DENISE.

*P.-S.*—Je rouvre ma lettre avant de m'endormir. Donnez-moi de vos nouvelles; ce soir, après dîner, nous avons parlé de vous. Danans m'a inquiétée; je lui disais la nature de votre blessure, il s'est écrié: «Et on l'a tenu à la chambre si longtemps pour cela? Allons, ceux qui nous suivent sont décidément un peu douillets».

Vous ne l'êtes pas, je le sais... alors la folle du logis fait chevaucher de tristes rêves; vite un mot à votre princesse Extrême.

# CCXXXII

## Philippe à Denise.

Mercredi 16 juillet.

Je réponds en hâte à votre lettre: calmez vos inquiétudes, amie aimée; je vais très bien; mais j'ai eu une complication à ma blessure deux jours après le duel. Je ne vous en avais rien dit afin de ne pas vous tourmenter; vous pourrez donner ces détails au grand romancier, s'il vous reparle de moi, pour qu'il me traite mieux: l'épée de Chevrignies m'a traversé la peau de la face interne de l'avant-bras et m'y a fait une plaie en séton de quelques centimètres; on m'a pansé, et, par prudence, j'ai gardé le bras en écharpe deux jours; on me donnait des bains locaux phéniqués; par horreur de cette odeur je n'aurais osé sortir ni me présenter chez personne. Le second jour, des frissons m'ont pris, tout le bras était douloureux et j'avais de la fièvre; Félizet a trouvé de la rougeur, du gonflement à la partie blessée; il a fallu débrider la plaie dans toute la profondeur, attouchement peu agréable. C'est cette recrudescence de mal que je vous ai cachée et qui m'a forcé de garder la chambre, le bras maintenu dans l'immobilité par une gouttière.

Voilà, ma chérie, toute l'histoire; notre grand chirurgien d'ami pourra vous la confirmer; voilà pourquoi je n'ai pas été vous baiser la main avant votre départ, voilà pourquoi Danans a tort de m'appeler douillet.

Cela me gêne bien de vous écrire de la main gauche: patientez pour mes réponses et écrivez-moi, vous, tout ce que vous faites et dites.

Baisers à Hélène, souvenirs aux Danans. Je suis triste. Soyez-moi tendre.

# CCXXXIII

## Denise à Philippe.

17 juillet.

Et je n'ai rien deviné; et je n'ai pas senti que vous étiez plus malade: j'ai cru ce qu'on me disait, nul pressentiment ne m'a troublée... Vous êtes cruel de m'avoir laissée partir dans cette ignorance.

Vous êtes triste maintenant; qu'est-ce encore? J'ai une envie folle d'écrire à Félizet... ma foi, il pensera ce qu'il voudra: il est fin et bon; peut-être à cause de cela trouvera-t-il ma demande toute simple? Ce qui me retient d'écrire c'est la peur de vous contrarier et d'être grondée par le cher vieux pion.

Vous êtes triste? Hélas! s'il est vrai que «l'âme la plus éprouvée a le plus de pouvoir guérisseur sur l'autre», je dois donc vous guérir... mais de quel mal, mon Dieu? Ce mot *triste* me brûle les yeux en relisant votre lettre, et je sens, désespérée, que je ne puis rien pour vous. Je ne vous rends pas responsable de l'état où vous êtes, parce que je vous aime, j'en accuse le milieu où vous vivez. Je ne puis pas vous dire quel dégoût j'ai de ce monde inutile et chic, vide de pensées, improductif et joueur. Deux amis d'Aprilo, papillonnant hier au soir au Casino autour de Suzanne m'en ont donné la nausée. Ces jolis gars traînent leur existence à la manière des femmes de plaisir; au fond de tout cela j'ai bien peur qu'il n'y ait pas autre chose qu'une terrible paresse. Je souffre pour vous de vous voir continuer d'attendre qu'un dieu de la machine vienne vous tirer du cocon d'ennui où vous êtes... Ne ferez-vous donc jamais rien? Réfléchissez, trouvez quelque chose, vous serez moins triste, mon grand. Vous me boudez? Ah! fâchez-vous si vous voulez, mais «aimez-moi, voilà la loi et les prophètes».

# CCXXIV

## Denise à Philippe.

19 juillet.

Je reçois avec joie tous les matins la dépêche bulletin de santé; mais que veut dire le: «suis triste, seul...», que contenait celle de ce matin. Triste, je le savais, mais seul?

N'allez-vous plus en Suisse avec l'objet aimé? Qu'est-il survenu dans votre vie? un pétale de rose, une plume d'oiseau, se sont mis en travers de votre chemin? Dites, afin d'être consolé...

Je viens d'avoir la visite de ma fille (je l'ai laissée ce matin à Royat pour déjeuner avec sa tante et ne la ramènerai à Fontana que ce soir, après un dîner que ma belle-mère offre aux Danans à son hôtel), avec Suzanne et Aprilo, tous les deux gais et gentils, confiés à la garde d'un petit cheval, d'une petite voiture et d'une petite fille: tite-Lène. Ils sont entrés par la grande avenue ainsi que trois radieux printemps. On a parlé de vous en buvant du vin d'Asti parfumé de muscat, pétillant comme du champagne. Hélène était divine me disant: «Je vous fais une visite, maman.» Elle en avait un orgueil de petite femme, de jouer avec moi *à la dame.*

Marie-Anne a mis des fleurs dans leurs mains et ils sont partis contents, gais, gentils, frais sous le soleil, par la route poudreuse.

Pourquoi Alice ne marie-t-elle pas ces enfants? le brave et sain cœur de Grégor Aprilo serait le salut de Suzanne, plus légère que fautive, en somme.

# CCXXXV

## Philippe à Denise.

20 juillet.

Vous avez deviné, je ne pars pas pour la Suisse, mon infante m'a quitté, ne me trouvant pas assez *rigolo* pour devenir l'ordonnateur de ses menus-plaisirs. J'ai peur pour l'avenir de cet objet; dans la galanterie, il faut savoir s'ennuyer pour réussir... Mais laissons cet être inférieur en l'éternel oubli, et ne soyons plus que vous et moi dans l'univers.

Je m'apprête à prendre une formidable résolution et j'aurais bien aimé que mon amie fût là pour me guider et remonter mon courage.

Quel pauvre correspondant je fais! Quand je relis mes lettres avant de vous les envoyer, je suis toujours sur le point de les déchirer. Je n'ai jamais pu écrire correctement ni traduire exactement ma pensée du premier jet.

Si j'avais été écrivain j'aurais beaucoup raturé; vous devez vous en apercevoir et souvent me trouver obscur. Je regrette de n'avoir pas la bêtise nécessaire qui me donnerait un tranquille contentement de moi-même. D'un autre côté, je vous l'ai déjà dit, ça ne m'aurait pas dégoûté d'être un homme de génie; mais se sentir médiocre et impuissant et se le reprocher continuellement, quelle vie! c'est la mienne. Enfin mon cœur reste bon et vous l'avez; c'est pour cela que vous m'aimez un peu, je pense. Le tableau de Grégor, de Suzanne, de la petite fille, du petit cheval, de la petite voiture est idyllique. Je suis de votre avis: gai, gai, marions-les. Il sera toujours temps de voir après. Si vous étiez un peu adroite, vous devriez bâcler cette affaire-là.

Je baise vos mains. Mon bras va mieux.

# CCXXXVI

## Denise à Philippe.

23 juillet.

J'ai tant de choses à vous dire que je ne sais par laquelle commencer: D'abord: vous. Il ne faut pas vous laisser envahir par ces désespérances; vous êtes en pleine force, en pleine jeunesse, et bien des jours passeront avant qu'il soit temps de dire avec Louis Bouilhet:

> Mon rêve est mort sans espoir qu'il renaisse,
> Le temps s'écoule et l'orgueil imposteur
> Pousse au néant les jours de ma jeunesse
> Comme un troupeau dont il fut le pasteur.

Mais non, cher, vous n'êtes pas un pauvre correspondant; cela serait-il, je vous aime comme vous êtes et puisque votre «cœur est bon» et que je «d'ai», je n'ai rien à demander de plus ni de mieux.

Je regrette de n'être pas auprès de vous quand vous souffrez et que vous vous plongez dans le marasme; ma bonne humeur vaillante est contagieuse et vous donnerait du courage. Mère, seule à Nimerck, me pleure à ce point de vue dans ses lettres. Je suis un remontant admirable, paraît-il. Ceci devrait constituer une situation lucrative dans le monde; alors je serais riche! Mais voilà, on ne s'est pas encore avisé de monnayer les sentiments gais; certaines demoiselles ont bien fait ça pour l'amour... je ne sais au juste pour quelle cause cela leur a établi dans le monde une incontestable mauvaise renommée.

Peut-être ont-elles falsifié l'admirable marchandise? ou bien, décidément, l'amour est-il un sentiment qui doit s'ingurgiter triste?

Prenez courage, mon désespéré de vous et des autres; ne m'en veuillez pas de plaisanter un peu vos grands petits chagrins; cela tient à ce qu'un heureux événement se prépare... Hier au soir, après le dîner, tandis que Suzette et Hélène dansaient au Casino, Grégor m'a offert le bras, et, dans les allées silencieuses du parc, il m'a dit le secret de son cœur et demandé de parler pour lui. Le brave garçon était ému, et moi bien touchée de sentir en lui tant d'amour pour ma nièce. Or, dès ce matin, j'ai eu un entretien avec Alice et Suzanne. Le chiffre de la fortune d'Aprilo, beaucoup plus élevé que n'avaient pensé ces dames, a décidé ma nièce à «courir les ambassades». La voilà bel et bien fiancée; j'en suis ravie. Demain, chez les Danans, nous les avons tous à dîner.

Tandis que je vous écris, Marie-Anne au cœur ingénieux en délicates attentions, transforme la salle à manger en bosquet de verdure au moyen de branches d'arbres coupées dans la forêt et parmi lesquelles les domestiques, les jardiniers, Marie-Anne, tite-Lène, et un jeune voisin de campagne, fils d'une amie des Danans, Claude Barjols, posent de ci, de là, des fleurs blanches.

L'effet est délicieux; Hélène, rose de plaisir, admire l'œuvre avec des enthousiasmes juvéniles; ils troublent un peu la bonne ordonnance de ma lettre, car je vous écris du petit salon donnant dans la salle, les portes grandes ouvertes. De temps en temps on m'interpelle et je suis obligée de crier mon admiration sans que mes interlocuteurs daignent arrêter une minute, pour m'entendre, le brouhaha de leur organisation savante et fleurie.

L'état de toute la maisonnée est un peu agité par cette grande nouvelle, et moi plus émue que je n'aurais cru des souvenirs qu'elle éveille en...

Cette fois, j'ai été arrêtée pour de bon par Marie-Anne.

Elle vint s'asseoir dans un fauteuil, me jetant un: «Eh bien?» si doucement impératif que j'ai laissé là ma plume.

Mon ami, comme cette femme est superbe dans ses quarante ans! la belle et noble allure! Elle défaisait lentement ses gants, et le bras et la main me sont apparus si purs de ligne... j'en étais émerveillée.

—Eh bien, Denise? voilà un recommencement... voilà la roue qui tourne, tout proche de nous, et engrène deux nouvelles existences; heur ou malheur, la destinée pour eux?... *Chi lo sa?* et dire que, si broyées soyons-nous, personne n'aura le courage de crier à ce couple: Vous tentez l'impossible rêve, n'y ayez pas foi; et, afin de ne pas empoisonner vos jours de désillusion: «*lasciate ogni speranza*».

Elle s'était levée et marchait de long en large devant la table où j'étais accoudée; j'ai lu sur ses traits une émotion inaccoutumée... elle aussi se souvenait...

Marie-Anne me parut plus grande, plus belle dans les longs plis de sa robe de laine blanche; sa majestueuse stature évoquait en mon esprit une déesse sage et désenchantée:

—Oui, ni toi ni moi ne dirons à la jeune fille ce que nous avons souffert. A quoi servirait? Pourrions-nous lui donner une joie autre en remplacement du désir qui naît en elle? Alors, nous nous étourdissons pour l'étourdir, nous lui sourions pour qu'elle sourie; nos lèvres murmurent: «Va!» et nous la poussons doucement devant nous afin qu'elle ne voie pas nos yeux baignés de larmes et ne soupçonne pas les meurtrissures, qu'en route on nous a faites au cœur; nous devenons joyeuses, nous lui donnons des fêtes, nous lui cachons les amas de douleur que la vie entasse dans les âmes: va!... si tu as l'âme tendre, tu seras la victime; si c'est lui, il sera victimé; mais soyez assurés, pauvres fiancés, que votre étoile, pas plus que les nôtres, n'ira par le monde sans défaillance de lumière!»

—Marie-Anne, tous les hommes n'ont pas l'esprit arrogant et ne nient pas en nous, gouailleurs, notre soif d'amour, de tendresse: tous n'apportent pas en mariage une âme sceptique, en cendre...

—Peut-être... d'ailleurs, ta nièce a la chance de les valoir, ces hommes. C'est une satisfaite d'elle, orgueilleuse, positive, impérieuse; elle est de la catégorie de celles qui nous vengent. Mais ton Hélène?

—Oh! Hélène est encore un baby!...

—Tu trouves? petite Nisette, tu es comme toutes les mères... tu couves la coque vide de l'œuf sans t'apercevoir que le poussin a ses ailes et qu'il vole... tiens, regarde...

Cher, madame Danans me montrait mon Hélène, étendue sur un rocking-chair. Claude Barjols (il a dix-sept ans), lentement la berçait; d'une gerbe qu'il tenait dans sa main, il laissait tomber une à une les fleurs sur Hélène et souriait en la regardant. Elle parlait; les réponses de Claude semblaient des dénégations, des défenses... mais elle prenait un petit air boudeur, fâché, et lui, humble, s'excusait. Oui, oui, il n'y avait pas là deux enfants, mais un jeune homme, une jeune fille... j'ai senti mon cœur défaillir... j'allais, fâchée—de quoi, mon Dieu?—appeler Hélène, quand Marie-Anne pressa ma main, disant: «Écoute...»

Alors, les mots arrivèrent jusqu'à nous, attentives:

—Pourquoi voulez-vous que je garde vos fleurs? Vous avez été bien trop vilain hier; vous aviez honte de me faire danser au Casino, oui, honte!

—Mais non, non, je vous jure, vous vous faites des idées...

—Oh! que non! et tout ça parce que j'ai l'air d'une petite fille avec mes robes courtes; mais l'année prochaine elles seront longues, je serai plus vieille et c'est moi qui ne danserai plus avec vous mais avec de vrais messieurs grands, et ce sera bien fait...

Il riait, le jeune garçon, et soigneux de l'enfant boudeuse il la berçait doucement, s'amusant à laisser naître en elle, à son profit à lui, quelques soucis de femme...

—Es-tu édifiée, Denise?... elle est bien jolie, ta fille, et si suave!... Mon mari, lui-même l'aime et la choie. La voyant courir l'autre soir sur la pelouse, pour la première fois il a manifesté ce regret: «Si j'avais été sûr d'avoir une fille semblable à cette petite, j'aurais aimé que vous eussiez un enfant.» Ah!

j'ai été jalouse de toi à cette minute-là, Denise; jalouse de ce souhait tardif de paternité comme d'une infidélité. Ce n'est pas seulement en père que Paul aime tite-Lène; c'est pour cette fraîche féminité, cette coquetterie naissante, qui émanent d'elle. Elle possède un charme au-dessus de son âge, un tact, une finesse, une câlinerie...

—Oui, tant que vous voudrez, mais c'est inconscient; la croire capable de voir autre chose que des fleurs, dans ces fleurs qui tombent des mains de Claude sur sa jupe vague et flottante de fillette...

—Eh bien, tu vas voir.

Alors me prenant par le bras, elle s'avance sur le perron et, là:

—Hélène? s'écrie-t-elle.

—Ah! c'est vous, ma Mie-Anne?

La petite se lève, ramasse vite ses fleurs et accourt vers nous avec son compagnon, tout cela si franchement, si naïvement, que je ne pus me retenir de lui mettre un baiser au front.

—Vous m'avez appelée, Mie-Anne?

Et, en parlant, ma fille groupait artistement ses fleurs et en glissait une partie dans sa ceinture.

—Tu as là un joli bouquet. Veux-tu me le donner?

—Mie, j'aime mieux vous en cueillir un autre.

—Celui-là me plaît...

—Voyez, les fleurs en sont déjà presque fanées...

—Tu tiens donc tant à ce bouquet?

—Ma bonne amie, je vous en ferai un bien plus beau; celui-là, tenez, je vais en donner la moitié à petite mère (avec un regard vers Claude et devenant rouge en voyant l'air un peu vexé du gamin) parce que petite mère, c'est encore un peu moi... Mais pour vous je cours en chercher un beau, un plus beau ma mie!

Et la voilà se sauvant au bout de la pelouse. Ah! ce: «c'est encore un peu moi...» Marie-Anne souriait; moi, deux larmes perlaient à mes cils et je pensais: déjà!

—Tu vois? n'avais-je pas raison? elle aiguise son cœur et voit «autre chose que des fleurs en ces fleurs».

Ah! Philippe, j'en reste atterrée! penser qu'il y a quelques mois à peine je me sentais entraînée par cette folie d'amour sans songer que l'heure de mon Hélène était si proche!

Avec quel soin il va falloir m'occuper de son cœur et devenir la confidente de ses plus secrètes pensées! je veux être son amie: la tâche sera douce et facile... mais quelle décevance de l'armer pour la lutte sentimentale au lieu d'avoir à lui dire: crois, aime, espère! Quelle mère attentive a gardé pur le cœur de son fils et dirige en ce moment ce fils qui deviendra l'époux de ma fille?

Pourrai-je jamais, comme on a fait pour nous toutes, la livrer, sur de belles apparences, à un inconnu? Ah! tenez, je voudrais pouvoir ôter quinze ans de votre vie, vous dont je connais les qualités et les défauts, et commencer à vous élever à la brochette en vue de ma fille... Ne riez pas de cette folie; j'ai l'âme pleine de larmes...

Croyez-moi toujours et à travers tout, votre affectionnée.

# CCXXXVII

## Philippe à Denise.

Ma chère Denise, voyez dans cette lettre, sur laquelle j'attire votre attention d'une façon un peu solennelle, un engagement que je vais prendre; il pourra resserrer entre nous les liens d'amitié fondés sur notre estime réciproque, profonde; il transformera mon existence en lui donnant un but.

Depuis quelque temps déjà, j'avais le désir de vous entretenir d'un projet; je vais aujourd'hui vous le soumettre. Si je ne l'ai pas fait plus tôt, c'est par scrupule: je ne voulais pas vous influencer; mais dans ce désir d'élever votre gendre pour qu'il soit digne de votre fille, je vois comme un acquiescement anticipé à un vœu que j'ai vaguement formé moi-même. Je me fais de l'amitié, mon amie, d'une amitié comme la nôtre s'entend, une idée très haute. C'est un sentiment que je respecte beaucoup; il crée, à mon avis, des devoirs étroits. Un des premiers de ces devoirs est la confiance; si la pensée qui me guide vous est importune, je vous supplie de me le dire avec franchise; je promets de ne pas m'en froisser, il n'en sera plus question entre nous et c'est tout. Je m'explique: Vous vous rappelez sans doute combien nous avons trouvé Hélène belle le jour de sa première communion? Grande, élégante, diaphane dans ses voiles blancs, rayonnante d'une beauté de forme et d'âme vraiment idéales. Nous n'étions pas seuls à l'admirer. Votre mère avait eu la bonté d'inviter mon frère Jacques au dîner de famille. Lorsqu'il vit Hélène entrer au salon, drapée virginalement dans son voile, il eut, plus que nous tous, un éblouissement que j'ai surpris. A cette minute, son enthousiasme ne m'étonna pas. Mais depuis ce jour, plus souvent certes qu'il n'était besoin, il s'informait de notre chérie.

Or, le soir de mon duel, après la visite qu'il vous fit, il revint ayant gardé d'Hélène et d'une conversation qu'ils eurent tous les deux sur moi, une sorte de jalousie se traduisant par des boutades dans le genre de celle-ci: «Tu as de la chance... on t'aime dans cette famille... cette petite a eu pour toi des mots exquis; elle est délicieuse, cette gamine... si elle avait trois ans de plus, je me mettrais bien sur les rangs pour l'épouser.»

Ceci n'est rien, me direz-vous? Mon amie, ceci peut, si nous le voulons, devenir quelque chose. Je viens donc vous demander—non la main d'Hélène pour Jacques, ce qui serait grotesque—mais de consentir à ce que je dirige mon frère et veille sur lui, et entretienne en son esprit la pensée d'Hélène, en vue d'une union possible de nos deux enfants.

Bien entendu, ni eux ni personne au monde ne soupçonnera le but poursuivi par nous; avec art, nous les intéresserons l'un à l'autre. Jacques a vingt-deux ans; il y a dix ans de différence entre eux; la proportion est bonne. Mon dragon aura vingt-huit ans quand il pourra raisonnablement prétendre à la main d'Hélène. Si ce projet vous semble réalisable, j'en serai bien heureux.

Je m'en irai cet automne vivre à Luzy; je prendrai la direction de nos intérêts, jusqu'ici confiés à l'un de nos gros fermiers, sorte d'intendant ne manquant pas de nous exploiter pour ne pas faire mentir la tradition.

Vous savez notre état de fortune: quinze mille livres de rente chacun, dont une vingtaine en terre et les dix autres inscrits sur le Grand Livre. Je ne soupçonne pas la dot qu'aura Hélène et ne veux pas m'en inquiéter. Si nous amenons nos enfants à conserver leurs cœurs intacts, purs d'émois causés par d'autres, ils seront heureux entre tous et quelques mille livres de rente de plus ou de moins n'y feront rien.

Je prends vis-à-vis de moi-même, en m'attelant à la tâche de faire prospérer nos biens en vue de faciliter l'avenir de mon frère, une grave résolution. Je renonce à une vie facile dont je sens l'écœurement me gagner. J'ai réfléchi beaucoup avant de me décider à vous écrire cette détermination prise. C'est une épreuve que je veux tenter. J'espère y voir mon activité morale et intellectuelle s'y développer au lieu de se ralentir. Je penserai, je lirai, je travaillerai.

Il s'agit, pour moi, de rompre avec quinze ans de bêtise et de paresse, ce n'est pas là une petite affaire. Et puis, je serai définitivement fixé sur ce que je vaux. Ou je me relèverai, ou je me laisserai tomber doucement dans une matérialité béate et inactive; elle trouvera son contentement dans la vie large et facile que me fera la campagne.

Je serai soutenu par vous, n'est-ce pas, mon amie? et par ce but à atteindre: le bonheur de nos enfants.

Adieu; vous êtes la bonté et la grâce mêmes.

Je vous aime.

# CCXXXVIII

## Denise à Philippe.

29 juillet.

Votre lettre m'a bien troublée... Quel émoi cette demande anticipée a mis dans mon cœur... Hélène, dans ma chambre à cette minute, me disait: «Maman, je crois bien que l'année prochaine mes poupées ne m'amuseront plus... même cette belle-là!» C'était à la fois étrange et cruel de penser à la future union d'une fillette jouant encore à la poupée.

Me pardonnez-vous? J'ai pris conseil de Marie-Anne. Elle a discuté, pesé, jugé avec moi votre proposition qui pendant deux jours a été le sujet de nos entretiens intimes. Enfin voici ma réponse: j'accepte en principe, mais sans engager en rien ma fille. J'accepte pour deux raisons: si votre projet réussit, je crois en effet que nous aurons tenté quelque chose pour le bonheur de ces enfants; s'il échoue, si votre frère n'aime pas Hélène, si elle n'aime pas votre frère, ils retomberont tous les deux dans la loi commune et se marieront comme tant d'autres: au petit bonheur.

Maintenant, parlons de vous. L'épreuve que vous voulez tenter me semble ardue. J'ai peur de vous voir souffrir d'une détresse plus grande, alors que votre esprit ne sera plus alimenté par cette vie de la pensée dont vous êtes friand. Réfléchissez encore, mon ami, avant de vous transformer en gentleman-farmer.

Voilà une nouvelle étape franchie; maintenant c'est fini... notre amitié devient grand'mère; une petite flamme qui l'illuminait encore de faibles et intermittents éclats, s'est éteinte; ces jeunes gens nous entraînent à l'oubli de nous; leurs mains délicates nous séparent, nous poussent dans le fossé, leurs lèvres murmurent: «Place à nous.»

Ah! Philippe, quel cœur j'ai aimé en vous! Comme je vous ai deviné bon, grand. Vous ne leur dites pas: «Arrêtez!» à ces jeunes, mais, avec une paternelle tendresse, vous leur préparez la route et débarrassez le chemin des pierres et des ronces qui pourraient les blesser. Vous oubliez qu'un homme de votre âge peut se créer toute une vie... Ah! mon cher, cher Philippe!

Puisque je suis encore pour quelques jours ici, dans le recueillement, voulez-vous m'envoyer mes lettres afin que je les classe avec les vôtres? Nous les lirons à Nimerck en nous y rejoignant. J'ai toutes les vôtres ici, je les parcours, mais c'est un peu énigmatique à relire sans les miennes.

Adieu, mon ami. Grâce à vous, je suis demeurée honnête femme; je me courbe, respectueuse et reconnaissante, devant le haut sentiment qui vous a fait agir. Par vous, j'ai connu les suprêmes félicités de l'amour, comme j'en ai subi les pires souffrances... Ah! de tout mon cœur je vous remercie d'avoir eu le courage de me maintenir droite! Et c'est encore vous, mon Philippe, qui armez mes trente-quatre ans, parfois rebelles un peu, et me guidez et m'ouvrez la voie, me montrant de nouveaux devoirs, un avenir que, dans sa coquetterie de femme, la mère ne croyait pas si proche.

# CCXXXIX

## Philippe à Denise.

30 juillet.

Merci, Denise, d'avoir accepté mes projets; s'ils s'accomplissent, la vie pourra encore nous être douce, mon amie. Approuvé par vous, je vais me mettre bravement à la tâche. Voici vos lettres. Je me suis attendri tout à l'heure sur ces chiffons de papier lus au hasard. Ils m'ont remis en mémoire des peines, des plaisirs autrefois vivement sentis.

J'ai retrouvé ainsi entre leurs lignes de belles et radieuses espérances auxquelles la réalité a, depuis, cassé les ailes... C'est une manière saisissante de se souvenir...

Je tiens extrêmement à ces lettres, Denise. Elles contiennent beaucoup de notre amitié qui a pas mal vécu par correspondance. Vous vous y êtes donnée toute, pour cela je les aime. Je compte que vous me rendrez, avec une fidélité absolue et complète, ce dépôt que je vous confie. Soyez-en persuadée, ces lettres ont toujours été accueillies soit avec la tendresse, soit avec le respect amical qu'elles méritaient. Je ne suis pas indigne de les posséder et j'ai la confiance qu'elles ne vous inspireront aucun regret.

Enfin, vous me croirez si vous voulez, mais cet envoi m'émeut un peu...

# CCXL

## Denise à Philippe.

2 août.

Oui, n'est-ce pas? quelques battements de nos cœurs, les meilleurs peut-être, sont là dans ces feuilles...

Cher, qu'importe de vieillir quand on est deux, si merveilleusement, si amoureusement amis!

FIN

**NOTES:**

[1] Louis Bouilhet.

[2] Pascal.

[3] Stendhal

[4] Office de sainte Cécile, Bréviaire romain.

[5] «Pauvre! Je voudrais et ne voudrais pas!»

Milton Keynes UK
Ingram Content Group UK Ltd.
UKHW011059250424
441751UK00004B/255